国家出版基金项目
NATIONAL PUBLICATION FOUNDATION

国际教师教育思想史研究丛书

总主编／王长纯　饶从满

法国教师教育思想史研究

FAGUO JIAOSHI JIAOYU SIXIANGSHI YANJIU

张梦琦　任茹茹／著

东北师范大学出版社
长　春

图书在版编目（CIP）数据

法国教师教育思想史研究/张梦琦，任茹茹著. —长春：
东北师范大学出版社，2023.10
　　（国际教师教育思想史研究丛书/王长纯，饶从满主编）
　ISBN 978 - 7 - 5771 - 0673 - 1

　Ⅰ. ①法… Ⅱ. ①张… ②任… Ⅲ. ①师资培养—教育思
想—思想史—研究—法国 Ⅳ. ①G451.2 ②G40-095.65

　　中国国家版本馆 CIP 数据核字（2023）第 201674 号

□策划编辑：张　恰
□执行编辑：刘晓军

□责任编辑：刘晓军　　□封面设计：张　然
□责任校对：王　蕾　　□责任印制：许　冰

东北师范大学出版社出版发行
长春净月经济开发区金宝街 118 号（邮政编码：130117）
电话：0431—84568220
传真：0431—85691969
网址：http：//www.nenup.com
电子函件：sdcbs@ mail. jl. cn
东北师范大学音像出版社制版
长春新华印刷集团有限公司印装
长春市浦东路 4199 号（邮政编码：130033）
2023 年 10 月第 1 版　2023 年 10 月第 1 次印刷
幅面尺寸：170 mm×240 mm　印张：17.75　字数：257 千

定价：76.00 元

总　序

　　近年来，党和国家出台了一系列重要文件，推动了教育发展和教师教育的改革。2019 年中共中央、国务院印发的《中国教育现代化 2035》明确提出要建设高素质专业化创新型教师队伍；大力加强师德师风建设，将师德师风作为评价教师素质的第一标准，推动师德建设长效化、制度化；夯实教师专业发展体系，推动教师终身学习和专业自主发展；努力提高教师政治地位、社会地位、职业地位。这是实现我国教育现代化的重要目标。

　　建设高素质专业化创新型教师队伍，尤为重要的是坚持并深化教师教育的改革与发展。而要深化教师教育的改革与发展，必要的国际借鉴是不可缺少的。要实现真正有效的借鉴，我们不仅要考察世界主要国家的教师教育改革的政策与实践举措本身，更要看其教师教育改革与发展的政策与实践背后的思想。编撰出版"国际教师教育思想史研究丛书"就旨在尝试对世界主要国家的教师教育思想史乃至现代国际社会教师教育思想演化做出系统的梳理和阐释，为我国教师教育改革与发展提供必要的思想资源。编撰出版"国际教师教育思想史研究丛书"的意义还在于：在高速运行的当代社会，重新整理那些被淡忘的现代化进程中产生的著名教育家和他们的经典著述，重新发现已经被搁置起来的教师教育政策，重新探索不同教师教育思想的关联或纠缠的内在逻辑线索，对于开阔我国教师教育的视野，深化我国的教师教育思维，和而不同，形成中国特色的教师教育思想是一件应当做的事情。我们相信我国教师教育改革必将凭借对现代化进程中已经留下的宝贵思想资源的因与革，加强高素质专业化创新型教师队伍建设，一定会在创造公平与高质量的教育过程中有所作为，有所前进。

"国际教师教育思想史研究丛书"坚持以马克思主义为指导，以"和而不同"作为基本的文化立场，坚持社会科学方法论中的历史性原则、客观性原则、主体性原则、整体性原则和发展性原则，聚焦于探讨教育现代化中国际教师教育思想演进的规律。

"国际教师教育思想史研究丛书"包括国际教师教育思想史研究论纲以及美国、英国、德国、法国、俄罗斯、日本六个国家教师教育思想演化的历史研究。

我们热忱邀请了国内有关教育学者参与撰写，主编为王长纯、饶从满教授。具体分工是：首都师范大学王长纯教授撰写论纲分卷；河北师范大学副教授郭芳博士撰写美国分卷；首都师范大学教育学院教授张爽博士撰写英国分卷；辽宁师范大学教授周成海博士撰写德国分卷；首都师范大学教育学院张梦琦博士、山西大学外国语学院任茹茹博士撰写法国分卷；宿迁学院教授李艳辉博士撰写俄罗斯分卷；青岛农业大学外国语学院徐程成博士撰写日本分卷。

本丛书撰写过程中各位作者都阅读了大量中外教育家的经典著作，参考了大量国内外学者的研究成果，在此向这些教育家致敬，向有关学者们表示谢意。

我们教师教育思想史的研究一直得到尊敬的顾明远先生的亲切关心与支持，得到了北京师范大学朱旭东教授、西南大学陈时见教授的有力支持与帮助，在此谨向顾先生，向朱旭东教授、陈时见教授致以诚挚的谢意。

本丛书撰写得到东北师范大学出版社张恰总编辑的积极支持和鼓励，有关编辑老师为丛书的出版付出了艰苦的努力，在此一并对他们表示由衷的谢意。

本丛书的研究与写作必定存在很多问题，恳请读者多加批评，不吝赐教。

2023 年 8 月

目 录

第一章

绪　　论

　　法国作为传统的教育大国，凭借着悠久的历史、灿烂的文化、中央集权的行政管理体制和复杂多元的教育体系，培养出众多改变法国甚至影响世界的科学巨匠、文学巨擘、艺术大师和经济、政治领域的社会精英。尽管法国在早发内生型现代化国家中，没有像美、英等国家那样的全球影响力，在欧洲国家中，其经济、政治实力也稍逊于德国，不过法国依然是世界第六大经济体，国内生产总值在欧盟内部位列第二；法国的第一、二、三产业均有雄厚的发展基础和良好的国际声誉，更有 29 家法国企业进入世界五百强；法国还是全球创新能力发达和专利数量全球占比较多的国家，重视新兴科技发展，积极扶植新兴企业；法国在国际政治舞台上也发挥着举足轻重的作用，联合国教科文组织、经济合作与发展组织、国际商会等重要国际组织的总部均设在首都巴黎。同时，始终强调"文化例外"与"文化多样性"的法国，一直为世界的发展与进步带来不同的声音。这些成就的取得，与法国长期重视发展教育息息相关。而办好教育的关键在于教师，因此培养合格的教师成为教师教育的第一要务。

　　法国的教师教育已有相当长的发展历史。1684 年，法国基督教学校兄弟会开办了欧洲最早的师范学校——教师讲习所，至今已三百多年。1795 年，法国于巴黎建立的第一所公立师范学校成为日后全球教师教育发展模式的一个重要"母机"。但教师教育体系的形成和发展是在法国普及义务教育的基础上建立起来的。

　　"百年大计，教育为本。教育大计，教师为本。"探索法国教师教育特别是教师教育思想史对于我们从宏观层面梳理其教师教育思想的变迁，了解法国现代教育制度下教师教育的发展背景、内容及其影响有重要意义。本书将研究法国各历史阶段教师教育的改革政策和发展，对我国进一步探索有关理论、认识共同规律、吸取法国有益经验、加强教师教育建设具有积极作用。

第一节

法国教师教育的内涵与历史脉络

教师是一种古老的职业，从人类社会诞生便开始有了教育活动。在古代，教育主要靠父子、师徒口头相传和手工业的方式进行，规模小，涉及面狭窄，没有系统的教育制度，更没有形成专职教师队伍。经过 8—9 世纪和 11 世纪两次早期教育发展高潮，法国的学校和学生数量大增，法国的教师规模也逐步扩大。到了 17 世纪，随着法国教育制度的不断完善，师范教育制度应运而生。法国对教师的培养从最初的师范教育逐渐发展为教师教育，其内涵也随之不断丰富。

一、法国教师教育的内涵

（一）法语语境中的"教师"

在法语中，对教师的表述主要有 maître、instituteur、enseignant 和 professeur 几种用法。Maître（或译为主人、东家、主子等，用法较陈旧）常指负责教学特别是小学的教育人员、学校的先生（maître d'école）。法国大革命时期，社会开始出现 instituteur/institutrice（分别为阳性词和阴性词，即男老师/女老师）一词，替代 maître 表示小学教师、教员。1792 年 12 月 12 日法律的第二条决定指出，"小学将提供初级教育。它将向所有公民传授严格必要的知识。这些学校的教育者将被称为教师（instituteurs）"。随着学前教育不断发展，公立学校不断扩大并成为初等教育的一个组成部分，那里的教师也由省级师范学校培养，与小学教师的学历和地位相同。而在 19 世纪末期，instituteur 的内涵更为丰富，也指代幼儿园教师。

Enseignant/enseignante（分别为阳性词和阴性词，即男老师/女老师）和 professeur 也较为常用，它们指在一般培训或特定学科领域或学科教育中，负责向他人传授知识或推理方法的人。Enseignant/enseignante 专指教小学和中学的教师，professeur 更常用于描述大学校预备班（CEGEP）和大学的教师。如今，诸如"学校教师"（Professeur des écoles）等新的术语逐步取代了 instituteur/institutrice 一词，professeur 也不再局限于表示从事高等教育的教师，口语表达中经常用来表示"老师"之意。比较教育学者黎成魁（Lê Thành Khôi）认为，教师作为教育行动的主体，它的称谓从最初凸显权威感（résonance autoritaire）的教师 maître 到当前最常用的教师/教员 enseignant，更加强调教学人员的知识传递者身份。这与 enseignant 一词相对应的动作名词 enseignement（教学）不无关系。①

Précepteur 译为导师，即当学生的整个教育组织由一个私人教师负责时，可使用该词表述。此外，也有人使用教育者 éducateur 一词代指教师，该词与教育（éducation）同词根，强调对人格方方面面的影响。② 社会学家爱弥尔·涂尔干（Émile Durkheim）认为，教育者所能做并且应当做的一切，就是要在一个既定的时刻尽可能从良知的角度把科学传递给他的所有材料都综合起来，以此作为行动的指南。谁也不能向他要更多的东西。③ 哲学家埃德加·莫兰（Edgar Morin）认为，教师是启蒙运动的传承者，其教育者和教化者的角色与第三共和国诞生有所关联，而他们掀起的反宗教垄断的战争是现代化思想所发起的战争。教师的信仰表现为非宗教性的三联式信仰，即理性—科学—进步。在三联式的信仰中，任何一个要素的发展都将会引起另外两个因素的发展。④

总之，无论使用哪个词表示教师，在理想情况下，教师都不但要有一定的科学文化知识，而且要掌握教育理论和方法，具备一定的教学能力，这些通常是通过经验或专业培训获得的。

（二）"教师教育"在法国

教师专业化是教师通过专门培训和终身学习，获得有关教育的专业知识与技能，并在实践过程中成为教育专业工作者的发展过程。它是促进教师职业发展、完善师资队伍建设和提升教育质量的重要手段。

---

① LE T K. L'éducation comparée [M]. Paris：Armand Colin, 1981：58-59.
② LE T K. L'éducation comparée [M]. Paris：Armand Colin, 1981：58-59.
③ 爱弥尔·涂尔干. 道德教育 [M]. 陈光金，沈杰，等译. 上海：上海人民出版社，2006：5.
④ MORIN E. Enseigner à vivre：manifeste pour changer l'éducation [M]. Paris：Actes Sud, 2014：63.

1794 年，法国成立世界上最早的师范学校——巴黎高等师范学校（Ecole Normale Superieure de Paris，ENS de Paris）。名称中"normal（e）"一词其实来源于名词"norm"，意为"标准、规范、典范"，作为形容词的"normal（e）"应该理解为"符合标准的、符合规范的、符合典范的"。该校建立的初衷是"召集受过实用科学教育的公民，跟随着各个领域最杰出的教授，进一步学习教育的艺术"，即学校用标准的课程教授青年标准的教学方法。巴黎高等师范学校成为其他所有学校教学的典范，主要培养中学教师。同年，法国为了培训部分教师，暂时建立了小学师范学校。由此，法国成为世界上最早提出"师范教育"（education normale）的国家。后来，德国、西班牙、葡萄牙、日本和我国等国家都开始使用"师范"一词，表达对教师的培养和教育。

法国大革命后，拿破仑的第一帝国开始全面组建国家教育。1808 年的一项法令规定，小学必须由受过专门培训的人任教，这些人由设在国立中学和市立中学里的师范班培养。1820 年，法国第一所培养初等教育教师的师范学校在教育发达的阿尔萨斯地区斯特拉斯堡市建立。[①] 1833 年 6 月 28 日的《基佐教育法案》将教师接受初级培训（职前培训）确立为强制性教育。此后，法国的教师教育和相关机构不断发展。

进入 20 世纪后，法国的教师教育体系逐步细化。"师范教育"随着"师范"一词使用频率的降低，更多地由"教师培训/教师教育"（formation des maîtres/des enseignants）等说法代替。但这不同于英美等国家普遍使用的"教师教育"（teacher education）一词。20 世纪 60 年代，随着经济的发展、知识更新的加速，以及教育的普及、教师地位的不断提高，英美等国家为了顺应学校教师培养发展的需要，出现了职前培养和在职进修并举的情况。"师范教育"（normal education）这一概念因而被"教师教育"（teacher education）取代，其含义也更加丰富：从教师教育的内容上来看，包括人文科学教育、学科教育、专业教育和教学实践；从顺序来看，有职前教育和在职教育；从形式来看，有正规的大学教育和非正规的校本教师教育；从层次来看，有专科、

---

① 邢克超. 战后法国教育研究［M］. 南昌：江西教育出版社，1993：296-297.

本科和研究生教育。^① 在法语中，类似英语 teacher education 的教师教育（éducation des enseignants/professeurs）等说法并不常见，不过仍可被理解。

当前，教师教育在法国语境下最正式、全面的一种表达是"教学人员和教育专业培训/培养"^②（formation professionnelle des personnels enseignants et de l'éducation）。在教育类型上，它包括了初级培训/培养（formation initiale）和继续培训/培养（formation continuée）两个部分，或称两个阶段；在教育形式上，它是正规教育和非正规教育相结合的产物；在教育层次上，它主要以大学化、硕士化培养为主。这种多层次、全方位、立体式的关于教师终身的"大"教育，较为有效地保证和发展了教师的基本素养和实践技能（具体的教师教育形式和内容将在后文予以详细介绍）。

二、教师教育发展的历史脉络

法国的教师教育历史悠久。如果从中世纪的教会学校和巴黎大学算起，法国的教师教育已有将近 800 年的历史。即使从 1684 年修士让-巴普蒂斯特·德·拉萨尔（Jean-Baptiste de la Salle）创立基督学校修士会学院开始，法国的教师教育也存在了 330 多年。我们根据法国教师教育的出现与发展，结合法国历史变迁和政权更迭的时代特色，将旧制度时期到法国大革命第五共和国时期的教师教育划分为五个阶段，同时将法国自 21 世纪以来教师教育的最新改革发展划为第六阶段。下面将以此逻辑对法国教师教育发展的历史脉络进行梳理。

中世纪，以巴黎市塞纳河上西岱岛的教堂学校为中心，各种学校由于宗教因素向河左岸扩展，逐步形成"拉丁区"（因中世纪学校使用拉丁语而得名）。学校为了摆脱教皇、教区、国王三方面的控制，利用他们之间的矛盾获得发展的空间。巴黎的教师联合起来，团结广大学生，在 12 世纪末建立了巴黎师生联合会，并于 1231 年得到教皇的正式承认。这便是享誉世界的巴黎大学的前身。从此，法国大学教师的队伍正式形成，开始在社会上以集团的形

---

① 肖甦. 比较教师教育 [M]. 南京：江苏教育出版社，2010：10.

② 这里的 formation 一词可译为"培养或培训"。但在相关教师教育机构的翻译中，笔者将 formation 统一译为"培训"，这是因为这些机构既负责教师的职前培养，也负责职后或在职培训。

式发挥越来越大的作用。巴黎大学和效法它而相继建立的法国其他大学，在初建时期开设法学、医学、神学3个学院，实施高等教育，同时开设文学院，实施今天意义上的中等教育。可以说法国中学教师队伍先是附属于大学教师，也可以说二者原无明显界限。从16世纪开始，大学内外的各种"学校"（collège）相继建立并很快发展，大有取代文学院实施中等教育之势，中等教育教师开始形成独立的队伍。[①] 17世纪末，法国出现了最早的培养未来小学教师的师资培训机构。基督教学校修士会（L'institut frères des écoles chrétiennes）创办的教育修道院为该会控制下的小学培养教师。1684年，拉萨尔在兰斯开办基督教学校修士会学院以培训教师，并附设专供实习用的"练习学校"，这是世界上第一所具有近代意义的师范学校。四年后，拉萨尔又在巴黎建了两所同样的学校，开设了普通教育的科目（读、写、算以及唱歌等）和宗教训练两类课程，而学生还要学习教授法，并在附设的实习学校实习。拉萨尔可以说是法国教师教育的奠基人。

被誉为法国"启蒙世纪"的18世纪，随着教育唤起人的理性、教育要适应儿童身心发展、教育有其自身的"艺术性"等思想的兴起，师范教育获得了理论上的引领。在资产阶级大革命的国民公会时期，由于对"全民共享教育"的热衷和由国家负责师资培训的观念得到确认，法国创办了巴黎高等师范学校，并首次提出了"师范"（normal）这一概念。巴黎高等师范学校聘请学术界名流任教，从全国各地选拔学生，学生修业满四个月以后即可回到原籍开办师范学校。同时，在大革命时期，法国以法律形式确定了教师团（Le corps des instituteurs）的身份。拿破仑建立法兰西第一帝国后，下令全面组建国民教育。1808年的一项法令规定小学教师必须接受培训。同年，为了培养中等教育层次的教师，巴黎高等师范学校改组成巴黎男子高等师范学校，分文、理两科，修业期限为两年（后延长为三年）。1821年，法国规定师范生只有通过考试才能成为"会考教师"，获得在中学任教的资格。此后，教师教育得到极大的发展，一批师范学校相继建立。到1832年，全法共有师范学校36所，基本上每个学区都有一所。师范学校的培养制度逐渐完善。随着教育

---

① 邢克超. 战后法国教育研究 ［M］. 南昌：江西教育出版社，1993：295-296.

世俗性原则在法国逐渐突显，教师教育作为现代化的产物，也逐渐反映出世俗性这一特征。特别是师范学校的课程与教会学校相比有较大改变，在很大程度上扩充了世俗科学知识的教育，并且增加了教学法训练和教学实习。[1]

1830 年的七月革命推翻了波旁王朝的复辟统治，资本主义经济得到迅速发展，资产阶级意识到普及和发展初等教育（包括母育学校和小学）的重要性，相应地，初等教育教师的培养也变得至关重要。弗朗索瓦·基佐（François Guizot）在担任法国教育部长期间，先后主持颁布了一系列关于师范教育和师范学校的法令和条例，包括小学教师必须接受师范教育的强制性原则、每省设立一所男子师范学校，以及师范学校的培养要求等内容，从而结束了法国政府长期不负责管理初等教育教师培养的状况，基本确立了统一的师范学校制度。1845 年，法国建立了第一所女子师范学校。19 世纪 50—60年代，法国师范学校的发展经历了较大的挫折，如 1850 年的《法卢法案》授予教育总长随时关闭师范学校的权力。经过启蒙运动的准备、大革命的推动、第一帝国的尝试和七月王朝的发展，法国的师范学校从有识之士的创举发展到有了相对系统化的制度。

19 世纪 70 年代，法兰西第三共和国建立。资本主义的迅速发展，使包括教师教育在内的法国教育体制迎来了一个发展的黄金时期。这一时期教育界逐渐达成了一个共识：初等教育有助于人的全面发展，师范学校则是保证实现教育启蒙和统一功能的重要手段。政府在此基础上确立了两条平行的教师教育制度：一是各省设男、女师范学校各一所，且这些师范学校在招生标准、学业年限、教学组织等方面的要求基本一样；二是政府陆续发布法令进一步明确了师范学校的公立性质、隶属关系、免费制度和授予的文凭，使全国形成了一个比较统一和健全的初等教育教师培养体系。1881 年，随着女子教育的发展，法国在塞夫勒建立了同于尔姆街的男子高等师范学校地位相当的女子高等师范学校。为了满足不断发展的普及型初中教育（时称小学高级班）和省立师范学校对教师的要求，法国又相继建立后来被纳入高等师范学校的

---

① 肖甦. 比较教师教育 [M]. 南京：江苏教育出版社，2010：67.

多所男子、女子师范学校，以及技术教育高等师范学校。① 从 1889 年开始，公立学校的教师正式成为国家公务员，被称为"革命的真正传教士""共和国的黑色轻骑兵"，此后，教师必须持有能力证书才可获得任教资格，且工资由国家支付。该制度一直延续至今。这一时期，法国中等教育教师的培养也得到了很大发展。因此可以说，在第二次世界大战前，法国教师教育制度已基本确立。

第二次世界大战后，法国在恢复期迎来了国家发展的"辉煌三十年"。这一时期，政府不断增加对教育的投入，教育理论和教育科学研究取得了长足的进步，再加上义务教育年限的延长，教师教育获得了很大的发展。特别是从法兰西第五共和国建立到 20 世纪 80 年代，政府对教师培养进行了多次较大的改革，分别从师范学校的招生、修业年限和师范学校的地位方面提高了等级，使法国初等教育师资培养由原来的中等教育程度提高到中学后教育程度，并继续发展到高等教育水平。教育改革的不断推进，促使人民对高素质教师和教育民主化的需求日益高涨，法国教师教育制度因此迅速走向趋同化发展的道路。1989 年，政府通过《教育方向指导法》，明确了教师的职责及教师培养、教师招聘的方式，并提出建立教师培训大学级学院（Institut universitaire de formation des maîtres，IUFM，或译为"大学教师培训学院"）。学院招生对象为读完大学三年级并获得学士学位者，学制两年。学院逐渐取代传统的师范学院、地区教学中心、国家师范学习学校。至此，法国开始进入教师教育的大学化阶段，过去初等教育阶段教师与中学阶段教师的双轨制培养模式终于融为一轨，使法国的教师教育制度在世界范围内首次实现了"万千高等教育水平上的一体化"②。

进入 21 世纪，政府进一步推进教育改革，于 2005 年颁布了代表法国教育改革朝现代化方向迈进的《学校未来的导向与纲要法》。这一法案要求 IUFM 逐渐从最开始的具有行政性质的公共机构演变为附属在综合性大学下的内部学院。IUFM 的独立地位开始改变。同时，为促进 IUFM 和综合性大学的

① 邢克超. 战后法国教育研究 [M]. 南昌：江西教育出版社，1993：298.
② 王长纯. 从双轨制到一体化：谈法国师范教育制度的历史演进 [J]. 外国教育研究，1994（3）：25-28.

融合，师范生的培养学制确定为三年，学生毕业后获得学士学位。也是从这一时期开始，法国的教师教育系统扩大到硕士培养阶段，以提高教师学历和收入水平，使教师培养与普通大学本硕博培养体系相融合。硕士学位成为进入教师职业的必备条件，即只有在公立大学内部的教师培训大学级学院攻读硕士学位或具有同等学力者，并通过教师资格考试，方可成为法国中小学和幼儿园教师。相应地，教师资格考核也由原本的学士学位要求（Bac+3）提升到硕士学位要求（Bac+5）。2013年，法国又要求师资与教育高等学校（Ecole supérieure du professorat et de l'éducation，ESPE）取代 IUFM，将教师教育彻底放在大学内部进行，并置于高等教育部的管辖之下。ESPE 的培养方案与 IUFM 类似，但《重建共和国学校法》要求学生在大学完成学士学位后，到 ESPE 接受为期两年的相当于硕士层次的专业化培训，以便参加并通过教师资格考试。

综合上述法国教师教育发展的六个阶段，我们可以发现：随着近现代政治、经济、科学文化和教育的不断发展，法国教师教育制度得以发展和完善，政府对教师的要求不断提高，相关政策法规逐步建立健全，教师的职业培训更加专业化，资格证书制度日臻成熟，教师的培养层次逐渐提升。可以说，在教师教育体系系统化建构过程中，法国形成了独具特色和螺旋上升式的教师教育发展格局。

第二节

法国教师教育思想的已有研究

法国是世界上较早接受并实施教师教育专业化发展的国家，这与其较早出现教师群体不无关系，更与法国教育系统的形成和完善紧密相连。到目前为止，法国已经形成了相当成熟和完善的制度，其教师教育改革和发展的成果也成为其他国家研究和仿效的对象，因而在世界范围内具有代表性。研究并分析法国教师教育思想的主要观点和发展变化，对我国教师教育的理论和实践有一定的参考意义和借鉴价值。

法国教师教育改革特色鲜明，而且与我国同样实行中央集权的教育管理体制，其改革经验对我们更具有特殊的意义。鉴于此，学界对法国教师教育的研究较为丰富，其中主要以法国学者的研究为主。自 1987 年特别是近四十年来，我国教育学界对法国教师教育的关注与探讨热情不减，成果较多。但有关法国教师教育思想的专门论著仍有待进一步丰富。笔者在进行文献梳理归纳的过程中发现，目前发表的关于法国教师教育特别是教师教育思想史的研究成果主要集中在法国教育家的教育思想、教师教育政策和实践、教师教育思想史研究三个方面。

一、关于法国教育家教育思想的研究

学界对于教育家教育思想的介绍通常着眼于教育理论层面，对其教师教育思想鲜有精深的研究，但我们可以从其对教育家的教育思想研究中挖掘他们关于教师教育的重要观点。弗朗索瓦·封丹纳（De la Fontainerie）在探讨18 世纪法国自由主义与教育的过程中，分析了拉夏洛泰、狄德罗和孔多塞的主要教育思想。[①] 滕大春《卢梭教育思想述评》对卢梭的教育思想进行了全面的介绍，归纳了卢梭重要的教育观点，如天性教育、培养自然人、发展天性和教育、身体保育和锻炼、感觉教育、知识教育、道德教育、女子教育。吴式颖、任钟印主编的《外国教育思想通史（第六卷）》以卢梭的视角，对"人性善"和"社会恶"进行了解读，并对卢梭自由平等的教育思想，对儿童自然发展理论和民族主义做了深入探讨。李平沤《如歌的教育历程——〈爱弥儿〉如是说》翻译并解读了《爱弥儿》，对卢梭教育思想做出了现代性解读。此外，雷通群《西洋教育通史》、滕大春《外国教育通史》、林玉体《西方教育思想史》以及曹永国《自然与自由——卢梭与现代性教育困境》、刘通《〈爱弥儿〉大义——卢梭教育哲学研究》、陈华仔《"好人"与"好公民"的冲突与和解——卢梭自然教育思想研究》也从不同的角度诠释了卢梭的教育思想。何兆武、何冰翻译了孔多塞的《人类精神进步史表纲要》，将孔

---

① FONTAINERIE L, F DE. French liberalism and education in the eighteenth century ［M］. New York：McGraw-Hill Book Company，1932.

多塞的教育思想介绍到国内。刘大明的《"民族再生"的期望：法国大革命时期的公民教育》从公民教育对共和制度意义的角度介绍了孔多塞的教育思想。

　　在上述研究中，有一些学者将教师教育思想作为教育思想的一部分进行介绍。约瑟夫·列夫（Joseph Jacques Leif）和阿尔芒·日昂（Armand Biancheri）从教育哲学的角度对世界主要教育家的教育学说进行了研究，其中对基督教学校兄弟会、法国史学家、教育家罗林（Charles Rollin）、法国启蒙运动代表孔多塞等人有关教师教育和教学法的观点做了分析。[①] 朱旭东在《18世纪中期至19世纪前期欧美国民教育理论与实践的历史研究》中，介绍了法国国民教育理论的代表人物，阐释了孟德斯鸠的政体教育论、爱尔维修的政体教育论、卢梭的民族教育思想、拉夏洛泰的"阶层"国民教育理论、狄德罗的国民教育理论和"大学"教育管理理论、杜尔阁的国家教育论以及拉马德兰的"双轨"教育思想；在对教育家国民教育理论的阐释过程中，他也提到了国民教师培养的观点。

二、关于教师教育政策和实践的研究

　　在政策研究方面，苏真、邢克超和李春生等在《比较师范教育》一书中对法国学前和小学教师的职前培养、中学教师的职前培养、高等教育教师的职前培养，以及在职教师的进修和发展趋势进行了系统的分析。[②] 邢克超还从"历史""现状""趋势"的纵向发展来探讨法国中小学教师的职前培训，以及中小学教师的聘任与考核制度。[③] 邢克超认为法国师范教育包括始终坚持公立性质、逐渐完善证书制度、不断提高师资规格、逐步加强职业培训等特点。[④] 让·孔戴（Jean-François Condette）在《法国教师的培养历史（19—20世纪）》一书中，从国家视角出发，主要分析了教师教育政策的内容和社会

---

　　① LEIF J J, BIANCHERIE A. Les doctrines pédagogiques par les textes [M]. Paris：Delagrave, 1966.

　　② 苏真. 比较师范教育（高等学校教学用书）[M]. 北京：北京师范大学出版社，1991.

　　③ 邢克超. 法国中小学教师的聘任与考核 [J]. 中小学管理，1989（2）：62-64.

　　④ 邢克超. 法国师范教育发展的几个特点 [J]. 比较教育研究，1988（3）：31-36.

功用。①

　　在实践探索方面，弗朗希克·威勒（Francisque Vial）从如何培养师范生的角度入手，探讨了师范生知识素养培养和专业教育学培养之间的关系。②让·孔戴从教师培养机构的角度出发，介绍了具体的师范学校管理条例以及课程设置；其研究还以师范生的培养为基础，通过引用师范生的作业笔记，介绍了教师教育发展的微观变化。③

　　此外，许多学者还从历史视角，对法国教师教育的发展进行了阶段性的探索，其中法国学者的研究注重对特定历史时期的法国教师教育做出详细的梳理。从 1684 年开始，法国的教师教育经历了产生和确立阶段，于 20 世纪中叶形成了较为完整的教师教育制度，又经过战后几次改革，尤其是 1989 年的大变革、2012 年的教师硕士化培养，逐渐形成了独具特色的教师教育体系。安托瓦纳·普罗斯特（Antoine PROST）、本杰明·卢特（Benjamin Lutringer）主要研究了 19 世纪以来的教师教育改革。④基博尔·尼古拉斯（Gibert NICOLAS）主要从国家与教会的角度，探讨了教师教育的主体性问题。⑤ 克里斯丁·尼克（Christian NIQUE）从国家治理的视角，研究了教师教育政策与意识形态的关系。⑥ 让·孔戴注意从具体的主体出发来研究教师教育的发展，宏观梳理了法国不同历史时期教师教育的发展及其特点。⑦ 我国的范舒扬介绍了法国教师教育的历史演变，提出法国教师教育发展的两条路径：从师

　　① CONDETTE J F. Histoire de la formation des enseignants en France：XIXe－XXe siècles ［M］. Paris：Editions L'Harmattan，2007.

　　② FRANCISQUE V. La culture générale et la préparation professionnelle de l'instituteur ［J］. Revue pédagogique，1904，45（2）：313－330.

　　③ CONDETTE J F. Histoire de la formation des enseignants en France：XIXe－XXe siècles ［M］. Paris：Editions L'Harmattan，2007.

　　④ 详见：PROST A. Histoire de l'enseignement en France（1800－1967）［M］. Paris：Armand Colin，1968；LUTRINGER B，ROTHION P. Cent cinquante ans au service du peuple ［M］. Charmes：ilmprimerie Georges Feuillard，1978.

　　⑤ NICOLAS G. Instituteurs entre politique et religion，la première génération de normaliens en Bretagne au XIXème siècle ［M］. RENNES：Édition Apogée，1993.

　　⑥ NIQUE C. L'impossible gouvernement des esprits：histoire politique des Écoles normales primaires ［M］. Paris：Nathan，1991.

　　⑦ CONDETTE J F. Histoire de la formation des enseignants en France：XIXe－XXe siècles ［M］. Paris：Editions L'Harmattan，2007.

范教育到教师教育再到专业化教育和从注重教师职前培养到职前、职中、职后教育的一体化。① 蒋伯惠对法国小学教师、初中教师和高中教师的培养方式、规格、地位及待遇差别等分别进行了论述，同时评析了小学教师在职进修的形式以及中学教师的"课题进修"情况。② 龙卓华则从教师教育专业化的视角来理清法国从"师范教育"到"教师教育"的历史沿革。③ 任森从教师专业化的角度，将法国教师教育分为"师范教育确立阶段""教师教育完善阶段"和"教师教育改革与发展阶段"三个阶段。④ 王晓辉则从教师地位变迁的角度，梳理了教师教育发展史。⑤

三、关于法国教师教育思想史的研究

目前，我国学界关于法国教师教育思想史的研究并不算丰富。王长纯在这方面做出了拓荒性研究。首先，他通过梳理法国教师教育思想史路线图，对教师教育思想的发展做出了分期：萌芽期、初建期、发展期和变革期。其次，他介绍了各历史分期下重要教育家的教师教育思想，并把教师教育改革中体现的教师教育思想纳入教师教育思想史构建之中，丰富了教师教育思想史的内容。最后，他提炼总结了教师教育改革中体现的教师教育思想，区分了教师教育发展史研究与教师教育思想史研究两大不同研究范畴。这些研究为本书全面探索法国教师教育思想史提供了丰富的素材。另外，雷吉斯·马莱（Régis Malet）从法国教师"培训身份"的建构角度，将法国教师职业形成与发展概括为从具象主体到话语主体的转变过程，并从教师培养的轨迹出发，梳理了教师自我身份的形成及其对这一模型化（模范化）形象的尝试。⑥

四、小结

综合已有研究，笔者发现学界对于法国教师教育思想史的研究处于早期

① 范舒扬. 法国教师教育研究综述 [J]. 教师教育论坛，2015（7）：93-96.
② 蒋伯惠. 法国中小学教师培养与在职进修 [J]. 师范教育，1987（10）：34.
③ 龙卓华. 法国教师教育专业化历程解读及启示 [J]. 教学与管理（中学版），2011（6）：86-88.
④ 任森. 法国教师专业化发展特征及启示 [J]. 国家教育行政学院学报，2013（3）：85-88.
⑤ 王晓辉. 法国教师地位的变迁 [J]. 比较教育研究，2012（8）：47-50.
⑥ MALET P. L'identité en formation. Phénoménologie du devenir enseignant [M]. Paris：L'Harmattan，1998.

阶段，尚缺乏系统的教师教育思想史研究。当前关于法国教师教育思想方面的研究主要呈现以下几方面不足。

首先，尽管关于法国教师教育的研究论著可谓汗牛充栋，但关于教师教育思想的专门研究并不丰富。其中，以教育家的教育思想为核心，探讨教师教育思想的研究虽然不少，但并没有形成系统性、关联性的分析；对教师教育思想形成背后的原因、体现的价值观念缺少关注；没有对教师教育思想涉及的目标说、体系说、模式说等能够凸显教育家思想逻辑性的内容进行归纳和提炼。

其次，关于教师教育思想史的梳理虽已有一定的基础，但对各阶段教师教育思想的变化性以及变化的原因的探索没有给予更多的回应。特别是教育家或政府关于教师教育的改革政策和实践，如何与教师教育思想形成呼应，这些思想存在哪些优势，反映出怎样的历史局限性，未来的发展走向如何，都没有更加深入的分析。

最后，关于教师教育思想史的研究方法相对单一，使用更多的是文献分析法和历史研究法。然而，在众多人物观点和改革事件串联起的世界中，本书希望进一步丰富研究方法，通过个案研究法、比较研究法，展现教师教育思想及其历史发展的时代特色、社会现实和总体发展态势。

因此，本书希望在已有的基础上，从历史的视角出发，重视对法国教师教育思想的梳理、对思想变化原因的探求，更希望结合各阶段教师教育的发展案例及其特点，将相关人物或改革所反映的思想进行类型划分、多维度分析，如从教师教育的目标、体系及模式等层面，对法国教师教育思想的主要观点和发展变化做出相对系统的梳理，同时突出法国教师教育思想的特色及可借鉴之处。

第三节

法国教师教育思想史的叙述逻辑

一、法国教师教育思想史的研究思路

法国教师教育的产生和发展与法国两百年来实施义务教育的历史紧密联系，相互促进。在法国，国民教育推进义务、免费、世俗化的原则，实现教育民主化和现代化的过程中，法国教师教育逐步形成了一套完整的科学体系。[①] 依据标志性事件的出现，有学者将法国教师教育思想的发展分为四个阶段。[②] 而本书根据前文对法国教师教育发展历史的梳理和已有文献的述评，以法国教师教育的形成、发展和制度成熟的各个阶段为出发点，对教师教育思想史的发展和变化做相应的分析，将教师教育思想史划分为六个阶段，每个阶段成一章。鉴于此，全书共分为八章。

第一章为绪论部分，主要介绍法国教师教育的内涵和历史发展脉络、已有研究的基础和不足，以及本书的创新之处和研究方法，使读者对法国的教师教育形成基本认识。

第二章至第七章以法国教师教育思想的形成和演进为核心，根据法国的历史及其教育的不同发展阶段，对各阶段教师教育的状况、重要人物和主流思想展开分析。第二章（教师教育思想史的第一阶段）介绍 1789 年法国大革命之前，教育在宗教势力把持之下的旧制度时期，师范教育制度的孕育和教师教育思想的萌芽。第三章（教师教育思想史的第二阶段）介绍大革命到法兰西第一帝国时期，在教育国家化思潮推动下，教师教育思想的形成。第四章（教师教育思想史的第三阶段）主要梳理七月王朝到第二帝国崩溃时期，

---

① 王长纯，等. 教师教育思想史研究：上、下册 [M]. 长春：东北师范大学出版社，2016：321-322.

② 王长纯，等. 教师教育思想史研究：上、下册 [M]. 长春：东北师范大学出版社，2016：321-322.

伴随资本主义的发展和义务教育的普及，初等教育师资培养面临的机遇和曲折发展，以及在此过程中教师教育思想的初建与巩固。第五章（教师教育思想史的第四阶段）主要介绍 1870 年法兰西第三共和国建立后，教师教育稳步发展过程中出现的中、小学教师并存培养的双轨制格局，以及受义务教育延长至中学和教育民主化影响下的教师教育思想的深化。第六章（教师教育思想史的第五阶段）描绘第五共和国时期，随着国民教育体系的日臻成熟，初等教育教师的培养层次得以提升，教师教育双轨制格局逐渐被打破，以及教师教育制度不断完善并向大学化发展过程中，教师教育思想的进一步发展。第七章（教师教育思想史的第六阶段）介绍法国教师教育在走向硕士化发展阶段的同时，对教师教育给予更多职业道德和伦理关切的相关思想，以及教育全球治理背景下法国教师教育思想的一系列变化。

第八章为特点梳理，重点回顾法国教师教育思想 330 多年的发展轨迹，总结教师教育思想的变化趋势和特色。

总体而言，法国教师教育体系的形成与国民教育体制的发展息息相关，而这二者离不开法国各阶段政治、经济、社会呈现的不同样态。鉴于此，本书在分析各阶段教师教育思想发展历程时，会结合法国特定的经济社会背景以及相应的教育和学校发展状况。同时，在不同阶段，有哪些学者、教育家提出了对教师教育的相关论述或与教师有关的认知，法国从中央到地方又出台了什么政策文本，开展了哪些有关教师或教师教育的改革，都会成为本书研究的主要内容。本书将重点关注教师的培养目标、教师教育的体系建构、教师教育的基本模式等领域，并提炼相应的教师教育思想，通过对各阶段教师教育的改革进展、基本政策、主流话语和观念的分析，综合把握法国教师教育思想的演进轨迹。

二、法国教师教育思想史的研究方法

针对法国教师教育思想史的研究，本书将综合运用以下几种方法。

一是历史分析法。本书以法国从中世纪至今教师教育或师范教育的形成和发展的各个阶段为契机，梳理各阶段关于教师教育思想的主要观点和内容，理清法国教师教育思想的内涵与实质，以及其背后的深层发展逻辑。

二是文献分析法和内容分析法。本书主要对有关教师教育思想的相关论著，法国与教师教育改革相关的法律文件、政策声明、调研报告、专题报告，以及统计年鉴或相关数据等进行整理和解读，充分挖掘法国教师教育思想的来源及其时代特征。

三是案例研究法。本书以法国教育家或某次教育改革为具体案例，对反映教师教育思想的典型事件或改革成果进行专门的研究，使对教育思想和观点的挖掘更加生动、具体，为进一步分析教师教育思想与教育现实如何产生联系做好研究基础。

四是比较分析法。本书结合法国各时期在政治、经济、社会和文化改革方面的历史背景和影响因素，对教师教育各阶段的主要思想和理论观点进行横向比较，对不同发展阶段的教育家的思想或每项改革的来龙去脉、前后发展进行纵向比较和分析，从而更好地揭示法国教师教育思想的发展轨迹和总体趋势。

第二章

教会控制下的教师教育思想

法国作为最早开展教师教育的国家之一，在大革命前的旧制度时期便对教师的培养进行了广泛的思考。然而，当时的学校并非掌握在普通人手中，而是被教会掌管着。对于教会而言，学校除了教人识字以外，更重要的是落实天主教"反改革"① 政策，通过培养"合格的"基督徒来对抗愈演愈烈的新教运动，学校的当务之急在于培养能够理解并传授圣经要义的"兄弟"。也就是说，最初的法国教师教育仅仅是教会或者个人的尝试，国家的影响可谓微乎其微。

第一节
旧制度时期教师教育的发展背景

一、社会环境

从 16 世纪开始，法国在纺织、印刷、玻璃、制陶等行业中开始出现资本主义手工工场，法国的社会经济因受资本主义因素的影响而得到迅速发展。此时，在"地理大发现"和新航路开辟的刺激下，法国商业也迅速繁荣。16世纪中叶，加尔文新教在法国的传播，点燃了新教与天主教斗争的导火索。

（一）受教权制约的君主制

王权与教权之争是旧制度下法国政治生活的重要问题。法兰克王国建立者克洛维在兰斯大教堂受洗加冕，一方面标志着王权得到了神的认可，有助于王权的稳固；另一方面，加冕礼也为王权戴上了枷锁，因为没有施行加冕礼的国王是没有合法性的，无法受到臣民的认可。

1720 年，波旁王朝掌玺大臣达格索（Henri-François d'Aguesseau）侯爵曾这样描述当时法国的君主制："如果我们仔细审视法国政府的本质，就会发

---

① 反改革运动（La Contre-Réforme）指的是 16 世纪起，天主教为对抗新教的传播所推行的一系列运动。

现这种治理形式开始形成于第一任国王时期，在第二任国王时期逐步完善，在第三代国王时期完全确立。这种政府的本质有两个主要特征：首先，王权主导法国政府，国王实行绝对统治，权力由国王一人掌握，国王只对上帝负责；其次，这种至高权力只能通过法律来制约，国王及其臣民都要受到法律的约束。"① 达格索的这段话理清了波旁王朝时期法国君主制的发展脉络：在第一任国王亨利四世时期（1589—1610），法国的绝对君主制开始形成；在路易十三时期（1610—1643），法国的绝对君主制开始逐渐完善；在路易十四时期（1643—1715），法国的绝对君主制达到了顶峰。同时，这段话也指明了君主制下国王的绝对权力与天主教教权之间的相互制衡关系。国王拥有绝对权力，但绝对权力受法律约束。这里的法律包括自然法和神圣法。

事实上，天主教的影响力渗透在国家治理的方方面面。在政治上，天主教对于法兰西王权来说，意味着正统、权威与诸多政治外交利益；在经济上，修道院经济和教廷经济是国家经济生活的重要组成部分；在文化上，天主教通过文学艺术以及教育，紧紧地控制着社会的文化导向。

（二）新教运动与反宗教改革运动

在基督教的历史上，16世纪是一个非常关键的世纪。资本主义的发展及人文思想的传播，引发了人们对于宗教的思考。在这个动荡的时期，宗教改革运动中分离出来的一支基督教派别——新教的出现让基督教教会感受到了前所未有的危机。

首先是异教徒的出现。14世纪，英国人约翰·威克里夫②公开质疑腐化了的教会的权威。他所倡导的宗教改革逐步发展成为一种全欧洲范围内的运动，西欧中下层对富有教会统治地位的不满情绪以及这种情绪的蔓延成了大势所趋。在捷克，追随胡斯的宗教改革者在波西米亚地区发生暴动，抵抗圣日耳曼帝国的入侵。战后，胡斯教派分裂成几派，最温和的一派赢得了领导权，在延续东正教传统的前提下保留了自身的特点。其次，教会频繁介入政

① AGUESSEAU H F. Œuvres complète du chancelier d'Auguesseau［M］. Paris：édition Pardessus，1819：23.

② John Wicliffe（1331—1384），英国哲学家，宗教改革家。

治以及教会的腐败也催生了宗教改革。15 世纪下半叶，意大利文艺复兴加剧了人们对于教会改革的愿望。教会很多高级教职人员更愿意享受艺术和人世间的快乐，不再潜心倾听基督的信息。当时的罗马教皇和大司祭们任人唯亲，甚至重用包括私生子在内的亲信。教皇亚历山大六世（Alias Rodrigo Borgia）联合其子赛扎尔（Cézar）及其女卢克雷塞（Lucrèce）在政治上的胡作非为尤其令人侧目。教会在政治上的冒进引起了欧洲一些君主的不满。1516 年，法国国王弗朗索瓦一世（François de Angouléme）同罗马教皇利奥十世（Pape Léo X）签订了《波伦亚条约》，规定国王有权任命教会的高级神职，有权向教士征税。

事实上，新教的出现不仅仅是对基督教教会的反抗，也是人文主义发展的必然结果。盛行于 15 世纪的人文主义，大量出现的拉丁语、希腊语《圣经》译本，为文人们直接阅读《圣经》提供了便利。以伊拉斯谟（Érasme）为代表的很多人文主义者期望推动教会改革，在保留基督教教义的基础上构建新的宗教形式。

1517 年 10 月 31 日，德国威登堡大学神学教授马丁·路德（Martin Luther）发表《九十五条论纲》，抨击罗马教廷出售赎罪券，矛头直指罗马教皇，拉开了宗教改革的序幕。1520 年，路德又发表《关于教会特权制的改革致德意志基督教贵族公开信》，敦促教廷和教会恢复使徒时代的廉洁和简朴。路德提出的宗教改革主要内容有：《圣经》是信仰的最高权威，不承认教皇和教会有解释教义的绝对权力；强调信徒因信称义（得救），教皇和赎罪券均无赦罪效能，信徒能直接与上帝相通，无须由教会做中介；要求民众用民族语言举行宗教仪式，简化形式；主张教士可以婚娶；等等。

1536 年，法国加尔文（Jean Calvin）出版《基督教原理》，认为人得救与否全凭上帝预定，主张废除主教制，并且在日内瓦建立政教合一的共和政权。英国王亨利八世（Henri VIII）因多种原因，于 1534 年同罗马教廷决裂，在国会通过《至尊法案》，宣布国王为"英国教会在世的唯一最高元首"，有权确定教义和任命神职人员，并规定脱离天主教的英国基督教为英国国教。北欧各国世俗君主，也相继摆脱教皇控制，置本国教会于自己控制之下。运动的直接结果是产生了包括路德宗、加尔文宗和安立甘宗三大宗派的基督教新教，各种民族语言的《圣经》也相继出版。宗教改革沉重打击了封建制度和天主教教会，促进了民族意识的觉醒和民族语言文化的发展，为后来的资产阶级革命扫清了道路，在政治、经济和社会各方面具有深远的影响。

在新教愈演愈烈的背景下，天主教为维护自身地位、对抗新教而推行了一系列运动，称为反宗教改革运动（La Contre-Réforme）。后来，这场逐渐蜕变为封建贵族争夺权利的宗教战争，也被称为胡格诺战争。1545 年 12 月 13 日，天主教在意大利特兰托举行宗教会议（Le Concile de Trente），目的是反对宗教改革运动，维护天主教的地位。会议通过的主要决议有：重申天主教会的垄断地位，宣布所有新教徒为异端；天主教会的教条和仪式是不可更改的天条，必须严格遵守；教皇是教会的最高权威，位于所有宗教会议之上；初次开列"禁书目录"，禁止教徒阅读；创办神学院，加强对神甫严格正规的培训等。这场历时 18 年（1545—1563）之久的宗教会议主要确定了两项内容。第一是加强教士阶层的纪律。主教的权利和义务得到加强，主教需驻守所属教区，巡查辖区内各分教区，确保神职人员严守教会纪律。第二是强调福音传播过程中艺术作品的重要性。在这方面，主教在自己所属教区拥有很大的自主权，可以自主决定该教区传播的福音作品。

（三）从亨利四世到路易十四时期对法国社会的"重建"

亨利四世即位后，开始弥补胡格诺战争给法国带来的破坏。"这个国家的复兴者和解放者"在抚慰和征服人心方面的惊人之举就是排除种种阻力，在 1598 年颁布《南特敕令》，宣布天主教为法国国教，并规定法国全境有信仰新教的宗教自由权，从而避免了两教的冲突。

由于国家的统一与王权威望在宗教战争期间严重受损，亨利四世十分重视恢复和强化中央集权的君主专制，采取一切措施来巩固其权威，包括：要求巴黎高等法院对国王的敕令必须先行登记，才能谏净；停止召开全国性的三级会议，并要求各省的三级会议对其绝对服从。同时，亨利四世积极恢复与发展法国经济。其具体包括：整顿财政、改革税制，使国库很快真正富足了起来；复兴农业，减轻农民的税收负担并招抚流散农民，让他们有地可种，有农活可干；改善农业生产条件，疏通河渠、兴建堤坝、开辟荒田，同时大力引进新的作物和耕种技术。此外，亨利四世也非常重视扶掖工商、保护关税以及海外殖民活动。凡此种种，使法国很快恢复了元气，重新成为欧洲第一流的经济强国。随着国力的增强，法国在欧洲的国际地位也明显提高。①

到了 17 世纪，反宗教改革运动在欧洲开始取得一定成效。经过红衣主教黎塞留的铁腕统治，法国胡格诺派在法国建立的国中之国被根除，国王权威得到充分尊重。1685 年，法国国王路易十四（Louis XIV）颁布《枫丹白露敕令》，在法国境内取缔新教，提倡宗教宽容的《南特敕令》被废止，但天主教依然为法国国教。此后，法国进入君主专制制度的极盛时期。虽然路易十四对经济所知甚少，但他选拔奉行重商主义的让-巴蒂斯特·科尔贝担任财政大臣。他们通过规范商业活动，提供经济补贴，有选择性地征收税收，实施抑制进口、刺激国内生产并积累黄金储备的关税政策，鼓励帝国扩张，以获取廉价原料，使得国王及其领地在经济上和财政上获得独立性。在维护专制制度的过程中，路易十四将独立于国王的武装力量置于国家的控制之下，扩充军队规模，整编军事力量，拓展法国领土，从而加强法国的安全，使其成为欧洲的霸主。

二、学校教育

尽管旧制度时期法国的政治、经济和社会变动不断，但作为封建国家政权的精神支柱，天主教会一直控制着法国的教育。在学校教育中，宗教教育和文化教育混在一起，并且宗教教育占据主导地位。教会肩负起了培养合格的传教士和忠实臣民的职责。旧制度下的法国教育有着深刻的宗教烙印，这一烙印体现在学校教育的各个层面。

（一）教会控制下的高等教育和中等教育

法国大学形成和建立于 12—13 世纪，13—15 世纪经历了较快的发展。早在公元 11 世纪，各地学者纷纷来到巴黎西岱岛（L'île de la Cité）大教堂附近的新学校讲学布道。为摆脱主教的控制和干涉，师生们从岛上向塞纳河左岸转移，开辟了新的教学场所，即现今的拉丁区。12 世纪末，在城市自治运动

---

① 吕一民. 法国通史［M］. 上海：上海社会科学院出版社，2019：66.

的冲击下，拉丁区的一批学者和学生组织成立了"学者行会"①，进而形成"巴黎教师学生团体"（Universitas magistrum et scholarium parisiensum）——巴黎大学的雏形。13世纪初，巴黎大学先后获得教皇和国王的法律支持②，并逐步成为具有独立行使自治权的学术机构。此后，除巴黎大学外，法国的地方性大学也纷纷建立。随着法国王权越发强大，宗教势力对大学的影响逐渐减弱。

随着大学的发展，学院课程内容逐渐确定。文学院的主要课程是"七艺"，即语法、学词、辩证法、算术、几何、音乐和天文。法学院主要开设民法与教会法两类课程。神学院主要以《圣经》和彼得·郎巴德（Peter the Lombard）③的《名言集四编》为主要学习内容。医学院的课程内容主要有希波克拉底（Hippocrates）的文集汇编（Corpus），盖伦（Galen）有关生理、解剖、诊断、病理、治疗、药物、外科、卫生和食物疗法等作品，阿维森纳（Avicenna）的医学律例，伊萨克·尤德（Isac Judaeus）的《热症篇》和《饮食篇》，以及萨莱诺迪尼（Nicolaus de Salerno）的《消毒综要》等。一些大学的医学院还要求学生进行临床学习。

然而，从14世纪中叶到15世纪中叶，受百年战争的影响，法国大学陷入派系之争，并在历代君主的改革整治下逐渐失去了自治特权。15世纪以后，

---

① 史学家雅克·维尔热（Jacques Verger）认为，巴黎大学与学生治校的博洛尼亚大学不同。由教师和学生组成的巴黎大学，所有原创行为均来自教师学者，学生只是大学的"随从"。详见：VERGER J. Les Universités au Moyen-âge［M］. Paris：Presses universitaires de France，1973：48.

② 1174年，教皇塞勒斯坦三世发布谕旨，赋予大学以司法特权。1208年，英诺森三世要求地方教会无偿颁发授课许可证，并将所授课程分为神学、艺术、法学和医学四大类。1215年，罗马教皇特使罗伯尔·德·库尔松（Robert de Courçon）最先为巴黎大学颁布了大学章程以明确其特权。1231年4月13日，教皇格列高利九世通过"知识之父"谕旨（Parent Scientiarum），反对巴黎主教干预大学事务，并将能够颁发授课许可证的学校都设为大学，从而确立了巴黎大学的法律地位。穷苦家庭出身的罗伯尔·德·索邦（Robert de Sorbon）在成为国王路易九世的亲信后，于1257年获得国王支持，建立了一所专门用于接收穷苦家庭学生的学校，以供其复习和住宿的场所，并向他们教授神学和道德。教授人文科学和哲学的大学便由此发端，该大学以其创建者罗伯尔·德·索邦的名字命名，即索邦大学。详见：BALME P, CYTERMANN J R, DELLACASAGRANDE M. L'université Française：une Nouvelle Autonomie, un Nouveau Management［M］. Grenoble：Presses universitaires de Grenoble，2012：20-24.

③ Peter the Lombard（1100—1160），中世纪意大利基督教神学家。1148年在巴黎圣母院教授神学，1159年任巴黎主教。

法国高等教育完全由教会控制，经院主义色彩十分浓厚。17—18 世纪以后，天主教依然控制着法国的高等教育，保守势力非常顽固，新教和进步思想受到排挤，教学内容和方法与中世纪相差无几。巴黎大学作为天主教会的支柱，在各大学中居于主导地位，并且延续着 12 世纪以来的旧传统，分为文、法、神、医四科。其中，文学院具有"半中等半学院"的性质，是进入其他三个学院的预备学院。该学院由若干学校组成，主要进行基础教学，接收毕业于文法学校的具有一定读写能力和拉丁文基础的学生。学生一般 13 岁入学，学习 6 年，结业时被授予学士学位，凭此学位可以进行教学工作或升入其他三所学院继续学习。法、神、医这三所学院为高级学院，负责在文学院教学的基础上进行专业培养，其中神学院地位最高，曾一度成为巴黎大学的代名词。这时的大学以基督教神学为指导思想，教学时使用拉丁文，教学方法以阅读为主，也进行师生讨论。

宗教改革后，法国的天主教受到了较大的打击，许多教派争相办学，促进了法国中等教育的改革和发展。但是，新教和天主教之间的斗争依然十分激烈，教育权主要掌握在天主教手中，其主要形式是耶稣会中学和文科中学，教学内容主要是拉丁语课程及"七艺"，经院主义气息浓厚。

17—18 世纪，法国的中等教育也掌握在教会手中，其主要形式是耶稣会中学和文科中学。各教派都创立了自己的中等教育机构。宗教改革后出现的新教胡格诺教派所创立的学院在 16 世纪下半叶和 17 世纪初盛行一时，主要传授古典语文知识。

（二）贫瘠的初等教育

17 世纪以前，法国没有专门培养小学教师的机构。那时，小学多为天主教会所办，世俗学校比较少，因此小学教师由教士或略懂读写算的世俗人士担任。小学教师的专门培养是随着法国资产阶级的兴起而出现的一种社会现象。在旧制度下，教会学校主要分布在城镇，且费用昂贵，因此教育只是极少数人的特权。当时，精英阶层的教育依赖优质的家庭教育（家庭教师）以及严密的天主教中学教育网络（耶稣会①、奥拉托利会、巴尔纳会等）②，同为基督徒的普通儿童却无法获得良好的教育。

社会生产力水平的提高以及社会经济基础的变化，必然在上层建筑得到反映。13 世纪，法国初等教育开始出现分化：由于均包含初等教育，小学的初等教育与中学的初等教育出现了教育对象和教学内容迥异的局面。小学负担的初等教育的教育对象是下层的普通民众。初等教育的这些小学的建立几乎完全是为了传播宗教的热情，培养孩子的宗教信仰，因此教学内容只满足于让学生学会读、写和计算。这些小学的办学条件非常简陋，学生就学并不稳定。③ 16 世纪，在宗教改革运动遍及欧洲的同时，新生资产阶级同封建专制的斗争出现高潮，其在文化领域的表现就是文艺复兴运动。文艺复兴运动传播了资产阶级的世界观——人文主义思想，使科学出现新生。知识的丰富导致了学科的分化，许多知识逐渐从哲学中分离出来，成为独立学科。教育学同其他学科一样，也逐渐发展成为一门独立的学科。教育理论的发展，不仅推动了教育实践，也为小学教师的专门培养创造了条件。宗教改革实质上是新生资产阶级以宗教形式向封建势力的宣战。为扩大影响，新旧教派纷纷开展民众教育，一些天主教首领意识到教育的重要性，又在客观上推动了小学教育的发展。同时，天主教开始通过教育儿童来赢回自己对宗教的绝对掌控权。1683 年，天主教会设立"基督教学校兄弟会"，专营小学教育。他们开办免费学校，采用班级授课的新做法，并且着手对从事小学教育的人员进行专门培养。

法国中学教育的起步时间稍晚于大学。中学的形成和创办主要通过两个途径：第一个途径是大学的艺术学院开办的中学；第二个途径是宗教团体创办的中学。但城市里的中学包含的初等教育和小学很不一样。在城市里，初等教育与中等教育在学制和教学内容上都是连续的，它还是上流社会成员子

① 笔者注：1540 年，耶稣会成立，除传播福音之外，耶稣会兄弟创建之初主要负责向贵族传达特兰托宗教会议的精神。

② COMPÈRE M M. Du Collège au lycée（1500－1850）：Généalogie de l'enseignement secondaire français［M］. Paris：Archives Gallimard，1985：286.

③ 王长纯，等. 教师教育思想史研究：上、下册［M］. 长春：东北师范大学出版社，2016：323.

弟就学的场所，教学条件与小学简直是天壤之别。教学内容除了传授阅读、书写和计算的基础知识外，宗教教育同样占有重要的地位，"教礼书"和"福音书"是两个最基本的教育内容；此外，还有圣徒故事、教会故事、教徒义务以及儿童礼仪和教养等内容。①

在那个时期，人们对教师的专业要求远未形成，教师队伍不稳定且水平低；而且因大多数小学由教会所办，所以与教堂主持关系好，甚至圣歌唱得好也可能成为充任小学教师的条件。随着文艺复兴运动的深入，基础教育的重要性逐步被较多的人认识，法国的初等教育在17—18世纪得到初步发展，教师队伍也随之逐步形成。②不过，据历史学家奥拉尔（Alphonse Aulard）③的研究，18世纪的法国大约有80%的人不会读写，其中女性文盲率高于男性文盲率。④18世纪末的另一项数据显示：1786年，能在结婚日签名的人不到19%。孔泰被认为是当时法国教育最发达的地区，然而只有29%的妇女能写出自己的名字；而在教育不发达的碑廊和安古莫瓦，能写出自己名字的妇女只占9%；在中部的尼韦内地区，这一比例只有6%。⑤这一方面反映出当时法国初等教育水平低下，另一方面也说明女童在当时很难得到学校教育的机会。

第二节

教会控制下的教师教育

这一时期的法国教师教育可以简单概括为以天主教神学院为主导的教师教育模式。1671年，夏尔·德米伽创立圣夏尔神学院，专门培养可以胜任宗

---

① 王长纯，等. 教师教育思想史研究：上、下册 [M]. 长春：东北师范大学出版社，2016：323-324.

② 邢克超. 战后法国教育研究 [M]. 南昌：江西教育出版社，1993：296.

③ Alphonse Aulard（1849—1928），法国著名历史学家，巴黎大学教授，主要研究大革命时期历史。

④ 刘大明. "民族再生"的期望：法国大革命时期的公民教育 [M]. 北京：中国社会科学出版社，2005：55.

⑤ SCHAPIRO J S. Condorcet and the rise of liberalism [M]. New York：Harcourt，Brace，1934：197.

教教育的教士。此后，由拉萨尔创立的基督学校修士会学院奠定了这一时期法国初级教师教育的基础，它也被后世认为是世界上第一所教师教育机构。

一、夏尔·德米伽的穷人小学和圣夏尔神学院

法国传教士夏尔·德米伽（Charles Démia）曾求学于布尔格中学（Collège jésuite de Bourg-en-Bresse）。1663 年，德米伽获得教士身份后，在里昂创立了为穷人孩子提供教育的穷人小学。1667 年，在尚索恩（Saône）旁的圣乔治街区（le quartier Saint-Georges），第一所穷人小学投入使用。[①] 对于德米伽来说，除了向穷人传播天主教福音以外，他同样关心着为孩子们提供教育的教师的教育问题。[②] 1671 年，德米伽创立圣夏尔神学院，为教士、执事、次执事甚至未婚的或者丧偶的男子提供更深入的宗教教育和教学法的培训。这些教师白天进行教学，晚上对白天的教学进行反思。[③]

在完善 1684 年手稿的基础上，德米伽于 1688 年出版了《里昂市及所属教区学校守则》（*Règlements pour les écoles de la ville et diocèse de Lyon*）。该守则将学校教育的行政制度、教学制度、学时分配以及学科分类进行了设计，特别强调教师承诺不留宿学生，不为学生提供额外补课，不收取学生家长的任何礼物和酬谢，按照课程大纲授课，确保学生积极努力完成学业以及宗教实践。当时，教师除了须要熟悉《里昂市及所属教区学校守则》，还须要了解别的著作，如雅戈·邦德古尔（Jacques de Batencourt）所著的《教区学校或小学的教育方法》和《教区学校教育学》（*L'instruction méthodique pour l'école paroissiale*）。

德米伽创立的神学院要求教育者应遵守相关的惩戒纪律，如助教没有权力鞭打同学，只能通过调整座位、罚跪、罚祷告的方式做出惩罚，在得到教师的允许后，助教才可以使用戒尺。教师也被鼓励以多奖励、少惩罚来激励学生。教师还要定期对学生进行家访，记录家访时学生家庭的回答并测试他

① GILBERT R. Charles Démia（1637-1689）[M]. Lyon：L'Édition E. Robert, 1989：187.
② COMPAYRÉ G. Histoire de la pédagogie [M]. Paris：Paul Delaplane, 1905：211-212.
③ CHARTIER R, COMPÈRE M M, JULIA D. l'Éducation en France du XVIe au XVIII siècle [M]. Paris：SEDES, 1976：61.

们对教理知识的掌握程度（问题包括：学生家长是否知道祷告的方式？在邻居眼中，该生的声誉如何？学生早上和晚上是否祷告？等等）。鉴于学生年龄以及知识水平的巨大差异，德米伽要求教师根据学生的能力对学生进行分班、分组授课。从那时起，"班长或者课代表"（moniteur）就成为不同班级、不同组别的重要角色。学校要配备桌椅以及其他教具，如字母表、圣诗集、教理、拉萨尔的《虔诚生活入门》（*Introduction à la vie dévote de Saint-François de Sales*）及其他品德礼仪类书籍，还要有带耶稣像的十字架、孩童耶稣的画像或雕塑以及其他圣像，有专门祷告和做礼拜的地方。学校教学的核心是学习阅读，然后是书写和计算。最开始学习的是拉丁语，经过两年或两年半的拉丁语学习，学生在五年级时开始学习法语。小学毕业时，学生要成为一名可以读懂《圣经》、理解教士语言的合格天主教徒。

德米伽还成立了学校管理委员会，分管男子学校和女子学校。1679 年，学校管理委员会由 16 位成员（又称学监）组成；1684 年，学监数量上升至 25 位，且所有人都是义务加入学校管理委员会。① 接近一半的委员会成员，或者至少三分之一的委员会成员要有教士身份，这些人有权对学校的发展做出重要决定：组织召开大会；签署学生入学许可；任命助教；管理学校及神学院日常生活。委员会每年召开六次大会，每次大会时，成员要进行祷告。委员会负责人的任命也要得到主教的首肯。在经过档案研究、选举之后，新的委员会成员要在圣子耶稣学校归隐一段时间，或者至少在这里完成九天的祷告。在这段预备时期里，新成员要仔细学习《里昂市及所属教区学校守则》。委员会成员由选举产生。在选举之前，教士发表演讲，向候选人阐明委员会成员的重要职责，随后委员会负责人起唱《轻叩心扉之门》（*Veni Creator*），诵读祷文。最后，新成员宣读誓词，决心以全力推动穷人小学的发展。②

二、拉萨尔及基督教学校兄弟会

在小学发展过程中，许多宗教团体做了卓有成效的工作。在里昂教区夏

① GILBERT R. Charles Démia（1637-1689）［M］. Lyon：L'Édition E. Robert, 1989：77.
② GILBERT R. Charles Démia（1637-1689）［M］. Lyon：L'Édition E. Robert, 1989：78.

尔·德米伽的启发下，天主教神父让-巴普蒂斯特·德·拉萨尔（Jean-Baptiste de la Salle）创立的基督教学校兄弟会便是其中的佼佼者，而且他在法国教师教育的路上迈出了更重要的一步。[1] 他在兰斯和巴黎学习神学理论后回到自己的家乡，开始联合身边的教师建立起"致力于为穷人服务的，兼具教育学研究和传播天主教福音"[2] 的教师团体。当时，兄弟会学校散布在兰斯各地：雷特尔（Rethel）、吉斯（Guise）和拉昂（Laon）。

1684 年，拉萨尔在兰斯建立了旨在为兄弟会学校培训教育人员的神学院——基督学校修士会学院。1688 年，拉萨尔移居巴黎，在公主街（Rue Princesse）设立办公机构，开始"复制"推广兄弟会学校。"1691 年初的冬天，拉萨尔从巴黎长途跋涉回到兰斯，亲自料理雷特尔、吉斯和拉昂的教师社团事务，为此，自己却忍受了长达六个星期的治疗。"[3] 1694 年 10 月，在索邦大学拿下博士学位后，拉萨尔被任命为兰斯大教堂议事司铎。与此同时，他继续在沙特尔（Chartres）、特鲁瓦（Troyes）以及全国各地发展兄弟会学校。在 1698—1699 年间，拉萨尔于巴黎卢新街（Lourcine）创办了一所新的配有实习学校的教师神学院。1705 年，巴黎见习学校转移至鲁昂附近圣瑟韦（Saint-Sever）的圣伊翁（Saint-Yon）。这一次，致力于合理推广兄弟会学校的拉萨尔，真正成了基督教学校兄弟会的最高领袖。

在 1696—1703 年间，拉萨尔出版了一系列面向孩子和教师的作品。在他去世后，法国国王路易十五、教皇本努瓦十三世以及诺曼底议会分别通过公开信（1724 年 9 月）、教皇谕旨（1725 年 1 月 26 日）和议会法案（1725 年 3 月 2 日）批准了拉萨尔兄弟会的教区地位。拉萨尔还拟订了一个《小学指南》，要求所有兄弟会学校按照这一指南组织教学。

在这些基督教的兄弟会学校，兄弟会成员对年轻教徒进行读、写、唱圣歌以及遵守兄弟会成员行为规范的训练。通过兄弟会学校培养小学教师的做

① COMPAYRÉ G. Histoire de la pédagogie [M]. Paris：Paul Delaplane，1905：214.

② POUCET Y. Le XVIIe siècle et les origines lassalliennes：recherches sur la genèse de l'œuvre scolaire et religieuse de Jean-Baptiste de la Salle (1651-1719) [M]. Rennes：Imprimeries réunies，1970：22.

③ POUCET Y. Le XVIIe siècle et les origines lassalliennes：recherches sur la genèse de l'œuvre scolaire et religieuse de Jean-Baptiste de la Salle (1651-1719) [M]. Rennes：Imprimeries réunies，1970：24.

法，成为当时法国专门培养小学教师的唯一形式，并一直延续到 19 世纪初。到 1792 年，基督教学校兄弟会在法国一共设立了 127 所免收学费的初级学校，招收学生达 36 000 人。①

总体而言，修士会学院的出现，结束了法国小学教师不受专门培养的历史，使小学教师培养制度有了初步轮廓，成为法国专门培养小学教师的开端。但是，其培养制度尚未确立，并且具有浓厚的宗教色彩。

第三节

教育家的教师教育思想

一、夏尔·德米伽的教师教育思想

夏尔·德米伽的教师教育思想集中体现在其作品《里昂市及所属教区学校守则》（*Règlements pour les écoles de la ville et diocèse de Lyon*）中。1654 年，巴黎圣·尼古拉·夏尔多内（Saint-Nicolas du Chardonnet）教区教士雅戈·邦德古尔（Jacques de Batencourt）出版了《教区学校或小学的教育方法》（*L'École paroissiale ou la manière de bien instruire les enfants dans les petites écoles*）。这是关于法国教师教育的第一部著作。1669 年，在总结自己毕生教学经验的基础上，邦德古尔又出版了《教区学校教育学》（*L'instruction méthodique pour l'école paroissiale*）。这部作品对德米伽以及拉萨尔均有深远的影响。

1688 年，德米伽出版《里昂市及所属教区学校守则》一书，确定了学校教育的行政制度、教学制度、学时分配以及学科分类，同时对教师的行为规范做出了一定要求。德米伽眼中的教师是一份神圣的职业。在成为教师之前，预备教师要归隐一段时间，宣誓效忠于自己的决定。这意味着，为了能够教育学生，教师要坚守同情心，严守纪律，熟知重要的宗教选段。

首先，《里昂市及所属教区学校守则》中就教师应当如何教育学生、处理

---

① 王长纯，等. 教师教育思想史研究：上、下册 [M]. 长春：东北师范大学出版社，2016：323.

师生关系做出规定："在教育学生时，教师要怀着极大的热忱，对学生一视同仁。对于学生的不足之处，教师应当保持耐心温和，避免憎恶等特殊倾向，永远不能用语言侮辱学生。在和学生对话时，不能生气、哀伤、轻蔑，不要用'你'来称呼学生。在给学生评语时，避免使用过于亲密自然的语言。"① 同时，该守则也提出了教师群体要遵守的职业道德："教师应是虔诚的，经常领受圣事，朴素，衣食节俭，言行谨慎，勤劳，抵制无所事事、游戏等世俗享乐，远离轻佻、没有德行的女人。"②

其次，《里昂市及所属教区学校守则》还明确指出了教师管理制度，即学监制度的重要性。其中第 23 条规定："委员会所有成员都要努力为穷人提供教育，以此来寻求上帝的荣耀……因此，每位学监都应该努力树立崇高理想，团结在为穷人带来福音的耶稣周围。"③ 学监要监管学校，监督教师实践教育学。在招生过程中，学监要确认每一个入学的儿童是否都近乎依靠乞讨为生，或来自乞讨的贫困家庭。在学生犯下严重错误之时，他们会要求学生在教师面前做出检讨。他们要监督学校严守上课时间，尤其是祷告和教理讲授时的既定纪律。同时，学监还要对学生进行家访，一方面确定学生真实的经济状况，另一方面要考察家长对天主教基本理论的熟悉程度以及学生在家的态度。学监负责学校的财政管理，也要义务参加各种教会活动，例如在富维耶圣母院（Notre-Dame de Fourvière）的朝圣、圣周礼拜四（Jeudi-Saint）洗脚礼仪，以及为死者祷告等。第 69 条指出："圣周礼拜四晚上，学监们在圣夏尔神学院用过简单的早餐，一起前往学校为 12 个穷人洗脚。"④ 这两条规定的重要性在于明确了教师群体都要遵守的品德规定。

二、拉萨尔培训新教师的思想

来自兰斯的让-巴普蒂斯特·德·拉萨尔虽然被称为"基督教学校兄弟会

① GILBERT R. Charles Démia（1637−1689）[M]. Lyon：L'Édition E. Robert, 1989：83.
② GILBERT R. Charles Démia（1637−1689）[M]. Lyon：L'Édition E. Robert, 1989：82.
③ GILBERT R. Charles Démia（1637−1689）[M]. Lyon：L'Édition E. Robert, 1989：78.
④ GILBERT R. Charles Démia（1637−1689）[M]. Lyon：L'Édition E. Robert, 1989：78.

的塑造者"①，但他人生的上半场，却几乎和教师教育没有任何关联。拉萨尔出生于富裕的资产阶级家庭，父亲是一名检察官。1662 年，出色完成学业后，拉萨尔接受了剃发礼。1667 年 1 月，拉萨尔成为议事司铎，1669 年，获得文学艺术类教师文凭。接着，他分别在兰斯和巴黎学习神学理论。1678 年 4 月 9 日，在兰斯大教堂接受了教士身份任命后，拉萨尔接手了自己精神导师议事司铎尼古拉斯·洛朗（Nicolas Roland）的未竟事业，投身到兰斯教区女子义务学校（兰斯圣子耶稣姐妹学校的前身）的创立当中。同时，拉萨尔拾起导师的遗愿，献身于穷人儿童的教育事业。② 受德米伽的影响，拉萨尔决定为兰斯教区的农村学校创立培训教师的神学院。

拉萨尔的教师教育思想集中体现在他的作品《小学指南》（*Conduite des écoles chrétiennes*）中。1720 年，《小学指南》第一版问世。该书试图对教师的行为和工作做出规范，这可以视为当今世界各国普遍设立的"教师专业标准"的雏形。③ 具体来说，这本书对基督学校的教学条例、巴雷神父（Père Barré）以及德米伽的著作进行了梳理整合，旨在培养为"慈悲教育"做贡献的教师，或者说培养一批熟知教理并具有一定教学知识、能够应付年龄以及知识构成各异的复合型班级教学工作的教师。在这一点上，教化的艺术要比教授的艺术更为重要。培养一名合格的基督徒，"教化"与"教授"是基于这一相同目的的两翼，二者都是为了直抵基督告诫的核心。对于拉萨尔而言，他希望建立一个兼有常识又能传授知识的教师群体。兄弟会学校的总负责人同时也是所有兄弟会学校的监管人，负责监督学校的日常运转，其中包括室内陈设、卫生、教师的专业水平以及教师和学生的关系、教师对学生的处罚力度。

"拉萨尔式的教师教育致力于培养集杰出基督徒和优秀教育者为一体的教师。教师本人便是孩子们可以学习的榜样。"可以说，《小学指南》的出版是

---

① POUCET Y. Genèse et caractéristiques de la pédagogie lassalienne ［M］. Paris：Don Bosco，1995：19.

② POUCET Y. Le XVIIe siècle et les origines lassalliennes：recherches sur la genèse de l'œuvre scolaire et religieuse de Jean-Baptiste de la Salle（1651-1719）［M］. Rennes：Imprimeries réunies，1970：445，785.

③ 王长纯，等. 教师教育思想史研究：上、下册［M］. 长春：东北师范大学出版社，2016：326.

"为了统一所有兄弟学校的教学实践"①，它本身便是一本真正的教育学著作。在序言中，拉萨尔指出："这本书由三部分构成。第一部分讨论学生从入学到毕业涉及的所有学校实践活动。第二部分探讨教师建立与维护课堂秩序需要的方法。第三部分又分为四部分：首先介绍学监的义务，其次是关于培养教师的方式，再次是教师需要具备的品质，最后是学生需要遵守的规则。第三部分仅供兄弟学校的负责人以及培训新教师的教师参考使用。"②

　　该书的第二部分在教师建立与维护课堂秩序方面给出了一系列具体的建议。例如，教师应当维护课堂秩序，需要统一严厉与温和的原则；盲目的严厉只能引起敌意……③在这部分的论述中，拉萨尔不断重提教育的终极意义是"在宗教和慈悲中教育学生，借助孩子向家长传递圣洁的印记，传播耶稣基督的芬芳"④。

　　该书的第三部分题为"新教师及学监培训守则"。这部分指出了年轻教师需要发扬的品质及需要避免的错误。⑤"培养年轻教师就是依据《小学指南》这一总的指导方针，在学校里培养教师。"⑥拉萨尔认为"老教师"在此发挥关键性作用，他通过倾听和接触给年轻教师提出具体的建议。"只有对一件事情感兴趣，认为它值得去做、有价值，人们才能做好这件事。"⑦好的老教师应当教导年轻教师经常祈祷，向上帝求助。"老教师要激起学生真正的慈悲，那就是不断地靠近上帝，不断地向他寻求帮助……不断地向上帝请求恩慈来履行这一神圣的使命。"⑧同时，老教师还要忠实按照《小学指南》建立并维持课堂秩序。一位好的教师在第一次上课前，还要了解学生的性格和家庭状况。在外部着装上，教师应当给人谦逊、简朴、统一的印象，以此赢得孩子们的信任和尊敬。教师还应注意不能经常大声嘶吼，适度惩罚，但是一定要

---

① LA SALLE J B. Conduite des écoles chrétiennes［M］. Lyon：Rusand, 1823：10.
② LA SALLE J B. Conduite des écoles chrétiennes［M］. Lyon：Rusand, 1823：12-13.
③ LA SALLE J B. Conduite des écoles chrétiennes［M］. Lyon：Rusand, 1823：12-13.
④ LA SALLE J B. Conduite des écoles chrétiennes［M］. Lyon：Rusand, 1823：179.
⑤ LA SALLE J B. Conduite des écoles chrétiennes［M］. Lyon：Rusand, 1823：285.
⑥ LA SALLE J B. Conduite des écoles chrétiennes［M］. Lyon：Rusand, 1823：291.
⑦ LA SALLE J B. Conduite des écoles chrétiennes［M］. Lyon：Rusand, 1823：297.
⑧ LA SALLE J B. Conduite des écoles chrétiennes［M］. Lyon：Rusand, 1823：305.

重视给出惩罚的有效性。教师要花时间研究孩子们的性格。对于学监以及第一教师的建议，教师应当虚心接受。[①] 和蔼、刻苦、谨言慎行，身正为师。

此外，老教师还应当注意纠正年轻教师常见的错误。《小学指南》明确指出了年轻教师常犯的错误。这些 18 世纪初期教师易犯的错误，在如今的 21 世纪初期依然要予以警惕。[②] 例如，教育家们会提醒教师用声音和肢体来掌控课堂，同时要张弛有度。教师要努力避免在课堂上"啰唆"。"讲太多"是年轻教师在课堂上最容易犯的错误，"啰唆"容易让课堂的重点发生偏移，严重影响教学效果。想要建立良好的课堂秩序，教师首先要学会"自控"，安静的课堂、指令以及对所有学生一视同仁，才是教学最有力的武器。对于不配合课堂教学的学生，年轻教师还要避免烦躁和恼怒。老教师要让年轻教师认识到，亲昵和戏谑、善变不一致的脾性都是不可取的。[③]

小学指南

第三部分

（1720 年）

《教师及学监守则——年轻教师需要被纠正的主要错误》

年轻教师常犯的错误有：1. 啰唆；2. 多动；3. 轻率；4. 忧虑和窘迫；5. 严厉；6. 易怒；7. 狭隘；8. 迟缓和粗心；9. 胆怯和软弱；10. 消沉和忧伤；11. 亲昵和戏谑；12. 分心和时间消耗；13. 性格善变；14. 眼神游离；15. 过度关注自我；16. 忽视学生间的差异性。（下文仅罗列部分内容）

1. 啰唆

学监需要让年轻教师意识到，想要建立和维持良好的课堂秩序，主要的方法之一就是让课堂保持安静。如果课堂上太吵，秩序混乱，学生将无法学到任何东西。但是，如果教师本人没有可信度，他将很难让学生安静下来。那么对于年轻教师来说，只在该讲话的时候讲话便是可行的方式之一。然而，获得这项技能并非一蹴而就，年轻教师可以采取循序渐进的方式。最开始保持半小时的课堂安静时间，然后是一小时，学生将逐渐信服教师讲的所有

---

① LA SALLE J B. Conduite des écoles chrétiennes［M］. Lyon：Rusand，1823：313.
② LA SALLE J B. Conduite des écoles chrétiennes［M］. Lyon：Rusand，1823：319-323.
③ LA SALLE J B. Conduite des écoles chrétiennes［M］. Lyon：Rusand，1823：319.

内容。

2. 浮躁

在课堂上，教师既不应该一动不动，也不应该杂乱无序，过度活动；建议教师坐在讲桌前。如果教师无法整节课都保持坐在讲桌前，他可以找个理由站起来，但不要走下讲台；尽量避免过多地晃动身体。不断改变姿势，轻易摆头、动脚……在年轻教师有此类表现时，老教师要提出警告；如果年轻老师不在意，老教师要对此给出惩罚。

3. 轻率

轻率是年轻人共有的特点；有些人，即使已经成年，也没有习得符合自己年龄的谨慎。老教师要紧密监督这两种人，让他们明白凡事没有确认，便不可轻率发言行动……

4. 急躁

年轻人总是急于达成目的。学生犯错误时，年轻教师总会急于惩罚，完全不考虑学生是否已经意识到自己的错误，也不考量惩罚的时机是否合适。年轻教师想要实践他们认为好的所有经验，不假思索地改革学校存在的一切小的不合理之处。然而，这种做法经常会激起学生的反感、反叛甚至憎恶，引起学生家长的不满。年轻教师想要即刻实现自己的想法……

5. 严格和严厉

建立和维护课堂秩序，靠的不是频繁和严厉的惩罚，而是持久并充满善意的、谦逊并彬彬有礼的警觉。老教师要让年轻教师明白，除非必须，教师应该慎用惩罚。因为通常来说，惩罚越多的班级越混乱……

从实践层面看，在一些拥有多所学校的城市，拉萨尔的基督教学校兄弟会通常会配有实习学校，这种实习学校是在老教师的监督下，兼具宗教及教学培训功能的机构。在这里，学生将接受更为深入的宗教教育，毕业时，学生要发愿忠实于宗教。培养过程中，学生要阅读教理、祷告、诵经、熟记福音，也要学习拉丁语以及法语作品，还要学习教育学知识。在兄弟会学校负责人的主持下，这些未来的教师们每晚聚在一起，用半个小时的时间一起探讨学习。每一位预备教师要走上讲台授课，授课完毕后，负责人会同大家一起分析评判这位教师的表现。在乡村，大部分学校只开设一个班级。对于这些依附于当地教会的小学，拉萨尔建议在当地成立定期开课的教师讲坛。

不管是在城市还是乡村，新教师的培养都离不开"实习"这个阶段。在这个阶段，预备教师将继续深入学习阅读、写作、集合、教理、拼写、公民守则等知识，同时要"学习组织课堂的艺术，学习营造良好的学习氛围，使课堂安静的方法以及使孩子们养成基督慈悲习惯的方法"。① 为此，这些教师们要阅读专门的书籍，尤其是拉萨尔的《小学指南》。该书的第三部分一直以手抄本的形式存在，老教师以听写的方式将这一部分内容传达给新教师。在老教师的管理下，新教师在邻校完成实习课程。实习课程包括如何保持课堂安静、如何树立教师权威、如何适度奖惩。在实习过程中，老教师还要协助新教师逐渐改掉《小学指南》提到的年轻教师易犯的错误。

教师"兄弟们"上岗后还要定期参加继续教育。"路易十四时期，在不和当地法律抵触的情况下，拉萨尔创建的兄弟学校在九月份休假。休假期间，离巴黎不远的'兄弟们'会归隐在巴黎的拉萨尔实习学校，用八天的时间集中学习。"② 每年12月29、30和31日这三天，每位兄弟教师都要接受教学工作品德及自身与神的关系的检查。

"兄弟们"每天都要在固定的时间对教学进行思考。早饭时，他们要阅读关于教育学的建议（大部分建议都选自《小学指南》）。到校后，"兄弟们"要用一小时练习写作及准备课程。午餐是宗教教育时间，他们要阅读《新约》，了解圣人的生活或者别的"恩慈"书籍。晚课后，他们还要进行第二次教理学习。晚餐时，"兄弟们"还要继续学习《圣经》知识。晚上八点，他们会用半小时准备下一堂宗教教育课程，整理相关问题并回答，构思授课方式。每周日晚上，大家汇聚一堂参加教理培训：一位"兄弟"主持一个主题，同时向别的"兄弟们"提出问题。午饭及晚饭后的休息时间里，拉萨尔依然要求"兄弟们"利用这段时间完善自我教育。"兄弟们"一般会边走边聊当日午餐、晚餐时所听到的有教育意义的内容。此外，学校总负责人每周要在

---

① POUCET Y. Genèse et caractéristiques de la pédagogie lassalienne [M]. Paris：Don Bosco, 1995：108.

② POUCET Y. Genèse et caractéristiques de la pédagogie lassalienne [M]. Paris：Don Bosco, 1995：135.

所在学校开设讲座，充实"兄弟们"关于慈悲和圣职的知识。

　　和德米伽不同，拉萨尔要求教师先教学生使用法语阅读，而后再教学生阅读拉丁语诗篇。除了必需的教具，即"五种尺寸"的椅子、桌子以及黑板外，教师还要注意学校的通风和照明。十字架、圣像以及学习戒律（未经允许不能缺堂早退；要全心全意学习；写字时不能三心二意；听教理时要专心致志；在教堂和学校要虔诚祈祷上帝）都要挂在墙上。在授课方式上，教理课采用集中授课的方式；对于阅读课、写作课及算术课，考虑学生水平的差异，采取班长带领下的小组合作学习方式。教师也会根据实际情况采用相对个性化的教学方式，比如先帮学生解释某个练习，再进行集中教理讲授。①

　　渐渐地，"兄弟会学校发展壮大起来。从 1679 年拉萨尔创办兰斯兄弟会学校到 1719 年拉萨尔去世，兄弟会学校在全国 22 座城市生根发芽"②。在他去世后，兄弟会学校的发展依然势不可当。1740 年至 1749 年，全国上下相继成立 29 所兄弟会学校，到 1789 年，兄弟会学校发展至全国 116 座城市。当然，兄弟会学校的教育总是和天主教的传播密不可分，确切地说，兄弟会学校的扩展是为了培养一种"基督习惯"③。

　　学者莫里斯·龚达尔（Maurice Gontard）指出，在最初的倡议者死后，许多 17 世纪的教育尝试都遇到了困难。"拉萨尔创立的神学院关门了……18 世纪，法国相继出现了一些新的教师教育机构，但大都只是地方性的培训机构，在规模和效率上都无法和当年的神学院相比。"④ 比如，1712 年，在库塘斯（Coutances）教区成立了"救世主"学校，该学校也曾培养过几名女教师。1753 年，一位来自敦刻尔克上流社会的夫人在加来地区（Pas-de-Calais）的瓦尔拉（Waast）用 8 000 图尔⑤建立了一所女子师范学校。1754 年至 1773

---

　　① CHARTIER R, COMPÈRE M M, JULIA D. l'Éducation en France du XVIe au XVIII siècle［M］. Paris：SEDES, 1976：111-145.

　　② CHARTIER R, COMPÈRE M M, JULIA D. l'Éducation en France du XVIe au XVIII siècle［M］. Paris：SEDES, 1976：78.

　　③ CHARTIER R, COMPÈRE M M, JULIA D. l'Éducation en France du XVIe au XVIII siècle［M］. Paris：SEDES, 1976：123.

　　④ GONTARD M. La question des écoles normales primaires de la Révolution à nos jours［M］. Toulouse：INRDP-CRDP, 1975：4.

　　⑤ Livre tournois，法国中世纪的货币单位。

年，图阿斯主教曾在所在城市建立过教师讲坛。但总体而言，"我们可以认为在旧制度下，法国基本不存在严肃培养非教会小学教师的网络"①。

然而，在同一时期的德意志，教师教育学校却呈现出蓬勃发展的态势。德国的宗教改革要求所有的基督徒都能够阅读《圣经》。17世纪末，第一批培训教师的神学院出现在萨克森公爵（Saxe-Cobourg）的领地上，随后迅速在新教占领下的德意志扩展开来，其中在普鲁士的发展最为迅猛。兼并西里西亚（Silésie）后，弗雷德里克二世（Frédéric II）在这片天主教的土地上成立了教师教育学校。奥地利的玛丽·特雷斯（Marie-Thérèse）对这所学校赞赏有加，委托西里西亚学校创始人西米神父费尔比格（l'abbé de Sagau，Felbiger）在奥地利创立一批教师学校。1774年12月6日，成为教育部长的费尔比格拟定了教师教育学校管理条例并首次使用"师范学校"（L'école normale）这个专有名词。18世纪末，哈布斯堡帝国的版图上共有15所师范学校。1774年，德国哲学家、教育家约翰·伯思哈德·巴塞多（Johann Bernhard Basedow）在德索（Dessau）建立了著名的"慈善学校"（Philanthropinum）。巴塞多在这里实践了自己的教育理论，并培养了多名影响欧洲的教育家。

---

① GONTARD M. La question des écoles normales primaires de la Révolution à nos jours [M]. Toulouse：INRDP-CRDP, 1975：5.

第三章

师范学校时期的教师教育思想

在 1789 年资产阶级大革命前的旧制度时期，法国的教育水平不高，在学人数少，教会对学校控制很严，各类学校之间缺乏联系，完整、系统的教育制度尚未建立。法国大革命重创了教会的力量，使得教育管理权从教会收归国家所有，教育实现了国家化。在打破旧制度的同时，新世界希望通过普及学校教育，培养符合共和国精神的新一代法国公民。为了满足普及义务教育对师资的需求，师范学校广泛地建立起来。① 在此期间，法国政府出台了一系列普及学校教育的相关法律，其中不乏有关教师教育的政策法令。但在内忧外患的战时环境下，真正得以落实的政策并不多。须要指出的是，法兰西共和国三年（1795 年）建立的师范学校为国家主导的教师教育开辟了先河，它的迅速陨落也为改善教师教育提供了宝贵经验。1833 年《基佐教育法案》（*la loi Guizot*）的颁布，标志着法国教师教育正式进入专业化发展阶段。

第一节

法国大革命时期教师教育发展的背景

一、社会环境

18 世纪，法国发生了两件震撼欧洲乃至深刻影响世界的重大事件：1789 年的资产阶级大革命以及为这次革命在理论上和思想上做了充分准备的资产阶级启蒙运动。启蒙运动中，产生了一批杰出的思想家，如伏尔泰、孟德斯鸠、卢梭、狄德罗、爱尔维修、孔狄亚克等，他们被恩格斯誉为"在法国，为行将到来的革命启发过人们头脑的伟大人物"②。而 1789 年到 1830 年间，法国国内政局动荡，政权更替频繁。与此同时，欧洲各国对法国大革命的成

---

① 王长纯，等. 教师教育思想史研究：上、下册［M］. 长春：东北师范大学出版社，2016：328.
② 马克思，恩格斯. 马克思恩格斯选集［M］. 中共中央马克思恩格斯列宁斯大林著作编译局，译. 北京：人民出版社，1995：719.

果虎视眈眈，多次组成反法联盟围剿法国。

（一）政治更迭

1789 年 7 月 14 日，巴黎人民攻占巴士底狱，标志着法国大革命的开始。紧接着，法国先后经历了君主立宪制政府、法兰西第一共和国、法兰西第一帝国以及复辟的波旁王朝。在君主立宪时期（1791 年 9 月 4 日—1792 年 9 月 21 日），国民公会于 1792 年 9 月 21 日召开第一次会议，决定废除法国君主立宪政府。1792 年 9 月 22 日，国民公会决定 1792 年为共和国的元年。

在革命的大背景之下，新生的法兰西第一共和国内部权力更迭频繁，最开始处于权力中心的是国民公会（1792 年 9 月 21 日—1795 年 10 月 26 日）。这一时期（1793—1794），法国经历了恐怖的罗伯斯庇尔专政统治，国家的权力掌握在山岳党控制的公共安全委员会手中（1793 年 4 月 6 日—1794 年 7 月 27 日）。从 1793 年 10 月 5 日起，共和国正式使用共和历。共和元年，国民公会颁布了《共和元年宪法》（即《1793 年宪法》）。《1793 年宪法》取代了《1791 年宪法》，却从未被实施。共和二年热月 9 日（1794 年 7 月 26 日），罗伯斯庇尔倒台，雅各宾专政结束。

雅各宾专政结束后，依据《共和三年宪法》（即《1795 年宪法》），第一共和国成立了督政府（1795 年 10 月 26 日—1799 年 11 月 9 日），但很快拿破仑便发动雾月政变，成立了执政府，并于 1804 年加冕称帝，法国进入第一帝国时期。第一帝国对内巩固了资本主义政权，颁布了《拿破仑法典》，对外则发动一系列战争，把法国的影响力拓展至整个西欧和波兰。但拿破仑战争在传播民族独立和自由民主的思想的同时，也唤醒了这些地区人民的民族意识，并最终导致了第一帝国的覆亡。

这一时期的法国国际环境极为恶劣。为了围剿法国大革命，欧洲各国先后组织了七次反法战争。反法同盟和法国进行了长达 20 多年的战争。第一次和第二次反法同盟与法兰西共和国之间的战争称为法国大革命战争，后五次同盟与法兰西帝国之间的战争称为拿破仑战争。前五次反法同盟都以失败告终，拿破仑统治的法国因此成为欧洲大陆的霸主，盛极一时。莱比锡和滑铁卢之战后，拿破仑被迫退位。1815 年《巴黎和约》要求法国退回到 1790 年的疆域，并赔偿 7 亿法郎赔款，东部诸省暂由联军占领。1815 年 11 月，路易十八参加欧洲各君主国组成的"神圣同盟",法国提前偿清欠款,联军撤出法境。1818 年,法国恢复了与英国、俄国、奥地利、普鲁士并列的地位。

1814—1815 年和 1815—1830 年这两段时期,波旁王朝曾两次复辟,即位后的路易十八颁布了《1814 年宪章》,宪章恢复了旧的贵族制度,同时保留了《拿破仑法典》的一部分内容,宣布给全民以宪法的权利,实行宗教宽容政策。《1814 年宪章》是一部折中性的法律文件,反映了路易十八平衡旧贵族与新兴资产阶级势力、努力调和国内矛盾的执政思想,但以查理·菲利普[①]为代表的极端保皇派千方百计地要报仇雪恨,恢复旧日的威风,导致国内政局不稳。

1824 年,查理十世即位。查理十世对法国大革命和拿破仑战争时期所受的折磨难以释怀,即位后便推行了一系列反民主的政策,明确表示要恢复以前的特权等级。倒行逆施的查理十世最终激起了法国人民的反抗。1830 年 7 月,法国人民起义推翻了波旁王朝,法国进入七月王朝统治时期。

(二)拿破仑的中央集权统治

拿破仑于 1804 年 12 月 2 日加冕称帝,将第一共和国改为第一帝国。大权独揽后,拿破仑便开始加强中央集权制,在军政、司法、行政、立法、经济等方面进行了大刀阔斧的改革。他将全国划分为 88 个省,省长、专区区长和市长由其亲自任命,地方必须绝对服从中央,各级议会徒有虚名。他在对军权狠抓不放的同时,设置警务部以及直接对他负责的巴黎警察总署。拿破仑还进行了司法改革,亲自参与撰写并颁布了《法国民法典》,建立了金字塔式的司法等级制度。从此,法国拥有了统一的、反映法国资产阶级革命成果的民法典。在财政管理方面,拿破仑取消地方当局分配与征收直接税的权力,设立直接税行政总督,健全会计制度,专门派出参政官对财政活动进行监督,保证国库收入。他还采取多种措施刺激资本主义工商业的发展。例如:给工业以巨额津贴,建立新企业,成立"奖励民族工业协会",鼓励机器生产;为了活跃信贷与商业,重建期票证券制度,继而建立法兰西银行。拿破仑还进行了币制改革,规定金银比价为 1∶15.5,以银为主要货币本位。在推动农业

---

① 即查理十世(1757—1836),1824 年成为复辟后波旁王朝第二任国王。

生产方面，他采取的主要措施有扩大耕地面积、提高谷物售价、保护森林、推广良种、培植新作物等。① 在担任"法国人的皇帝"的十年间，他多次对外扩张，发动了拿破仑战争，同时率军五破英、普、奥、俄等国组成的反法联盟，打赢五十余场大型战役，沉重地打击了欧洲各国的封建制度，捍卫了法国大革命的成果，创造了一系列军政奇迹与短暂的辉煌成就。

拿破仑将宗教视为维持"社会秩序的秘诀"，还给驯服于现政权的教士一定的薪俸，但教士们必须保证向儿童传授《帝国教理问答》（里面明确规定了法国人对皇帝应尽的义务）。拿破仑非常重视对教育体制的改革，以便教育工作能更好地用帝国的标准来铸造年轻一代，确保帝国长治久安。随着法兰西大帝国疆域的不断扩大，拿破仑在国人中的声望日益增高，但他君主独裁的统治本质也显露无遗。

在经历错攻俄国、苦战莱茵、百日王朝的挣扎后，拿破仑最终在滑铁卢之战中败北。拿破仑宣布退位，并于 1815 年被流放至大西洋的圣赫勒拿岛。尽管拿破仑统治下的第一帝国转瞬即逝，却留给后人诸多财富，更为法国中央集权政体的延续与发展奠定了基础。

二、学校教育

（一）占绝对主导地位的教会教育

18 世纪中叶，绝大多数的法国教师属于天主教教士并全部接受天主教会的管理。在偏远的农村小学，教师即便不是天主教教士，也必须履行各种神职义务，例如教授教理、维护教堂、敲钟等。这种被称为"次教士（sous-cléricature）"② 的现象依然广泛存在于 19 世纪中叶的法国社会。

法国学者莫里斯·贡塔德（Maurice Gontard）指出，法国大革命前夕，教育的目的依然在于服务上帝和贵族。③ 教士在神学院学习后参加见习，然后成

---

① 吕一民. 法国通史［M］. 上海：上海社会科学院出版社，2019：141.

② COMPÈRE M M. Du collège au lycée（1500-1850）：Généalogie de l'enseignement secondaire français［M］. Paris：Archives Gallimard，1985：63.

③ CHARTIER R，COMPÈRE M M，JULIA D. l'Éducation en France du XVIe au XVIII siècle［M］. Paris：SEDES，1976：34.

为小学教师。须要注意的是，这一时期的见习基本不涉及教育学的探讨和学习。在一些教区，规模较小的神学院会预先筛选一部分未来的教士直接成为小学教师，为来自贫困家庭的孩子提供几乎免费的教育。

"神学院的学习时间呈逐渐递增的趋势：17 世纪末，学习时间为不到一年，大革命前增加到两年甚至三年。教师教育也从最初只注重实践逐渐丰富起来；预备教士在这里主要学习礼拜仪式、圣事管理、祈祷方式、教理讲授及布道。"① 教理式教师教育就这样逐渐巩固确立起来。同时，一些专门讲授教育学的课程也渐渐融入神学院的学习当中。

非教士身份的普通小学教师基本不会接受任何培训，就自身的知识水平而言，这些小学教师也不必经过任何正规的认证。在成为小学教师前，主教有时会要求这些预备教师通过简单的阅读、书写、计算、圣歌和教理考试，大部分时候，得到神甫的允许，在知识储备和教学经验贫乏的情况下，预备小学教师便可以直接进入小学课堂。小学教师一边教学一边学习教学，这些人有时会得到一些年长同事的建议，或者通过在这些年长同事的课堂担任助教来学习教学方法。须要注意的是，小学教师是在教士或者当地贵族的严密监管下展开教学的。据当时一位小学教师皮埃尔（Pierre - Louis - Nicolas Delahaye）的记载，在他所在的乡村社区，小学教师首先是一名具有国民身份的教区神职人员，除教学工作外，他们需要花许多的时间准备和主持祷告、协助教士履行所有的宗教日常程序，如上钟、敲钟、打扫教堂、养护辖区花园花坛。他自费购买教学用具，直到 1787 年才拥有了一间改建过的教室。只有私下为学生补课才能让他的生活不至于窘迫。② 夏尔·德米伽曾这样说："大部分的小学教师不仅不懂读写方法，甚至不懂宗教的基本规则：在他们中间有亵渎宗教的人，有异教徒，有从事下流工作的人。这些人的存在对于青少年的成长是一种巨大的危险，孩子们很有可能会迷失自我。"在教区内建立系统的教师教育体系迫在眉睫。

---

① LEBRUN F, VENARD M, QUENIART J. Histoire de l'enseignement et de l'éducation（1480-1789）[M]. Paris：Perrin, 2003：567.

② BERNET J. Le journal d'un maître d'école d'Île de France（1771-1792）[M]. Lille：Presses universitaire du Septentrion, 2000：294.

中学教师一般来说也都是具有教士身份的人。在从事教学的教会团体中，耶稣会教士很快便占据了绝对主导地位。18 世纪 60 年代初，全国 300 所中学中，有 105 所中学由耶稣会控制。① 到 19 世纪 60 年代，26 所中学由奥拉托利会控制，29 所由巴尔纳会控制。中学教师通常都受到过良好的教育，在成为教师前，他们会在大学接受几堂基本的教育学培训，有时要参加中学内部的实习。1762 年，耶稣会教士被驱逐出中学课堂，对于他们留下的空缺，法国议会产生过很多争论。② 很多人赞成借此发展统一标准下受大众权力监督的教育，建立效忠于国家，由国家招聘并接受教育学培训的教师群体。有一部分人开始尝试改革，但是收效甚微。在巴黎，从 1762 年开始，获得中学奖学金的学生被汇集在路易勒格朗中学（Louis-le-Grand）接受专门的公共教育，目的是把他们培养成未来的大学教师。1766 年建立的中学教师会考制度也是出于同样的考量，旨在寻求一种更加稳健的教师招聘模式。③ "然而，议会的改革很快便被迫中断了。1771 年法律驱逐议会，宗教通过教会和法令收回了大部分耶稣会控制下的学校资源，教师培养又回到其控制之下。"④ 但事实上，想要建立义务或是商业性质学校，教师教育是一个实实在在的问题。

（二）启蒙思想与教育世俗化

18 世纪的法国处于一个剧烈变革的时代。随着资本主义的发展，新兴资产阶级不仅在政治上要求与贵族享有同等的权利，而且要求享受同等的教育权利，废除封建制度下的教会教育，建立民主社会需要的公民教育。

最能代表启蒙思想家对教育世俗化要求的是拉·夏洛泰（La Chalotais）的《论国民教育》。在书中，他极力批判教会控制的教学模式，认为只教授拉丁语和宗教课程的教育无法培养从事具体实际事务、使国家强盛的人才。他过度评价了科学知识的重要性，提倡以自然科学知识作为中学核心课程，主

① CHARTIER R, COMPÈRE M M, JULIA D. l'Éducation en France du XVIe au XVIII siècle ［M］. Paris：SEDES，1976：34

② GONTARD M. L'enseignement secondaire en France de la fin de l'Ancien Régime à la loi Falloux （1750-1850）［M］. Aix-en-Provence：Edisud，1984：25.

③ CHERVEL A. Histoire de l'agréation ［M］. Paris：Kimé，1993：6.

④ SIRINELLI J F. L'École normale supérieure：le livre du bicentenaire ［M］. Paris：Presses universitaires de France，1994：6.

张中学教学科目应当包括数学、物理、手工业和农业知识、近代历史和法语等，同时，他提出公民教育应当由国家来推行，因为国家有教育其国民不可推卸的责任。[①]

教育民主化主要指人人平等地享有受教育权。启蒙思想家们主要是从政治的角度思考平等教育实现的途径，这其中的代表作是卢梭的名著《爱弥儿》。卢梭指出，只有推翻专制制度，建立以社会契约为基础的政体，人民才能享有自由、平等和受教育的权利。他的思想表达了资产阶级要求政治权利的意识，要争取和封建贵族同等政治地位的要求，享有同等受教育的权利和要求管理教育的愿望，使教育为资产阶级经济发展服务。[②]

（三）第一帝国时期的中小学教育

执政府初期的成就为拿破仑建立中央政府实行个人独裁奠定了基础。1800年2月，上台仅3个月的拿破仑开始重建包括教育在内的行政体制。在他看来，"在一个以确定的原则为基础的教育机构建立之前，一个稳固的政治国家的建立是不可能的"[③]。他在执政的15年间（1799—1814），颁布了一系列重要的教育法令，建立起中央集权的教育制度。近200年来，这种教育制度一直在法国占支配地位。从这个意义上讲，拿破仑是法国近现代教育制度的奠基人。

和在其他领域一样，拿破仑在教育领域的改革也秉持了中央集权的理念，他希望将学校"变成一个促使实现同一目的、因而具有统一道德和共同意志的组织机构"[④]。随后，1802年5月1日法令将开办学校的权力收归国家所有，规定"未经政府许可，不准开办中等学校"。中等学校分为两种：国立中学（lycée，即现在的高中）和市立中学（collège，即现在的初中）。国立中学由国家开办，提供办学经费；经国家招聘的教师，由第一执政（拿破仑）亲自任命，领取国家俸禄；学生实行寄宿制，缴纳学费；国家设立6 400份助学

---

① 李博豪. 让·安托万·孔多塞教育思想初探 [D]. 上海：华东师范大学，2007：11-12.

② 李博豪. 让·安托万·孔多塞教育思想初探 [D]. 上海：华东师范大学，2007：11-12.

③ BARNARD F. Education and the French revolution [M]. Cambridge：Cambridge University Press，1969：216.

④ BARNARD F. Education and the French revolution [M]. Cambridge：Cambridge University Press，1969：124.

金；教学分为以数学为基础的理科和以拉丁文为基础的文科，古典文学课程为教学重点；学校纪律严格，学生身着军服，按军队建制编班，以体现"同一目的"和"共同意志"的办学宗旨，对于违反纪律的学生按军法处罚。市立中学由地方开办，在省长监督之下；教学内容主要包括拉丁文、法语、历史、地理和数学等。拿破仑认为中等教育能为国家培养人才，故1802年法令将初等教育置于次要地位，既没有规定小学实行强制性教育，也没有规定学生免费。当时，小学委托专区区长负责监督，教师由市镇当局挑选。另外，1801年达成的《教务协议》允许基督教学校教士会重新开办小学，以法律形式使天主教成为巩固政权的一种工具。

　　1804年，拿破仑称帝。随着政治权力的集中，拿破仑继续加紧对教育的垄断。1806年5月10日法令问世。该法令包括：（1）建立帝国大学（Université Impériale，或称帝国教育团）①——一个专门负责涵盖初、中、高等教育的国民教育行政管理机构；（2）全体教师应承担专门的和临时的世俗职责；（3）教师队伍的组成将以法律形式提交1801年立法机构会议。其中，帝国大学设一名总监，又辅之30人组成的评议会和督学团。在它下面，全国行政组织分为中央（帝国大学）、学区和省三级。全国划分为29个学区（l'academie），学区长主持学区理事会工作，包括解决学区内有关学校的有争议的各项事宜、检查学校财政情况等。学区督学经学区长举荐，由教育大臣任命，负责检查本学区市立中学、私立中学和小学。省级教育行政机构只有监督权，专区区长可以作为省长的代表监督所在地区的中、小学，小学教师由市镇当局任命。教育组织分为初等教育、中等教育、高等教育三个层次。②

　　爱弥尔·涂尔干（Emile Durkeim）曾精辟地分析法国大革命后整体教育制度的组织精神。他认为主宰这一时期教学与教育制度组织的概念有二：一是百科全书概念（La conception encyclopédique），二是注重社会功能（La fonction sociale）。③另外，1806年法令有两个核心点：其一是帝国大学不再是中世纪的教育行会组织，而是国家教育管理机构，实为法国第一个教育部；

---

① 之后被称为"法兰西大学"（l'universite de france），即今日的法国教育部前身。

② 邢克超. 战后法国教育研究［M］. 南昌：江西教育出版社，1993：25.

③ DURKEIM E. L'évolution Pédagogie en France［M］. Paris：PUF，1983/1999：336-337.

其二是虽然世俗教育与教会教育并存，官办学校和民办（私立）学校并存，但都必须置于国家和政府的监督和控制之下，口号都是无条件忠于皇帝、忠于君主政体、忠于帝国，从而对教育实施垄断。这样，1806 年法令成为第一帝国建立整个教育制度总的指导思想，为两年后颁布的帝国教育组织令定下了基调。而且在帝国的教育体制中，初等教育几乎完全被忽视，其主要由教会负责。由于第一帝国不重视初等教育，到 1813 年，全国仅有小学 13 000 所，学生 90 万。中等教育由国立中学负责，教师必须经过国家师资考试，学生一律穿制服，须遵守军事纪律，一犯大过即被开除。当时不设女子学校，女孩子没有机会接受正规的学校教育。这一时期，师范教育不健全，小学教师的待遇得不到提高，生活艰难。

总之，第一帝国通过教育立法，建立起了以国民教育为基本特征的法国近代教育体制，教育大权由帝国统一掌管，公立教育处于主导地位，实现了拿破仑提出的建立一个稳固的政治国家所需的和以中央集权为基础的教育体制的构想。[①]

（四）对教师群体的关注

随着教育改革的不断深入，法国越来越意识到教师群体对教育发展的重要性，关于教师的研究和师资质量的关注也逐渐多了起来。

1795 年 1—2 月，加莱地区教育评审委员会对 150 位预备教师（其中 106 位教师已经在岗）进行了听写、运算能力测试。结果显示，78.1% 的预备教师熟练掌握法语阅读，80.8% 的预备教师可以熟练使用运算，有 33.3% 和 39.1% 的预备教师勉强掌握了法语写作和拼写方法。[②] 瑞内（René Grevet）的研究显示，在第一帝国末期，教师的知识水平同 1795—1800 年这一时期相比，没有得到明显提升。各省级领导部门、学术部门的调查研究也佐证了这一说法。尽管 15%—30% 的市镇依然存在学校短缺的情况，但是总体而言，

---

① 邢克超. 战后法国教育研究 [M]. 南昌：江西教育出版社，1993：27.

② GREVET R. L'avènement de l'école contemporaine en France （1789 - 1835）：laïcisation et confessionalisation d'une culture scolaire [M]. Lille：Presses universitaire du Septentrion，2001：207.

在相对稳定的社会环境下，学校教育可以真正发展起来了。① 不过，对于一些市镇来说，情况依然不容乐观。

1811 年，巴黎学院学监古耶尔（Cuvier）对塞纳省教育情况的调查报告指出，巴黎周边的农村学校已经形同虚设，生源短缺的情况十分严重，学生的学费只能勉强支付教师的工资。"也许这是因为学校教师素质的问题。我看到很多教师既没有教师应有的礼仪，也缺乏基本的知识……很多'无证'教师的存在加剧了整体教师队伍素质的恶化。"②

调查报告还对各市镇的情况进行了详细的说明。例如，南泰尔（Nanterre）是一座拥有 2 000 人的小镇，但整个小镇只有一位 50 岁的教师。这位教师以前是一个音乐人，之后分别做过慈善学校教师、证券认证人和商人。在拥有 1 200 人的库尔布瓦（Courbevoie）一共有两位教师，其中一位是颇受欢迎的退伍军人，然而他的知识水平仅仅是"勉强会写字，也只会写字"。在皮埃尔菲特（Pierrefitte，6 000 人），唯一的教师是"职业酒商，年老的酒鬼"，而他把课堂交给了一个年轻人。在讷伊（Neuilly），学监每天需要查岗三次；班上只有一个老年人在盯着孩子们，他们的老师却去学生家里上私课；这个老师写作能力不错，但是他也仅仅会这个，另外，这个人的行为也并不可信，很少参加宗教活动。苏内斯内（Suresne，1 200 人）的教师是一位 40 岁的中年人，这位老师一直从事教师职业，有着很好的口碑，冬天，这位老师的班上会有 100 名学生，夏天有 60 名学生。

这些早期对教师群体的研究，在一定程度上也影响了当局者对教师培养和教育的重视。

---

① GREVET R. L'avènement de l'école contemporaine en France（1789 - 1835）：laïcisation et confessionalisation d'une culture scolaire［M］. Lille：Presses universitaire du Septentrion，2001：164.

② GREVET R. L'avènement de l'école contemporaine en France（1789 - 1835）：laïcisation et confessionalisation d'une culture scolaire［M］. Lille：Presses universitaire du Septentrion，2001：210-211.

第二节

师范学校时期的教师教育

文艺复兴和"启蒙思想"为资产阶级大革命做了重要思想准备。大革命时期，法国在教育方面出现了众多主张，其中影响最大的是将教育作为公共事业，免费并强迫进行；将教育分为初等、中等和高等三个级别，分别由专门机构实施。

第一共和国时期的教师教育主要围绕以下两个方面展开：第一，教师教育逐渐从教会手中解放出来，国家立法破除以教会为中心的教师教育培养模式，国家开始尝试培养世俗教师；第二，巴黎师范学校是以国家为主导的教师教育模式的首次尝试，它的夭折给后人留下了宝贵的经验和教训。

1802 年拿破仑提出的高中教育，虽然在重新定义中等教育方面迈出了重要的一步，但在实际推行中仍然遇到了很多的困难。[①] 反对者们认为这些高级中学过于接近权力机构，教学的内容过于强调启蒙理念。因此，高中教育不得不面对来自市政高中、小学堂以及其他私人机构的强烈竞争。另外，这一时期（1789—1833）出台的教育法案中，关于教师教育的问题可谓惜墨如金。

1806 年 5 月 10 日，第一帝国通过了建立中央大学的法案。1808 年 3 月 17 日，第一帝国通过了建立帝国大学的具体法案（144 条条例）。然而，这144 条条例中，涉及教师教育的只有两条：

条例 106 帝国大学负责保障帝国小学教师具有良好的沟通能力，能够准确地向学生传授读、写以及基本运算知识。

条例 107 在每一所学院及初高中内部设立一个或几个培养小学教师的师范班。在师范班，教师向学生展示正确的知识（读写以及运算）。[②]

---

① BOUDON J O. Napoléon et les lycées, Enseignement et société en Europe au début du XIX siècle [M]. Paris：Éditions Nouveau Monde，2004：392.

② GREARD O. La législation de l'enseignement primaire en France（Arrêté du 22 juillet 1817- tome 1）[M]. Paris：A. Delalain，1900：199.

波旁王朝复辟后，地方政府的教育改革与实践真正打开了以国家为主导的教师教育的局面。斯特拉斯堡师范学校的诞生点燃了建立地区师范学校的星星之火。

一、以中央政府为主导的教师教育模式的尝试

由特定行会机构培养教师被认为与法国大革命的精神相左。[①] 孔多塞（Condorcet）在 1791 年如是说："公权尤其应警惕把培养招聘教师的权力交给某个特定的教师团体……无论该教师团体是纯教会、教区、大学或是其他简单的团体，这些机构对社会的危险都是一样的。由特定机构培养的教师，教学目的便不再是为了启蒙大众，而是为了积聚巩固自己的权力；他们不是为了传播真理，而是为了持久巩固已有的偏见，为他们服务。"[②] 革命者认为，由特定教师团体培养教师的模式是旧制度的产物，时下最迫切的是建立新的教师教育体系，培养新意识形态的传播者、受过教育的积极公民和具有启蒙思想的共和国公民，来对抗沉重的教会传统势力。然而，在频繁政权更替、保卫共和国以及对外战争的背景下，大革命时期虽然不乏教育改革法案，真正得以落实的教育改革却寥寥无几。

（一）废除特定培养教师的特定团体

大革命想要建立一个新世界，就必须培养出能够冲破旧制度、理性的、为人类进步努力的新人类。巴黎人民起义胜利后，制宪议会公布了《公民组织法》，宣布将"公共教育、政治和道德的监督权交给世俗政权"，规定任何教师（包括教士）从教前，都必须宣誓立志发展世俗教学。随着封建制度的废除，资产阶级在酝酿"国民教育制度"的同时，也开始关注国民教育教师的培养。

1790 年，皮埃尔·达努（Pierre-Claude-François Daunou）提出《教育计划》（*Le Plan d'éducation*）。该计划主张在农村建立小学，发展中学教育改革，

---

① JULIA D. Les trois couleurs du tableau noir［M］. Paris：Belin，1981：125.

② CONDORCET J A N. Cinq mémoires sur l'instruction Publique - Premier mémoire：Nature et objet de l'instruction publique（1791）［M］. Paris：Carnier Flammarion，1994：88-89.

同时关注教师教育，建立三年制教师教育体系，以便预备教师在这里学习宗教知识和教学艺术。①

1792 年 4 月 20 日，公共教育委员会成员孔多塞向立法议会提交《教育执行计划》。该计划将教育分为五个层级，即初级小学、高级小学、中等学校、专门学校和国家科学艺术研究院，其中专门学校在培养学者文人的同时，负责进行专业的教师培养工作。不幸的是，不久以后法国对普鲁士宣战，该项提议被永久搁置。

从这时起，法国的中小学教育情况逐渐恶化。随着兄弟会的解散（1790年 2 月 13 日以及 1792 年 8 月 18 日法令）、《教士公民组织法》的颁布（1790年 7 月 12 日）以及越来越激进的革命态势（反宗教，尤其是反教士），教师及教学机构纷纷解散，在某些地区，教学系统甚至全部瘫痪。

《布基耶法令》（Le décret Bouquier，1793 年 12 月 19 日）尝试重新启动学校教育。该法令规定六岁以上儿童必须连续接受至少三年的义务教育。国家承担教师工资，工资水平由班容量决定。对于男教师而言，每多收一名学生，年收入增加 20 古银；对于女教师而言，每多收一名学生，年收入增加 15 古银。每个市政府都拥有一所学校，但并不参与学校的任何管理指导工作，教学独立于行政（第一条）。每个自然人，只要向政府负责部门提出申请，并具有颁发毕业文凭的能力皆可开设学校。该法令是法国第一部真正针对小学教师的法律。②

《布基耶法令》在具体推行的过程中遇到了很多困难，其中之一便是师资缺乏。地方政府不得不面对这样一个困境："如果选有能力的人担任教师，就意味着很多时候只能聘用神职人员。如果选支持共和的人担任教师，代价就是雇佣一腔热血的莽夫。"③ 共和国当务之急是协调教师的教学能力、科学素养与政治信仰之间的矛盾。此外，该法令的推行还缺乏连贯的地区财政支持。

① GREVET R. L'avènement de l'école contemporaine en France（1789-1835）: laïcisation et confessionalisation d'une culture scolaire［M］. Lille: Presses universitaire du Septentrion, 2001: 17.

② GREVET R. L'avènement de l'école contemporaine en France（1789-1835）: laïcisation et confessionalisation d'une culture scolaire［M］. Lille: Presses universitaire du Septentrion, 2001: 62.

③ SIRINELLI J F. École normale supérieure［M］. Paris: PUF, 1994: 8.

第三章 师范学校时期的教师教育思想

055

《拉卡纳尔法案》（*La loi Lakanal*，1794 年 11 月 17 日）则更加自由。该法案提出按照人口数量在全国范围内配给小学。每 1 000 人设立一所小学，分为女子部和男子部。当地政府直接指导教师资格评审委员会的工作。个人只有得到评审委员会的认可方可成为教师。教师的工资依然由国家承担（1 200 古银/年/男教师，1 000 古银/年/女教师）。对于人口超过 200 000 人的城市，教师工资可达到 1 500 古银/年。然而，和《布基耶法令》一样，《拉卡纳尔法案》在很多地方都无法得到具体落实。

《达努法案》（*La loi Daunou*，1795 年 10 月 25 日）提出了建设以传统小学为核心、中心学校（弥补中学教育空缺）为辅的新的教育体系。另外，国家还将建立一批专业学校（天文、几何、机械、兽医……）以及由 144 位成员组成的国家科学及艺术学院①（重提孔多塞的提议）。《达努法案》下的小学设置以行政区为单位，国家将不再承担教师的工资，国家提供场地或津贴，教师工资由学生支付。《达努法案》依然面临师资短缺的问题。

在这样的背景下，设立教师教育学校刻不容缓。

（二）建立巴黎师范学校

共和国三年雨月 1 日（1795 年 1 月 21 日），年轻又脆弱的共和国于巴黎成立了师范学校。② 然而，从雨月 1 日到花月 30 日，师范学校在历史上仅仅存在了几个月的时间。"夭折的师范学校"带给人们很多思考，它见证了启蒙思想家朦胧的教学理念和将其付诸实践时遇到的重重困难。

对外战争在一定程度上加速了师范学校的成立。1793 年 2 月，在严峻的国际国内形势下，共和国决定向全国募兵，随机招募全国 18—25 岁未婚及丧偶男子参军。这意味着，国家要为 500 000 名新兵提供武装。这一次，全国公共安全委员会(Le Comité de Salut public) 把目光投向了科学领域。其工作的重心是生产武器和炮火。因为反法联盟对法国进行了贸易封锁，法国亟须生产依赖进口的原材料和金属。③ 科学家们响应政府的号召，即刻投入编写科普

---

① SIRINELLI J F. École normale supérieure ［M］. Paris：PUF，1994：68.
② COSTANTIN D，BRILLOUIN M，BOISSIER G，et al. Le Centenaire de l'école normale（1795-1895）［M］. Paris：Hachette，1994：21-209.
③ SIRINELLI J F. École normale supérieure ［M］. Paris：PUF，1994：11.

教材中，并培训制造兵器的工人们。1793 年 12 月，法国全国发起了征集火药粉的运动。1794 年 2 月 2 日，应召入伍的年轻人代表们齐聚巴黎，学习研磨及制造火药、建模、熔化和铸造大炮的技术。1794 年 3 月 20 日，"兵器学校"正式开课，知名科学家如格顿（Gyton）、佛克罗伊（Fourcroy）、贝托莱（Berthollet）、蒙日（Monge）及哈森夫瑞兹（Hassenfratz）等亲自授课。实习结束后，这些年轻人回到自己家乡所在的省份，把学到的知识讲给他的战友们。

共和国三年创立的师范学校便是以此为模板的：在各地招募学生至巴黎，接受由知名人士授课的为期几个月的培训。① 这是国家培养教师的首次尝试。为期四个月的培训集结了各个领域的泰斗：数学领域有拉格朗日（Lagrange）、拉普拉斯（Laplace）和蒙赫（Monge），化学领域有贝托莱（Berthollet），农学领域有图恩（Thouin），地理领域有博阿斯（Buache）和蒙代尔（Mentelle），历史领域有沃尔尼（Volney），伦理品德领域有贝尔纳德（Bernardin de Saint-Pierre），语法领域有斯卡尔（Sicard）。② 加拉（Garat）讲授哲学，拉普尔普（La Harpe）讲授文学。1795 年 2 月，范德蒙（Alexandre-Théophile Vandermonde）也带着政治经济学课程加入了学校的教师团队。师范学校的教师团队，虽然曾经接受的是旧制度下的教育，但都直接或间接地参加了启蒙运动。"这个杰出的教师团队将为近 1 400 名学生传授完整的教学课程。"③ 1795 年 1 月 21 日，巴黎师范学校正式开学。然而，学校的运行情况很快就不容乐观了。果实配不上承诺的花朵，仅仅存在了四个月的巴黎师范学校以失败而告终。

二、以地方政府为主导的教师教育模式的尝试

大革命时期重建教育体系的尝试大都以失败告终。激进的革命党人在推

---

① 1794 年 5 月 20 日，公共教育委员会通过了成立师范学校的法案，师范学校定于 1794 年 6 月 19 日正式开学。然而，筹建师范学校的事宜迟迟没有进展，政府又把工作重心转到了筹建公共工程学校上（l'École centrale des Travaux publics，1794 年 9 月 28 日法令，即后来的巴黎综合工科学校）。1794 年 10 月 10 日，政府又成立了国会工艺博物馆兼学校（Le Conservatoire national des arts et métiers）。直到此时，建立一所专业学习教学的学校的想法才真正走上正轨。

② GRANDIÈRE M. La formation des maîtres en France (1792-1914) [M]. Lyon：INRP, 2006：18.

③ SIRINELLI J F. École normale supérieure [M]. Paris：PUF, 1994：18.

行反宗教政策、打破旧制度教育体系的同时，并没有考虑如何建立新秩序的问题。国家教育的推行困难重重，教会学校尤其是基督教兄弟会却又"卷土重来"。在这种背景下，斯特拉斯堡师范学校诞生了。1810 年，在下莱茵河地区省长莱伊（Bas-Rhin Adrien de Lezay-Marnésia）以及学监西蒙（Simon-Louis de Montbrison）的提议下，斯特拉斯堡师范班开班了。

须要指出的是，法国第一批师范学校有着明显的日耳曼师范学校的痕迹。最初日耳曼西里西亚学校创始人费尔比格神父（l'abbé de Sagau，Von Felbiger）在奥地利创立一批教师学校。1774 年，奥地利的特雷斯（Thérèse）召回费尔比格，让其负责在奥地利帝国的天主教省份推广师范学校（Normalschulen，1770 年 10 月 22 日法令）。从此，西里西亚的教育学成果便在奥地利流传开来。17 世纪末，法国东部受过良好教育的人们已知道基督教地区教师研讨会（Le séminaire）的存在。紧接着，受到弗雷德里克二世（Frédéric II）资助创立的柏林模型（由虔诚的天主教教徒海格尔创立）也渐渐为人们所熟知。也就是说，阿尔萨斯人和居住在法国的德国人把师范学校引入了法国。

1810 年 10 月 23 日，斯特拉斯堡通过了《创建斯特拉斯堡师范学校的法令》，11 月 15 日，下莱茵河地区小学师范班（斯特拉斯堡师范学校）正式开学。议会同意每年向师范班拨款 30 000 法郎，用以资助 60 名师范生的日常生活。这 60 名师范生的年龄须在 16—30 岁之间，其中前 20 名可获得全额奖学金，中间 20 名可获得 3/4 奖学金，最后 20 名可获得 1/2 奖学金。师范班同时还招收一批自费生。最开始，师范班的学制定为四年，很快被缩减至三年。在这三年里，学生将学习各学科的理论知识以及教育学分析。[①]

师范班的组织结构参照德国师范学堂的模型，招收 60 名 16 岁至 30 岁之间的奖学金学生以及不限人数的自费生。斯特拉斯堡按照各市镇人口数量、公民收入水平以及师范班规模向市镇发放奖学金……学生在这里学习法语、德语、算术、物理基础、书法、地理、绘图、音乐、歌唱、农学以及体操。在这里，学生还要学习教育学。[②]

---

① GRANDIÈRE M. La formation des maîtres en France（1792-1914）[M]. Lyon：INRP，2006：23.
② BUISSON F. Dictionnaire de pédagogie et d'instruction primaire [M]. Paris：Hachette，1887：2059.

师范学校的课程涵盖了除历史课以外的所有传统课程。紧接着，梅兹省（Meuse）和莫泽尔省（Moselle）尝试复制斯特拉斯堡师范学校。1820 年，在梅兹附近的海德方兹（Heldefange）也成立了一所师范学校，后迁至梅兹，改名为梅兹师范学校。同年，在乐杜克（Bar-le-Duc）也创办了一所师范学校。这些学制两年的寄宿制学校在向学生提供基础教育的同时，也对他们进行教育学的启蒙。在课程设置上，这些师范学校在沿袭斯特拉斯堡师范学校范例的基础上，也做了相应的调整。在海德方兹，学校还开设了历史课、卫生课、几何课、公民衣着课，取消了体操课、德育课、物理课和自然史课。"正如我们看到的那样，在课程设置上，国家不做任何干涉。各地根据自己的需要来进行相关课程安排。"①

1830 年 7 月，查理王朝垮台。在自由派的努力下，这一时期的教师教育取得了一定成就。1828 年，瓦迪梅思首相提出优先发展教师教育。到 1830 年，法国共计有 14 所师范学校。但这时法国的师范教育和莱茵河畔的德国相比，仍然有明显的差距。

第三节
教育家的教师教育思想

一、孔多塞的教师教育思想

启蒙运动代表的是一种时代的新思想，它反对天主教会的蒙昧主义，提倡理性；反对封建专制制度，提倡民主与自由；封建社会落后、愚昧的教会教育也是他们关注和批判的对象。各种关于改良教育的呼声日渐增多，为这一时期教师教育的发展提供了思想理论土壤。让·安托万·孔多塞（Marie Jean Antoine Nicolas de Caritat, marquis de Condorcet, 1743—1794）就是其中的代表。他主张对全体国民实行公共教育。这一教育思想既是对启蒙时代先

---

① BUISSON F. Dictionnaire de pédagogie et d'instruction primaire [M]. Paris: Hachette, 1887: 2059.

进思想的总结，也是对其的升华和发展。孔多塞的教育主张不仅反映了资产阶级建立现代教育的要求，而且对法国教育改革产生了深远影响，成为 19 世纪法国进行现代教育改革的重要依据。①

1791 年，孔多塞发表了五篇关于公共教育的论文，并在其中的两篇中用相当长的篇幅探讨了教师教育问题。

第一篇论文题为《公共教育的性质和目的》（*Nature et objet de l'instruction publique*）。在这篇论文的开篇，孔多塞就公共教育的任务给出了定义："公共教育是社会对于公民的义务。"② 作为启蒙思想的旗手，孔多塞直接指出了教育的不平等是造成暴政的最主要原因之一，无知总是专政的仆人。在他看来，公共教育是培养具有理性政治素养公民的必备条件，是"提升人类素质的方式"，是国家经济发展的动力，也是国家义不容辞的责任。同时，他强调公共教育（éducation publique）不能超出"教学"（instruction）的范畴，否则就会沦为专政的工具；父母、社会以及个人思想也应当受到尊重。"大众权力不能把品德教育和宗教教育联系在一起。"③ 值得注意的是，一方面，孔多塞明白国家招聘兼具专业知识和教学能力教师的重要性；另一方面，他也谨慎地提出了对国家控制下教师教育的质疑。

第二篇论文题为《论儿童同质教育》。在这篇文章里，孔多塞首先描述了公共教育第一阶段的学校分布情况，然后就该基础教育的学科进行了具体分类，最后孔多塞用三十多页的篇幅探讨了教师教育以及教师招聘程序。④

孔多塞认为，只有专制政府才会建立服从于既定权力的教育体系。⑤ 基于此，孔多塞以自由的名义反对一切专门培训教师的学校，但强调所有教职人员都应该"非宗教化"，以此推动共和国的民主化。孔多塞认为教师工作需要

① 李博豪. 让·安托万·孔多塞教育思想初探［D］. 上海：华东师范大学，2007.

② CONDORCET J A N. Cinq mémoires sur l'instruction Publique-Premier mémoire：Nature et objet de l'instruction publique（1791）［M］. Paris：Carnier Flammarion，1994：61.

③ CONDORCET J A N. Cinq mémoires sur l'instruction Publique-Premier mémoire：Nature et objet de l'instruction publique（1791）［M］. Paris：Carnier Flammarion，1994：87.

④ CONDORCET J A N. Cinq mémoires sur l'instruction Publique-Premier mémoire：Nature et objet de l'instruction publique（1791）［M］. Paris：Carnier Flammarion，1994：151-180.

⑤ CONDORCET J A N. Cinq mémoires sur l'instruction Publique-Premier mémoire：Nature et objet de l'instruction publique（1791）［M］. Paris：Carnier Flammarion，1994：95.

一定的连续性，15—20 年是相对合理的教师服务时间。同时，他还考虑对优秀教师的额外奖励，包括退休奖金以及对其子女的优待。

论教师①

孔多塞

教师这份职业要求习惯并且偏好一种深居简出又规律的生活。从性格上来看，教师要既温柔又坚定，既耐心又热忱，既随和又庄严。同时，教师又要在思想上保持公正、敏感、灵活和条理。教学的艺术只能在实践中获得。因此，教师又只能在经验中精进。教师在最初工作几年的教学质量总是不如之后的教学质量。因此，教师这份职业要求一生或者大半生奉献于此：教师应被当作一种习惯的状态……教师的工作是孤独的，培养教师的工作也不宜聚众。所以，公共权力不能将教学工作委托于某个已经存在的机构，甚至也不能允许教学工作在某个存在的机构进行，因为经过某一群体塑造的教师，将会尽力传达该群体允许他们传达的东西。仅仅有这份谨慎是不够的，某一个地区的教师教育不能由某一个机构承担，甚至某一个学校的教师教育也不应该由某一个机构来承担；教师不须要管理任何事务，也不须要对空缺的教职施加影响。每位教师都应当是单独存在的个体，也唯有这样，才能在教师之间形成一种良性的、无须被名利驱使的竞争，才能使教学免于某种定式思维或是某种迎合教师利益的产物。对于当下而言，最重要的是切断教育和宗教的联系，否则很快宗教将会重新掌控教育。一个把教士当作教师的民族不会是一个自由的民族，这样的民族会在无意中陷入唯一的专政，这个专政可能是主教或是任何其他宗教领袖……我们须要培养的是人，我们并不须要创造天使。

在《论教师》这篇文章中，孔多塞提到了教师的任命和择选方式。人们应当具备判断教师教学水平的能力，并依此选择适合当地需求的教师。"他"应当是"最优秀"和"最合适"之间的最优选。因此，择选教师这项工作要由受过良好教育的人们组成教学管理委员会，通过委员会的投票来完成。"被

---

① CONDORCET J A N. Cinq mémoires sur l'instruction Publique – Premier mémoire：Nature et objet de l'instruction publique（1791）［M］. Paris：Carnier Flammarion，1994：151–154.

择选者"应当不断学习,在省级学科协会不断充实自己的知识。省级学科协会应当根据人们的需求(按照选择主体的不同,人们的需求分为家庭级需求、城市级需求和省级需求),列出可以从事教师工作的人员名单,家长、市级理事会、省级理事会分别选择符合需求的教师。也就是说,教师的择选是建立在委员会推荐基础之上的。个体一旦成为教师,公共财政将承担教师的工资。这样,教师可以享受稳定的工资待遇,也可免于和家庭无休止的协商。

在其他论文中,孔多塞详细定义了公共教育的五个层次。第一层次是惠及全民的免费初等教育。孔多塞建议按人口数量分地区配给小学,每个地区或小城市(人口为400—1 500人)设立一所小学。第二层次是中学教育。在每个省的首府或人口超过4 000人的城市设立一所三年制中学,学生在这里学习语法、历史、地理、品德、法律、数学、物理、自然史、机械及商业。第三层次是学院。在全国设立110所学院(类似于高中),为国家培养干部及教师。学院教育学制为五年,每年共招收约80 000人次。第四层次是高中(孔多塞理论下的高中,约等同于现在的大学教育)。在全国设立9所高中(杜埃、斯特拉斯堡、第戎、蒙彼利埃、图卢兹、普瓦捷、雷恩、克莱蒙费朗和巴黎)。第五层次为国家科学及艺术学院,由418位成员组成(巴黎人有194位,外省人有194位,外国人有30位)。

二、卢梭的教师教育思想

让·雅克·卢梭(Jean-Jacques Rousseau,1712—1778)是18世纪重要的启蒙思想家,其主要代表作《爱弥儿》及《社会契约论》,都从不同侧面探讨了教师教育问题。《社会契约论》的核心概念是"公共意志"。卢梭指出,只有推翻专制制度,建立以社会契约为基础的政体,人民才能享有自由、平等和受教育的权利。《社会契约论》表达了资产阶级要求政治权利的意识,要争取和封建贵族同等政治地位的要求,享有同等受教育的权利和要求管理教育的愿望,使教育为资产阶级经济发展服务。

卢梭关于教师教育思想的论述集中体现在《爱弥儿》一书中。《爱弥儿》

谈论的中心问题是人性①。全书共五卷，卢梭针对不同年龄段的儿童，提出不同的教育原则、教育内容和教育方法，即体育、感官、智育、德育、爱情。在这部书中，卢梭把自己描写成一个理想的教师，强调教师的自我教育。

首先，卢梭的教师角色观受其"自由平等"政治思想的影响，要求教师充分尊重儿童，体现师生地位的平等性。须要指出的是，《爱弥儿》中的教师角色具有开放性，教师的角色随着教育阶段的不同而不同，强调与学生的精神连接。

其次，教师应不断加强基础知识修养，不断加强自身教学能力。在《爱弥儿》中，卢梭负责爱弥儿的全部教育，这就要求教师应当具备丰富的知识储备。从宏观上看，卢梭采用了分阶段教学方法。在具体的教学过程中，为了培养"自然人"，卢梭采用了自然教学法和预设教学法，用观察自然的方式学习知识，如通过带爱弥儿看日出来讲授地理知识。

最后，教师应当具有优秀的道德品质。在教育爱弥儿的过程中，卢梭始终以出自内在的教育热诚来施教。作为一个教育者，卢梭认为教师必须要有仁爱之心，应当根据儿童的需要开展教学。

三、吉隆丹的教师教育思想

吉隆丹（Joseph-Marie de Gérando，1772—1842），法国教育家、语言学家、人类学家。波旁王朝复辟期间，教师教育的唯一突破在于相互教学法的推广。1815 年，滑铁卢战役前夕，吉隆丹在巴黎成立基础教育社。基础教育社自成立以来，一直致力于推广英国兰卡斯特教育学（la méthode lancastérienne）。这种教育学于 18 世纪末流行于英国，以贝尔（André Bell）和兰卡斯特（Joseph Lancaster）为代表。当时，在法国教育理论界占据主导地位的依然是传统的一对一式（教学）（méthode individualle）以及拉萨尔兄弟会推崇的整体式（教学）（méthode simultanée）。在这样的背景下，以吉隆丹

---

① 孙伟红. 卢梭宗教思想三题［M］//秦海鹰. 法国文学与宗教. 北京：人民文学出版社，2011：26.

为代表的几位自由派贵族希望在法国推广互动式（教学）（méthode mutuelle）。①

互动教学式要求教师熟悉相应的教学程序以及课堂管理（管理小组负责人）。互动教学式的基本原则很简单。教师并不是"实际上课"的人，教师只负责引导教学秩序和指导几个"真正上课"的同学；"真正上课"的学生是学生中最善于学习的，这些学生又被称为小组负责人。② 一个班的学生被分为几个连续的小组，每个组有一个小组负责人。教学的核心在于使用一系列教学信号来协调教学活动。学生按照不同学科被分入不同班级，同一班级内的学生根据学习水平和进步水平被分入不同小组。所有的教学活动都须要按照严格的教学程序来推进。每个班的学生按照小组负责人的指示来学习。比如，在写作课上，小组负责人会要求同学们坐在凳子上；在阅读和算术课上，小组负责人会要求同学们 8 人或 10 人一组围成一圈。教学过程中的所有活动和指令都有严格的要求，要通过声音、手势或者摇铃来完成。比如，擦黑板需要四个指令：第一个指令要求学生准备擦黑板（右手放到嘴边，左手放到腰带附近），第二个指令要求学生擦黑板（右手水平移动），第三个指令要求学生停止擦黑板（摇铃），第四个指令要求小组负责人检查学生擦黑板的情况（说"先生们"并摇铃）。③ 严格的小组管理以及特殊的教学方法要求学生必须接受连贯一致的学习。1815 年 4 月 27 日，在卡诺（Lazare Carnot）总理的支持下，教育实验小学建立了。"实验小学"是第一所推行互动教学式的示范学校，卡诺总理希望以此为模版，在全国推行互相教育学教育。

第一帝国的崩塌给这个计划按下了暂停键。随后，吉隆丹又按照互动教学式的思路，重新在圣·让·德·布瓦街（Saint-Jean-de-Beauvais）成立了一所学校。这所学校主要培养小组负责人，也陆续培养教师。巴黎省长夏布沃（Chabrol de Volvic）是互动教学式的支持者，并取得了公共教育委员会以

---

① JACQUET-FRANCILION F. Naissances de l'École du peuple（1815-1870）［M］. Paris：Les Éditions de l'Atelier，1995：45-74，117-132.

② GIOLITTO P. Histoire de l'enseignement primaire au XIXe siècle：L'organisation pédagogique ［M］. Paris：Nathan，1983：19.

③ GIOLITTO P. Histoire de l'enseignement primaire au XIXe siècle：L'organisation pédagogique ［M］. Paris：Nathan，1983：20.

及内务总理沃布朗（Vaublanc）的支持。在总理的支持下，基础教育社在巴黎相继成立了4所小学，到1820年，互动教学式在全国推广开来。圣·让·德·布瓦街学校也成为事实上的互动教学式教师教育学校。

1816年4月16日，国家颁布法令要求申请布瓦街学校的预备教师提供两份良民证（一份由主教或神甫提供，一份由市长或省长提供）。法令颁布后（1816—1820），共计超过400名预备教师在这里接受了培训。[1]

随着互动（教学）式学校的日益增多，布瓦街师范学校的接纳能力越来越难以满足现实需要，各省相继成立了一批互动（教学）式学校。然而，尽管国家于1816年2月19日出台了互动（教学）式学校教师招聘管理条例，巴黎基础教育社依然无法把控外省的互动（教学）式学校的教师质量。[2] 幸运的是，国家并非完全无视这批预备教师的命运。公共教育委员会主席柯蓝（Royer Collard）希望进一步推广公共教育，并成功说服内务总理黎石留（Richelieu）越过教育部，直接支持互动（教学）式学校。柯蓝同安布鲁瓦丝·伦杜（Ambroise Rendu）一同起草了1816年2月29日法令，明确了开办学校需要满足的条件，并提出教师需要同时具有良民证和教师能力证。在这项法令里，柯蓝还提出按省份在兄弟会学校或皇家中学设立相互教学教师教育班。

1817年7月22日，公共教育委员会又出台法令，提出在全国11所学院（卡昂学院、鲁昂学院、奥尔良学院、南希学院、梅斯学院、第戎学院、布尔日学院、克莱蒙学院、卡奥尔学院、蒙彼利埃学院、巴黎学院）建立相互教学示范班。在地区学监的监管下，这几所学院师范班的负责人要到布瓦街师范学校或其他已经存在的互动（教学）式师范学校学习。[3] 然而，许多外省的学校和基础教育社并没有真正的联系。在1817年11月12日巴黎省长夏布沃写给公共教育委员会的信件中，我们发现这样的疑虑：农村学校的教师一

---

① TRONCHOT R P. L'enseignement mutuel en France de 1815 à 1833 [M]. Lille：Service de reproduction des thèses de l'Université，1973：299.

② NIQUE C. L'impossible gouvernement des esprits：histoire politique des Écoles normales primaires [M]. Paris：Nathan，1991：58.

③ GREARD O. La législation de l'enseignement primaire en France（Arrêté du 22 juillet 1817- tome 1）[M]. Paris：A. Delalain，1900：264.

个星期只会去师范班上两三次课，便"觉得已经完全掌握了互动（教学）式，然而当把这种教育学引入课堂的时候，很快就变味了"。①

1820 年 2 月 13 日，贝利公爵遇刺，极端保皇派上台。来自英国的互动（教学）式被认为倾向过于自由而遭到不断批判，相互教学师范班逐渐消失在人们的视线中。

第四节
教育改革中关于教师教育的主流思想

一、《1793 年 10 月 30 日制宪议会法案》与巴黎师范学校

在巴黎高等师范学校成立 300 年之际，很多学者都对其成立的意义进行了总结。其中，有学者对当时法国建立巴黎高师的创举进行了描绘："民主制度让两千五百万共和国公民实现了平等。我们必须通过师范教育让他们实现精神的重生。师范学校的很多毕业生都有能力将这一切变成现实。因此，学生在师范学校学习的不是科学知识，而是教授科学的艺术；毕业生将不是受过教育的公民，而是可以教育他人的公民。这个世界上将诞生一批新的学校，在这里，自然、真理、理性和哲学将拥有一席之地……耀眼的工业培养了耀眼的人类理性，而耀眼的人类理性所到之处将会带来同样的结果，那就是为即将成为全世界楷模的民族，带来人类精神的重生。"② 从这段描绘中我们能感受到人们对于建立师范学校的犹豫。事实上，关于建立专业师范院校还是高等科学院校的争论在当时是非常激烈的。

1793 年 10 月 30 日（共和国雾月 9 日），制宪议会通过了成立巴黎师范学校的议案。该议案包含 15 条内容，对师范学校的目标、管理体系都做出了明确的要求。首先，在生源年龄上，议案规定年龄在 21 岁及以上的年轻人（招

---

① TRONCHOT R P. L'enseignement mutuel en France de 1815 à 1833 [M]. Lille：Service de reproduction des thèses de l'Université，1973：509.

② SIRINELLI J F. École normale supérieure [M]. Paris：PUF，1994：3-30.

收比例 1/20 000 人），在市政府相关管理部门的推荐下进入巴黎师范学校学习。其次，该议案对学生入学前的受教育程度并没有做出硬性规定，学生入学也不需要参加入学考试。1794 年 12 月 20 日，第一批学生正式进入学校（这次入学是 1973 年 10 月 30 日议案的结果），开始为期 4 个月的学习。政府承担了学生们的来往路费及他们在首都期间的日常开销。完成学业后，学生们返回所在地区开设附属师范学校，并以他们为核心，向其他教师传授"好的教学方法"。这意味着共和国三年创建的师范学校和小学教育密不可分。然而，人们很快便意识到这些基础的教育学无法和教学的实际内容相衔接。1794 年 10 月 24 日，拉卡纳尔和加拉（Garat）向制宪议会提交了新的关于小学教育法案，议会于 11 月 11 日通过了他们的提议。在这份新的法案里，拉卡纳尔明确指出，巴黎师范学校的作用在于培养精英教师，从这里毕业的教师返回所在地后，在当地继续开办类似的师范学校。①

1793 年 10 月 30 日制宪议会法案

成立巴黎师范学校②

第一条　政府将在巴黎成立师范学校。所有受过科学教育的共和国公民都有权利申请进入师范学校学习教学的艺术。

第二条　各行政地区按照人口比例推荐学生入学：每两万人可获得一个推荐入学名额。巴黎地区的入学名额由各区指定。

第三条　行政单位在推荐学生入学时，须考查学生的政治素养以及文化素养。只有坚定的爱国者、受过良好教育并有能力传播知识的人才可获得推荐名额。

第四条　师范学校学生入学年龄须在二十一岁及以上。

第五条　第一批学生定于次年霜月末入学。在学期间，学生享有公共工程学校学生的所有待遇。

第六条　学生毕业后，公共教育委员会确定可以胜任教师职业的学生名单，并将名单提交至制宪议会。

①　JULIA D. Les trois couleurs du tableau noir［M］. Paris：Belin, 1981：154.
②　JULIA D. Les trois couleurs du tableau noir［M］. Paris：Belin, 1981：158-159.

第七条　教师须开设讲授伦理学方法的课程，用政治美德塑造共和国青年的心灵。

第八条　教师须优先使用制宪议会予以通过和出版的教材，优先教授写作课教育学、基础运算课教育学、实用地理教育学、历史教育学、法语语法教育学。

第九条　师范学校的培训时间至少为 4 个月。

第十条　学生毕业后返回所在区，并在所在区的首府开设师范学校，向其他希望学习公共教育学的公民传授自己在师范学校所学内容。

上文提到国家为巴黎师范学校配备了杰出的教师队伍，但是，这并不意味着巴黎师范学校"一席难求"。事实上，筹建巴黎师范学校首先面临的困难便是生源匮乏。大部分年轻人都已经应召入伍，这意味着政府要用极大的热情来推进招生工作，同时必须接受生源质量的参差不齐。一开学，很多学生便表示课程难度过高。相当一部分教师也在教学工作中表现得过于随意。比如在开学不久，伦理学教师贝尔纳德（Bernardin de Saint-Pierre）便缺席课堂活动，并表示自己没有需要讲的内容，要求缩减三个月的课程量，最后，他在第四个月开始上课，并且只上了 9 堂课（学校规定的教学量为 24 堂课）。在上课方面，沃尔尼、卡拉、拉普尔普也并不勤快。学校的教师大都是研究人员、文学家或者科学家，他们也并不乐意给这样的学生上课。对于师范学校来说，还有更棘手的难题需要面对：制宪议会需要的师范学校和加拉创立的师范学校在理念上相矛盾。"制宪议会希望建立以培养小学教师为目的的师范学校，学校的教学内容仅限于基础教学。然而，加拉期待的却是一所科学哲学高等院校。"①

杰出的教师群体却并不擅长阐述学科基础知识，也并不精于教授教学的艺术。想要学习基本教学理论的学生，在这里听到的却是相当专业的课程，很多情况下，课堂仅仅是教师高深的一言堂。尽管有拉格朗日给学生讲方程式理论，蒙赫讲解析几何，道本顿（Daubenton）讲授动植物，但越来越多的学生因为听不懂教师的讲解而缺堂。物质条件也不容乐观。师范学校找不到

———————
①　JULIA D. Les trois couleurs du tableau noir［M］. Paris：Belin, 1981：13.

足够大的场地来容纳 1 400 名学生，财政委员会也不同意师范学校占用旧索邦大学的教室。最后，师范学校借用了自然历史博物馆的阶梯教室（700 个席位）。狭小的教室并不是唯一的困难，学生们还不得不面对日常生活的困顿。1794 年的冬天分外寒冷，粮食短缺，物价飞涨，1 200 古银的政府补贴完全无法满足四个月的生活所需。"饥饿在吞噬我们。"① 学生们纷纷请愿，要求援助。1795 年 4 月 27 日，制宪议会决定允许有意愿返乡的同学先行退学。5 月19 日，制宪议会关闭了巴黎师范学校。

1795 年 2 月 26 日，制宪议会通过了拉卡纳尔建立中央学校的议案。随后，1795 年 10 月 25 日，《达努法案》针对该法案做出了微调，决定继承巴黎师范学校的办学精神，用中央学校代替旧制度下的中等学校，促进科学以及启蒙精神的传播。每个省份都将设立一所中央中学，教师由教师管理委员会选派，并由政府承担教师的工资（学生也会支付一部分学费）。然而，实际上教学根本不涉及任何教育学的内容，教学的目的旨在为学生提供中等教育。在中央中学的 629 位教师中，来自巴黎师范学校的教师只有 78 位，大部分的教师都是旧制度下的教师，还有一些是没有经过任何培训便直接上岗的教师。继这些失败的尝试之后，1795 年之后关于重建教育体系的法案中，教师教育再没有被提起过。

二、《1816 年 2 月 29 日教育改革法》与教师资格证制度

1816 年 2 月 29 日，罗耶·科勒德（Royer-Collard）主持的公共教育委员会通过了由热兰多（Gérando）、乔治（Georges Cuvier）和安布罗斯（Amboise Rendu）提交的关于教育改革的法案。该法案开篇就指出了法兰西王国学校短缺的现状，并要求市镇政府行动起来筹备学校。然而，该法案虽然明确指出了市镇政府有向公民提供基础教育的义务并且市镇政府应该承担贫困家庭孩子的教育开支（第十四条），但在对教师的工资问题上很含糊。该法案第三十九条提道："规模较大的市镇应该尽量把几个班合成一个班，由一位授课教师

---

① COMPÈRE M M. Les professeurs de la République, Rupture et continuité dans le personnel enseignant des écoles centrales [J]. Annales historique de la Révolution française, 1981, 243 (1): 39-60.

和几位助教进行管理，借此向年轻人传授教学艺术。"值得一提的是，该法令提出教师须取得教师资格证后才可上岗。该法案第十一条指出：

　　教师资格证分为三个等级。第三级为最低级，授予具备读、写以及运算能力并能把这些能力通过课堂传授给学生的教师。第二级教师资格证授予具备拼写、书写、计算能力的教师。同时，该等级教师教学水平要达到基督教兄弟会教师教学水平。第一级为最高级，原则上，这一等级的教师要掌握法语语法、运算技巧、地理测量等其他有用的基础知识。

　　该法案第十三条指出，教师在获得教师资格证后，还要获得地区学监以及当地政府的允许后才能正式上岗。此外，该教育法案中涉及对学校以及教师工作监督的条例共计 42 条，体现了立法者对这一工作的重视。地区学监、学院学监（学术监督）、主教（宗教监督）以及省长区长（政治监督）都有权力对学校及教师工作进行监督。具体到地方监督工作上，市长以及神甫的作用尤为重要。同时，每一所小学都受到区委会的监督。区委会由本区神甫、区和平法官、区初中校长组成，同时，区长、王室检察官、由学监指派的贵族也有权力监督小学及小学教师的工作。区委会的工作是义务的。该法案第七条指出："区委会监督全区学校的日常秩序、宗教教学情况、各项规定的执行情况以及针对各流弊的改正情况。"教师上岗后，教师能力监督委员会通过走访课堂来评估教师的教学能力和职业操守情况。须要指出的是，教师能力监督委员会的成员常常是一些刚识字的乡绅，他们并不能对教师的能力做出合理的判断。因此，神甫和市民的意见也会被作为参考。

　　1830 年，尽管波旁王朝最终垮台，但法国学校教育取得的成就仍非常有限。在教师教育层面，共和国三年创立的师范学校虽然有一定的启迪性，但是从全国范围来看，注重教师学科知识以及教学方法的"神学院"模式更受欢迎。在 1795 年师范学校模式（各省派学生前往巴黎接受教师教育，再返回各省推广所学）以及布瓦街师范学校模式（各省派学生前往就近学院接受教师教育）的启发下，一些地方精英意识到在当地设置师范学校更方便管理，也更具有现实操作性。到 1830 年，全国共有 14 所师范学校。然而，国家并没有介入女教师的培养工作，教会在女教师的培养上依然发挥着重要作用。女子师范生按照"旧制度"的传统，在实习过程中听取一些教育学建议和理论知识后即可成为教师。须要指出的是，当时在女教师的培养过程中，最重要的是确保对基督教的信仰以及妻子、母亲和宗教身份的认同。

三、《1829 年米勒库尔师范班教学章程》与教师培养

1829 年，在孚日师范学校建校一百年庆典时，本杰明·鲁特格尔（Benjamin Lutringer）出版专著，详细地介绍了师范学校的发展过程。尽管瓦迪梅思首相希望从中央到地方逐级建立师范学校，师范学校的真正发展却是从地方开始的。但是，这个时期的师范教育依然非常接近小神学院，社会规约以及天主教教育还是教师教育的主要内容。《1829 年米勒库尔师范班教学章程》明确了师范班的作用和地位：师范班既负责传授普通知识，也负责传授教学知识，同时还要加强学生和教师的品德和宗教教育。下面是《1829 年米勒库尔师范班教学章程》的部分内容。

1829 年米勒库尔师范班教学章程[①]

第一条 在米勒库尔中学设置米勒库尔师范班，为孚日省培养小学教师。米勒库尔中学利用闲置场地为师范班提供场地支持。

第二条 宗教教育是教学的基础；其他教学还包括阅读、写作、算术、法语与语法、历史及地理基础、法国历史、圣歌、简笔画、测量、公文写作、农学基础。

第二十三条 以祈祷开始每日的教学工作并以祈祷结束每日的教学工作。

第二十四条 晚上祈祷结束后，师范生须齐唱国歌《主啊，请来拯救国王》（*Domine salvum facregem*）。

第二十五条 起床祷告和睡前祷告按照教区教理执行。

第二十六条 师范生须参加礼拜、大弥撒、教区教理活动及晚祷。学生每天都须要聆听弥撒。

第二十七条 师范生要经常前往忏悔法庭做忏悔。尤其是在重大典礼前，要前往忏悔法庭做忏悔。

---

① COMPÈRE M M. Les professeurs de la République, Rupture et continuité dans le personnel enseignant des écoles centrales [J]. Annales historique de la Révolution française, 1981, 243 (1)：30-32.

第二十八条 师范生活动要以本堂神甫为中心，在庆典时担任教堂神职人员和唱诗班成员。

第二十九条 师范生要默记教理、使徒故事简史（新约旧约），每周末要学习福音书。

第三十条 师范班"校长"或教会神职人员须每周讲授或听写 3 次教理知识和使徒历史。每周末，师范班"校长"或教会神职人员要向学生传授福音书。

第三十一条 每次宵夜前，师范生要聆听一刻钟圣经道理。

第三十四条 师范生要通过由学院学监或者地区学监主持的考试方能从低年级向高年级进阶。

第三十五条：针对已经学过的课程或者指定课程，二年级师范生有时要在教师的监督下，向一年级学生授课。

第三十六条：师范班要采用最好的教学方法，在实践中培养学生，还要让学生认识到一对一教育学①（l'enseignement individuel）的局限之处。

第三十七条 辅音的命名规则须按照由克劳德·兰斯洛特（Claud Lancelot）编写的《皇家口岸》（*Port Royal*）语法手册进行。

第三十八条 除法语、拉丁语文献，师范生还要阅读难度更大的文献。

第三十九条 学校监督委员会每季度举行一次考试。

第四十四条 所有师范生（公费和自费）要经过"校长"以及大学公职人员或地区学监委派的学院成员的"面试"才能被录取。

第四十五条 录取学生的年龄须在 16 岁至 30 岁之间。

第四十六条 师范生入学时须提交出生证明、市长或市镇神甫丌具的良民证、愿意在十年内担任小学教师的承诺书……健康证、疫苗接种证或天花痊愈证明。

第五十五条 师范生在日常活动转换场地时，要由班长领队，安静列队转换场地。

---

① 根据教师组织课堂的方式，教育学分为一对一教学（教师针对每一个学生给予不同的教育）、整体教学（教师负责一个小组、一个班级的课程）、相互教学（学生间互相学习）。

第五十九条　师范生每个月只能进城一次……并且最晚于晚 7 点（冬季）或 9 点（夏季）返校。

第六十三条　对于熟悉某项具体工作的师范生，学校应创造条件让学生在休息及假期可以从事该工作。

第六十四条　对于不熟悉任何具体工作的师范生，学校将会创造条件引导学生熟悉车工或木工技巧。

第六十九条　所有师范生都要学习园艺文化、学习修剪树木……

第九十三条　师范班学生毕业时，应当至少具备 1816 年 2 月 29 日法案所要求的知识以及皇家委员会要求的教师资格第二等级所要求的能力。毕业时，学生须要接受各科教学能力检测……

第四章

曲折发展阶段的教师教育思想

从拿破仑下台到第三共和国之前，法国的教育受当权者的好恶所左右，经历了种种曲折和反复。其间，国家的介入使得初等教育有了一定的发展。在教师教育领域，1833 年通过的《基佐法案》明确了在法国各省开办一所男子师范学校的决定。该法案的成功离不开师范教育理念的发展，以及 1789 年至 1833 年间法国精英阶层对这一理念的认同。当然，初建时期的教师教育还远远不能够称为"完美"，各种反对意见甚至一度让它面临生存危机。

第一节

七月王朝到第二帝国时期教师教育的发展背景

一、社会环境

法国社会先后经历了拿破仑帝国的建立和覆亡，以及波旁王朝的复辟后，通过七月革命和 1848 年的二月革命才建立了法兰西第二共和国。然而仅仅 4 年以后，波拿巴就恢复帝制，法兰西第二共和国变成了法兰西第二帝国。1870 年，随着色当战役的失败，拿破仑三世成为普鲁士军队的俘虏，第二帝国覆亡。长期的政治动荡，使法国资本主义发展缓慢。有意思的是，从政治制度的角度来看，以"帝国"取代"共和国"无疑是一种历史的倒退，但恰恰是在第二帝国时期，法国却出现了前所未有的经济起飞的局面，工业、商业、金融、建筑、交通、农业等主要部门都有了突飞猛进的发展。[1]

（一）政治变迁

1830 年 7 月，法国人民起义推翻了波旁王朝，法国进入七月王朝（1830—1848）统治时期。在人民革命中诞生的七月王朝虽然代表大资产阶级，但国王路易·菲利普（1773—1850）极力把自己打扮成自由主义的"街垒国王"，

---

① 王长纯，等. 教师教育思想史研究：上、下册 [M]. 长春：东北师范大学出版社，2016：328.

政府在初期也做了某些改革，以适应加快发展的资本主义。^① 七月王朝下国王的权力受到了明显的限制，国家体制具有了二元制的特征，这在一定程度上平息了资产阶级对波旁王朝的愤怒。但 1845 年之后，法国的农业、工业和财政不景气，政府又采取保守谨慎的外交政策，这引起了人民的普遍不满，进而引发了 1848 年法国二月革命。

二月革命胜利后，法国进入了法兰西第二共和国（1848—1852）时期。在法国历史上，第二共和国是存在时间最短的时期。在这一时期，法国男性公民的普选权首次得到确认，奴隶制度也被正式废除。

1851 年 12 月 2 日，法兰西第二共和国总统路易·拿破仑·波拿巴发动政变，并于 1852 年宣布恢复帝制，波拿巴为法兰西皇帝。1870 年，普法战争爆发，拿破仑三世兵败被俘，法兰西第二帝国被国防临时政府取代。

在欧洲大陆，19 世纪早期工业革命扩展到德意志，但其四分五裂的状态影响了工业革命的进程。19 世纪后半叶，普鲁士在俾斯麦的主持下，通过三次王朝战争（对丹麦的战争、普奥战争以及普法战争），最终实现了德意志的统一。在政治统一和第二次工业革命的推动下，德国快速步入帝国主义阶段，迅速崛起为欧洲大国。德国的崛起打破了欧洲世界的固有秩序，也成为这一时期法国社会"最大的忧患之一"。

（二）社会与经济发展状况

七月王朝的统治阶级不是法国的全部国民，也不是全部资产阶级，而是资产阶级中的一个集团，即由银行家、交易所大王、铁路巨头和地主等组成的金融贵族阶级。这个阶级控制了议会，能够任意制定法律，可以按自己的意志来分配各种公职，上至内阁大臣，下至官立烟草店员，都由他们的人来担任主要职务。与之相对应，从事实业、开办工厂、积极对外贸易的另一部分有产者组成了工业资产阶级阵营，他们在经济方面要从金融贵族那里取得贷款，而在政治方面也只是他们的下属。除了这两派资产阶级之外，法国还有各阶层的小资产阶级及农民阶级，但他们都完全被排除于政权之外。只有少数的学者、律师和医生有议政的权利。因此，工业革命在法国蹒跚而行。

---

① 邢克超. 战后法国教育研究［M］. 南昌：江西教育出版社，1993：31.

在此背景下，法国社会形成了一种败坏的奢靡之风。因为社会的顶层是金融贵族，他们并不从事实业，而是借助资本放贷和投机，掠夺因社会进步、行业发展而增值出来的财富，不断地损害商业、工业、农业等实业部门的根基。在文化方面，金融贵族通过颁布法律来指挥国家行政，支配着各级机关，操控社会舆论。在这些高压之下诞生出许多抨击时政的隐晦作品，如《路德维希尔德王朝》和《犹太人是现代的国王》等，揭露和诅咒金融贵族的罪恶。人们在私底下也会编造各种笑话来嘲讽统治阶级，将其视为寇仇。

19世纪40年代，人民在生存面前的挣扎和金融贵族的糜烂生活形成鲜明对比，社会矛盾不断被激化。加之1847年英国爆发工商业危机，许多大商人破产，工业区相继倒闭。这场危机很快就波及了法国，许多工厂和大商人由于遭遇危机，无法再经营国际市场，只得涌向国内市场，从而造成国内市场的饱和与激烈竞争。工业资产阶级作为官方的反对派，充分利用这种局势，充当起二月革命的领袖来，七月王朝的统治最终被推翻了。

在第二共和国时期，成年男子的普选权让工人阶级在一定程度上有了当家做主的感觉，然而随着一系列滑稽性民主试验的失败，工人愤恨不满，农民也满腹怨言，正是在这种情形下，一人一票的普选制几乎发挥了与街垒起义同等功效的倒戈作用。路易·波拿巴成为共和国总统后，开始以恢复其叔叔的帝国事业为己任，清除一切政治障碍，并在大众的山呼万岁中顺理成章地变成了第二帝国的皇帝。在第二帝国时期，法国的政局经历了一段难得的相对稳定时期，法国的经济也出现了前所未有的腾飞。经济的"飞速发展也使人们的平均生活水平有所提高。在城市，人们的生活习惯已出现了一些明显的变化，如鹅毛笔已基本被钢笔取代，自来水代替了井水，过去室内照明用的是火把与蜡烛，此时则已普遍使用煤气灯，读报已日益成为市民日常生活的重要内容之一"①。

---

① 吕一民. 法国通史［M］. 上海：上海社会科学院出版社，2002：211-213.

二、学校教育

（一）初等教育的进一步发展

基佐是七月王朝时期君主立宪派的领袖。1832 年 10 月，他出任教育大臣，曾先后提出 4 个教育改革计划，其中以 1833 年 6 月 28 日通过的有关初等教育的法案——《基佐法案》影响最大，它又被称为法国"第一个小学教育宪章"。基佐主张国民教育应该由国家和教会共同承担。他认为，教育能保证社会秩序和社会稳定，并指出"对全体儿童普及初等教育是国家严格的义务"[1]。《基佐法案》把学校分为两种：一种是由市镇、省和国家开办的公立学校；另一种是由个人、社团和教会开办的私立学校。根据规定，凡居民在 500 人以上的市镇至少开设一所公立男子初级小学，省府或居民在 6 000 人以上的城市必须开办一所公立男子高级小学，国家在各省开办一所初级师范学校。基佐认为"私立学校对于世俗政权是必要的和有益的"，因此他提出小学教师既是学校教师，又是世俗神职人员，要同时负责学生的道德教育和宗教教育。[2]

基佐的继任者佩雷则开办幼儿收养教育所，开始对儿童进行读、写、算的启蒙教育，并开展给儿童种牛痘等卫生工作。佩雷还十分重视女子教育，在他任职期间开办了女子小学，部分省还开办了女子师范学校。《基佐法案》和佩雷改革的实施，使七月王朝的初等教育得到较大发展。在 1834 年至 1848 年的 14 年间，全法男子小学从 22 641 所增加到 32 964 所，女子小学从 1837 年的 5 453 所增加到 1848 年的 7 658 所；公、私立学校的小学生人数从 1831 年的 193.5 万增加到 1846 年的 324 万；师范学校培养的教师从 1 044 人（1834 年）增加到 10 545 人（1848 年）；幼儿园从 163 所（1837 年）增加到 1 899 所（1848 年），接收的儿童从 22 626 人上升到 144 158 人；而文盲数则从 1834 年占全国人口的 47% 下降到 1848 年的 33%。[3]

① PONTEIL F. Histoire de l'enseignement en France（1789-1965）［M］. Paris：Ed Sirey，1965：58. 转引自：邢克超. 战后法国教育研究［M］. 南昌：江西教育出版社，1993：31.
② 邢克超. 战后法国教育研究［M］. 南昌：江西教育出版社，1993：31.
③ 邢克超. 战后法国教育研究［M］. 南昌：江西教育出版社，1993：32.

这一阶段，中等教育也有了一定的发展。如 1838 年，皇家中学开始教授英、德等现代外语，后来推广到所有中学，语种由各校自定。从 1845 年起，中学毕业会考增加外语科目，现代外语从此成为中学必修课程，中学教学的连贯性得以加强。学生先学古典文学和人文学科，再学哲学和科学，取消修辞学，世俗哲学传授非宗教内容，不再作为神学的附庸。

在第二共和国时期，教育得到进一步发展。1848 年的宪法曾规定"教育是自由的，这种自由在法律保证和国家监督下实施"。但保守势力上台后，他们开始控制思想，整肃教育。第二共和国首任教育部部长卡尔诺曾提出过实行免费、义务和世俗化教育的法案。但该法案遭到保守势力的反对，其代表人物耶稣会教徒法鲁（Falloux）在 1848 年 12 月出任教育部部长后，以"教育自由"为幌子，鼓吹把教育交还给教会。1850 年 3 月 15 日议会通过了《法鲁法案》。该法案第一部分涉及审定教育的权力机构，包括中央和地方两级；第二部分主要涉及初等教育，里面没有提到有关免费和义务教育的内容，但允许私立学校代替公立学校招收家庭经济困难的儿童上学，免收学费。这为教会控制初等教育大开方便之门。法案中关于中等教育的规定也促进了私立中学的进一步发展。

在拿破仑三世统治下的第二帝国时期，法国继续受到专制统治。为了加紧控制教育，帝国借助天主教会的力量，继续推行《法鲁法案》，让教会控制学校，所有教师必须宣誓效忠皇帝。教育部部长福尔杜（Fortoul, H., 1811—1856）以其专制和反动而臭名昭著。他主张增加教育高级委员会中教会成员，强迫教师服从教会，而具有民主倾向的教师受到清洗，同时取消中学哲学课和高等师范的科学教育课程，加紧对儿童灌输忠君思想。然而，由于教权的扩张，皇帝决定收回教育大权，进一步加强对公共教育的控制。如，重建由学区长领导的 16 个学区，成立省教育理事会，主管本省中小学校，省长有权任免学校教师等；在恢复学区的同时，重建学院和大学，使之成为"知识的中心和有效地传播教育的中心"。

（二）师资匮乏严重

在法兰西第一帝国之后，对于法国人来说，来自兄弟会以及自由党派学校的教师，虽然没有接受过正规的教师职业培训，但可以提供更好的品德和精神教育。1811—1830 年，"以老带新"的教师教育模式依然发挥着重要的作用。1833 年，基佐派出 490 名调查员调查各省教师的质量情况，结果非常严峻：在 3 万多所受调查的学校中，1.5 万多所学校的调查结果为优秀，1.4 万所学校为及格，3 700 多所学校为差。在很多地区，一部分教师甚至只能用方言授课。

基贝尔·尼古拉（Gibert Nicolas）在其研究中强调了 19 世纪前几十年地方投资对莱恩地区师范教育发展的重要影响，指出了学监制度在师范教育中的重要作用。莱恩地区的新任学监皮埃尔（Pierre Le Grand）是 1809 年莱恩学院成立以来的首位非天主教背景学监。1832 年 6 月 6 日，他致信伊尔维兰省（Ille-et-Vilaine）当局："目前在推广初等教育中存在的最大的难题是，小学教师整体的无知和无能。他们本身的知识水平过于欠缺，对圣洁的教育事业而言，犯下了太多的错误……培养有能力的教师，这是当前的首要任务。"①尼古拉曾提到，在莱恩地区 1 475 个乡镇中，有 952 个乡镇没有学校，而莱恩学院也因此在全国的排名中处于最后。1830 年初，142 名兄弟会的"兄弟们"被分配至 131 个班级授课，只有北岸省（Côtes-du-Nord）开始着手建立 10 所新学校。"自地方政府开始全力推动初等教育以来，布列塔尼地区兄弟会的'兄弟们'越来越多，影响力也越来越大。"② 与此同时，学监对该地区教育情况的调查显示，在伊尔维兰省 1 832 名小学教师中，拥有第三等级教师资格证的教师仅占 49%，2% 的教师甚至没有教师资格证。也就是说，布列塔尼地区一半以上的教师并不具有教师资格。很多情况下，地方政府在给予教师更好待遇方面也无所作为。

1816 年前，法国没有一项法案对教师的能力做过要求。有意成为教师的人通常会接受由市长、神甫以及个别贵族组成的市政委员会的"面试"。面试包括书法、声音、识字、运算四项内容。想要成为教师，最重要的是候选人的品质以及宗教知识和信仰。1824 年 11 月 28 日出台的关于教师招聘的法案

---

① NICOLAS G. Instituteurs entre politique et religion: la première génération de normaliens en Bretagne au XIXè siècle [M]. Rennes: Éditions Apogée, 1993: 207.

② NICOLAS G. La première génération d'instituteurs normaliens en Bretagne [J]. Annales de Bretagne et des pays de l'Ouest, 1989, 96（1）: 44.

首先关注的是教师的宗教信仰。此后，教师与学校签订工作合同，须严格履行职责和义务。

如果全面否定这个时期教师的教学能力或许有些夸张，但我们必须承认教师的教学能力在地域上有很大的不均衡性。城市以及人口较多的市镇，教师教学能力相对较强（学生多，教师工资相对高），乡村及偏远地区则不得不面对教师资源缺乏、教师能力较低等困境。预备教师在上岗前，仅须以助教的身份在正式教师课堂上学习几个星期或者几年即可。艾瑞蒙（Erckmann-Chatrian）在《助教的故事》（*Histoire d'un sous-maître*）[①] 中所描绘的，让·巴布迪斯（Jean-Baptiste Renaud）这个形象便是真实的写照。可以说在这个阶段，尽管兄弟会的教师培养模式要求教育从属于宗教，但是他们所要求的实习对教学能力有更多的要求，教师的教学能力也更令人信服。

（三）教师工作环境较差

在第二帝国时期，教师待遇不高也成为一个主要问题。1837 年，保尔·罗兰（Paul Lorain）在其《1833 年末法国初等教育概况》 （*Tableau de l'instruction primaire en France à la fin de l'année 1833*）一书中对教师当时的待遇状况进行了描绘。[②]

首先，学校的场地情况不容乐观。学校通常都设在潮湿的谷仓、底层，或者地下室里。[③] 教室很多时候还不只是教室，学校也可以是小酒馆、面包作坊、鞋匠的摊位，教师只是顺便在这里教书。一些教师还会在自己的卧室上课。"首相派来的调查员惊恐地发现，迎接他们的是猪脚声，是在自己周围飞

---

① ERCKMANN C. Histoire d'un sous-maître［M］. Paris：Herzel éditeurs, 1873：236.

② 罗兰既是基佐的朋友，也是基佐家的家庭教师。该书正是 1833 年基佐调查结果的质性研究部分。详见：LORAIN P. Tableau de l'instruction primaire en France d'après les documents authentiques et notamment d'après les rapports adressés au ministre de l'Instruction publique par les 490 inspecteurs chargés de visiter toutes les écoles de France à la fin de 1833［M］. Paris：Hachette, 1837：153.

③ LORAIN P. Tableau de l'instruction primaire en France d'après les documents authentiques et notamment d'après les rapports adressés au ministre de l'Instruction publique par les 490 inspecteurs chargés de visiter toutes les écoles de France à la fin de 1833［M］. Paris：Hachette, 1837：3.

来飞去的家禽，有的甚至直接飞到了自己的头上。"① 大部分的场地都是潮湿脏乱的。教室基本没有窗户，空气令人窒息。据一位调查员报告，在某个教室逗留了几分钟后，他全身不适，不得不提前退休。

其次，教师的境遇也相当不堪。学校的硬件非常简陋，桌椅破旧，黑板、纸和书都不多见。大多数时候，学生从家里带来的课本仅仅是一本老旧的识字书或者圣诗集。主导课堂的依然是低效的一对一教育学。调查员还发现，一些宣称采用整体教育学或互动（教学）式的学校，教师们也只是在简单地模仿。"所有的一切都要重建。从学校建筑到师资建设，从培养爱好知识的习惯到发放学习知识的书籍。这就是在创造新的世界。"②

19世纪最初的几十年里，学校教育的发展并不乐观。"教师的境遇有三个特点：能力低；工资低；地位低。教师的工资很低，很多时候不得不做零活来养活自己。同时，教师又不得不委身于教会和国家的双重管辖。"③ 在19世纪初的法国农村，仅仅依靠教师工资的生活是无法想象的。人们对于教师的期待首先是教孩子们阅读或者写一点教理和主要的祷词。可以说，教师不过是一个"世俗教士"，一种从事不那么神圣工作的"次级神甫"。他是教堂唱诗班成员、教堂司事，他要准备教堂的装饰、打扫教堂、敲钟。如果村镇有婚丧嫁娶的事情，他就会陪神甫一起去做圣事，把课堂交给助教或者他的妻子。很多时候，他甚至是掘墓人甚至看坟人。可以说，教师紧紧依靠教士而存在。对于教师而言，他的信仰、宗教知识、颂歌知识远远比世俗知识和教学能力重要得多。

大多数时候，教师无法依靠学生的学费来养家糊口。在学生无法负担学费的情况下，教师也会接受实物学费（农田收成、家禽……）。因此，很多教

① LORAIN P. Tableau de l'instruction primaire en France d'après les documents authentiques et notamment d'après les rapports adressés au ministre de l'Instruction publique par les 490 inspecteurs chargés de visiter toutes les écoles de France à la fin de 1833 ［M］. Paris：Hachette，1837：1-9.

② LORAIN P. Tableau de l'instruction primaire en France d'après les documents authentiques et notamment d'après les rapports adressés au ministre de l'Instruction publique par les 490 inspecteurs chargés de visiter toutes les écoles de France à la fin de 1833 ［M］. Paris：Hachette，1837：119.

③ PROST A. Histoire de l'enseignement en France de 1800 à 1967 ［M］. Paris：Armand Colin，1968：132.

师都有第二职业。例如，南锡地区的学监在其 1809 年的调查报告中指出，除极个别城市外，很多地方的教师都是教会司铎、唱诗班成员、敲钟人、政府记录员，而这也是他们最主要的收入来源。在埃罗省（Hérault）的 350 位公立教师中，55 位教师担任市政秘书，这份职业每年可以给他们带来 30—120 法郎的收入，相当于 20—90 个学生一个月的学费；剩下的 127 位教师从事各种不同的工作，其中有 35 位教师是理发师，有些人在上课的时候也会替他人理发。① 教师兼职的情况对于教学相当不利。在这种情况下，除个别能吸引很多学生的教师外，教师教学水平普遍较低也便不足为奇了。

以上有关教师生存和职业环境的调查，一方面揭露了法国在第三共和国之前教师群体的社会地位和工作状况，另一方面在一定程度上促使政府开始反思，并在教育改革中关注对师资力量的培养，以及教师的生存与发展。

第二节
曲折发展阶段的教师教育

一、七月王朝时期的教师教育

1830 年至 1833 年间，在地方政府和当地政治精英的共同努力下，法国的师范学校计划得到了进一步推广。1830 年，自由派的胜利也为师范学校的普及奠定了有利的政治环境。1831 年，法国新建 9 所师范学校；1832 年，新建师范学校数量达到 18 所。②

（一）皮埃尔的改革

皮埃尔·勒格朗（Pierre Le Grand，1792—1839）是莱恩师范学院的创始人，也是该学院第一位在俗学监。1831 年 10 月，皮埃尔在莱恩开设了第一所师范学校。在他的努力下，1831—1833 年间，莱恩学院共开设了 3 所师范学

---

① PROST A. Histoire de l'enseignement en France de 1800 à 1967 [M]. Paris：Armand Colin，1968：134.

② NIQUE C. Comment l'École devient une affaire d'État [M]. Paris：Nathan，1990：80.

校（雷恩、南特和圣布勒克），其中南特和圣布勒克师范学校几年后遇到困难而被迫关闭。针对师范学校招生考试不透明的情况，皮埃尔于 1832 年初拟定了规范的考试计划，规定笔试或口试的考官需要由他任命，并且只有在考官在场的情况下考试成绩才可生效。被录取的师范生要能够阅读法语和拉丁语文本，成功完成一次听写并掌握基本的算术概念，同时应当了解测量、地理、历史以及农业方面的知识。

1832 年 2 月，皮埃尔结束了推荐制奖学金制度，提出考试制奖学金颁发制度。① 在他的努力下，雷恩师范学校培养的师范生从第一帝国时期的 547 名、复辟王朝时期的 164 名上升到七月王朝时期的 965 名。然而，经过教育学培训的教师并没有受到公共教育的青睐。1831 年，皮埃尔曾向省长坦言："教士群体对于师范学校毕业的教师敌意很重。阻挠、诽谤、毁坏教学机构的方式层出不穷。"② 另一难题是师范生的招生工作。师范生中来自农民阶层的学生少之又少，大部分学生均来自基层公务员和商人家庭。

1832 年 8 月 2 日，为了帮助毕业生尽可能地融入自己的原生阶层，尤其是提高毕业生在西部农村地区的接受度，皮埃尔向学术委员会提出了农业教育计划。该教育计划旨在通过调整教育结构来适应布列塔尼地区的经济发展，同时派遣教师来传播农学知识。在皮埃尔的争取下，附属于师范学校的农业理论与实践学校成立了。须要指出的是，这也是一种联系教师和土地的方式。③ 1832 年 10 月 1 日，马尔科霍农场（86 公顷）正式投入使用，师范生每周要学习两个小时的农学理论和实践知识。该举动取得了不错的反响，1835 年，学校甚至决定预留一块土地，允许师范生在此自行耕种。1837 年 9 月，农校迁往面积更大的校址。然而，皮埃尔去世后，在各种内部压力之下，农校和师范学校渐行渐远，1841 年，两校彻底分离。

皮埃尔还注意到，很多师范生毕业后选择了收入更高的其他职业。

---

① NICOLAS G. Instituteurs entre politique et religion：la première génération de normaliens en Bretagne au XIXè siècle ［M］. Rennes：Éditions Apogée，1993：17.

② NICOLAS G. Instituteurs entre politique et religion：la première génération de normaliens en Bretagne au XIXè siècle ［M］. Rennes：Éditions Apogée，1993：44.

③ NICOLAS G. Instituteurs entre politique et religion：la première génération de normaliens en Bretagne au XIXème siècle ［M］. Rennes：Éditions Apogée，1993：68-74.

1832—1841 年间，来自莫尔比昂的 89 名师范生中，47% 的学生没有完整履行 10 年教职的规定；在菲妮斯泰尔省（Finistère），师范生的违约率达到 45%。[①] 师范生违约的主要原因有薪酬水平过低、民众的敌意以及私立和教会学校的激烈竞争等。皮埃尔本人不得不投身到"驱逐"非法学校的工作中，然而尽管如此，成效微乎其微。

"这项工作注定耗时漫长。一方面，相关行政工作人员缺乏；另一方面，公立学校受益于包容性政策和地方支持，而莫尔比昂地区随处都是非法学校。"皮埃尔也曾试图限制兄弟会学校的发展。1833 年《基佐法案》的出台，一方面正式肯定了初等教育的自由，另一方面也重申了建立有活力的公共教育的重要性。私立学校和公立学校的对立与日俱增。1834 年 7 月，皮埃尔因此致信伊尔维兰省省长："'兄弟们'攻破了所有的学校。可以肯定地说，教会对此倾尽全力。如果竞争是不公平的话，是不是应当取消这种竞争？"[②]《基佐法案》允许获得教师资格证的教士担任乡镇小学的教师，这项举措也得到了市政精英的认可。皮埃尔以及其他学监在推动公立教育方面的抵抗最终以失败告终。

此后的二十年里，小学教师中师范学校毕业生的占比逐渐提高。1851 年，菲妮斯泰尔省的 207 位小学教员中，教士人数为 3 人（14%），兄弟会"兄弟"人数为 10 人（5%），师范生为 120 人（58%）。1834 年，在伊尔维兰省的 76 名乡镇教师中，师范生仅有 11 人（14%），到 1850 年，占比达到 51%。[③] "对于布列塔尼地区的初等教育而言，复辟王朝到七月王朝的转型期是一段关键的时期。"[④]

其他地区的情况也大致相仿。1833 年 6 月，法国共有 47 所师范学校；1836 年，师范学校上升至 74 所。克里斯昂·尼克（Christian Nique）指出，

① NICOLAS G. Instituteurs entre politique et religion：la première génération de normaliens en Bretagne au XIXème siècle［M］. Rennes：Éditions Apogée, 1993：120.

② NICOLAS G. Instituteurs entre politique et religion：la première génération de normaliens en Bretagne au XIXème siècle［M］. Rennes：Éditions Apogée, 1993：161.

③ NICOLAS G. Instituteurs entre politique et religion：la première génération de normaliens en Bretagne au XIXème siècle［M］. Rennes：Éditions Apogée, 1993：167.

④ NICOLAS G. La première génération d'instituteurs normaliens en Bretagne：contexte et aspects de son recrutement（1831-1851）［J］. Annales de Bretagne et des pays de l'Ouest, 1989, 96（1）：41-71.

七月王朝创建师范学校，一方面是为了建立掌握教育学知识和基础知识的教师队伍，另一方面也是出于国家政治的考量，期望通过掌控学校来达到掌控思想的目的。①

（二）昂布瓦斯与凡尔赛的巴黎师范学校

昂布瓦斯（Ambroise Rendu，1778—1860）曾任职于七月王朝教育部，并就法国教育体系、小学教育以及师范教育发表过多篇文章。1831 年 3 月 11日，国王批准了昂布瓦斯的提案，决定在巴黎建立一所师范学校。巴黎师范学校将负责为巴黎学区培养小学教师以及批示适用于初等教育的教育学课程。这是政治力量第一次细致介入规划师范学校的运作。② 1831 年 5 月 13 日，国王再次批复昂布瓦斯提案，即日后成为七月王朝建立师范学校规章范例的《1831 年 5 月 13 日法令》。

《1831 年 5 月 13 日法令》规定：师范生需要年满 18 岁，并且通过入学考试才可进入师范学校学习。学生学习小学各科目并在师范学校附近的附属小学上岗工作。与此同时，教育部成立了 5 人委员会，负责监督师范学校的行政、教学及纪律。最初，巴黎师范学校建在凡尔赛一座向贵族租来的建筑里，随后迁入其附属城堡。教育部部长蒙塔里维（Montalivet）认为，师范学校建在凡尔赛对于师范生大有裨益，郊区的生活可以让学生接触种植实践，保持纯朴的习惯和刻苦的精神③，有利于学生毕业后融入乡镇教育。

《1831 年 5 月 13 日法令》还规定：师范学校的学制仅为一年，教学的主要目的是引导学生接纳师范学校的精神，即学生对校领导的绝对服从。同时，学校领导也接受委员会的绝对监督。小学教师应该清楚认识到自己的界限，不应存有过高的抱负。基于此，师范教育应当严格限制学生所学知识，也就阻断了学生通过接受更高教育向上晋升的可能。小学教师同时应当是乡镇楷模，远离放荡和游手好闲的生活状态，并且抵制所有赌博游戏。师范学校有

① NICOLAS G. L'impossible gouvernement des esprits：histoire politique des Écoles normales primaires［M］. Paris：Nathan，1991：71.

② NICOLAS G. L'impossible gouvernement des esprits：histoire politique des Écoles normales primaires［M］. Paris：Nathan，1991：75.

③ GREARD O. La législation de l'enseignement primaire en France（Arrêté du 22 juillet 1817– tome 1）［M］. Paris：A. Delalain，1900：199.

一种"修道院的即视感"①。

（三）《基佐法案》

弗朗索瓦·皮埃尔·基佐（François Pierre Guillaume Guizot，1787—1874）是法国第 22 位首相。1832 年至 1837 年，基佐担任教育大臣，并于 1833 年 6 月 28 日通过《基佐法案》，确立了所有法国公民均可接受初等教育的权利。该法案提出所有小学教师必须接受相应的师范教育训练，确立了教师资格证制度。《基佐法案》还为法国小学教师师范模式提供了坚实的法律支持，确立了法国男子教师教育的基本范式。（关于这部分内容将在后文详述）

（四）《萨文迪法案》

萨文迪（Narcisse-Achille de Salvandy，1795—1856）曾于 1837—1839 年间两次担任公共教育部部长。七月王朝后期，政府的执政方针越来越保守，国内自由派的呼声却越来越高。在这样的政治背景下，基佐的政策被自由派人士认为是在推行"规范化知识"的独裁，师范学校也成为国家利用"小学教师"来钳制言论的工具，是"国家意识形态"的工具。然而，在这一时期依然强势的极端保皇党人眼中，师范学校无非是"反叛者"的摇篮。即便是相对温和的教育部，对师范学校也颇有微词。他们认为，师范学校培养出的年轻教师很难适应朴素的乡村教师生活。1836 年，伊尔维兰省学监在调查报告中指出："这就是师范学校制度下的恶果。师范学校培养的是一些毫无使命感的'半瓶子'人才。对这些人而言，教师仅仅是谋生的手段，而不是毕生的事业。他们只会不停地抱怨自己的社会地位。"② 1836 年以来，诸如此类的质疑声越来越多。

1838 年，教育部部长萨文迪（Salvandy）开始着手调动师范学校校长事宜。他撤下了近 50 位校长（共 76 位校长），并在这些岗位上安排了自己信得过的人选。在这之前，师范学校校长及教师可以自主决定教学的具体内容。

---

① NIQUE C. L'impossible gouvernement des esprits：histoire politique des Écoles normales primaires [M]. Paris：Nathan，1991：79.

② NIQUE C. L'impossible gouvernement des esprits：histoire politique des Écoles normales primaires [M]. Paris：Nathan，1991：93.

改革后，师范学校要严格按照教育部颁发的课程大纲授课。1836 年，政府颁发了唱诗教学计划，并于 1837 年颁发了物理教学计划。1838 年 8 月 9 日，萨文迪再次颁布通告，要求师范学校教学内容同教师资格证考察范围相一致，同时要求各师范学校仅培养几名高等小学教师即可。对于大部分师范生，师范学校要严格限制其教学内容。

"在第一学年的课业结束后，一些师范生只能勉强掌握课程大纲内的学习内容。也就是说，这些学生只是取得初级教师资格证的知识水平。这批学生在进入第二学年的学习后，很少能够通过高等教师资格证的考试，只能同初级师范生竞争，与其继续第二年的学习，倒不如专心准备初级基础教育教学。对这些学生而言，师范学校第二年的学习可谓纯粹的浪费。第二学年结束后，他们仍旧无法通过高级小学资格考试，而且对被固化的社会地位更加不满。这是一个需要修正的地方。"

此后，萨文迪部长决定改革师范教育学制。师范生第一学年毕业考试将涵盖初级教师资格证考试中的所有科目。考试之后，学生依照考试成绩将被分为两组。第一组学生被认为具备获得高级小学教师资格证的能力，当然这一组学生数量非常有限；第二组学生则只备考初级小学教师资格证即可。1838 年 9 月 11 日，萨文迪颁布了历史与地理教学大纲并于该年 11 月 2 日发布政令，进一步安排师范教育工作，强调严格规范师范生教学内容，明确要求师范教育必须"依纲推进"。

1838 年，品德与政治科学学院（L'Académie des sciences morales et politiques）举办了一场全国性的比赛，比赛的主题是"在对年轻人的教育上，小学师范学校可以考虑哪些改进方式"。比赛组委会在该年并没有得到满意的答案，决定在 1839 年的比赛中沿用该题目。1839 年，组委会共收到 10 篇相关论文，最终选定肖蒙中学（Collège de Chaumont）校长德尔多尔·巴罗（Théodore Barrau）的论文为该年度获奖论文。在这篇论文中，德尔多尔·巴罗指出，要提防傲慢的"半瓶子"科学家可能造成的社会危害。[①] 对于德尔

①　NIQUE C. L'impossible gouvernement des esprits：histoire politique des Écoles normales primaires [M]. Paris：Nathan，1991：97.

多尔·巴罗来说，他只是重提了时下流行的观点，指出须缩减教学大纲内容以防培养出一批"好辩者"，强调师范教育应当回归实践，回归乡村教育的实际需求，同时必须加强教师的品德及宗教培养。① 巴罗的论文受到了当局的高度重视，并于 1840 年出版。初等教育及《教育学词典》在关于"师范学校"这一条中，曾这样记录："他的论文通篇都在控诉现行师范教育体制、课程大纲、教师以及学生，而他提出的解决方案也是尽可能减少师范学校学习内容，突出教士在教学中的地位，把宗教教育放在师范教育最重要的位置上。在招生上，巴罗建议不必招收最有能力的学生，而应当招收最'听话'的学生，最热衷于神圣隐秘的教堂及学校生活的学生。"②

1840 年，反对师范学校的呼声越来越高，比如下卢瓦尔等一些省份甚至决定关闭当地的师范学校。保守派深受蒙塔朗贝尔伯爵（Comte de Montalembert）的影响，坚决要求取缔师范学校。1845 年，在反对派的压力下，萨文迪部长决定重提 1845 年 9 月 2 日法令，成立大纲改革委员会，推动师范学校大纲改革。1845 年 11 月 18 日，萨文迪决定停止从中学教师中选拔师范学校校长，转而从小学教师中挑选师范学校校长，以此避免"越纲"行为。1847 年 6 月 28 日，大纲改革委员会向萨文迪部长提交了新的课程大纲。新的课程大纲将师范学校的教学重点落在了识字和教学技巧上，知识类的课程被大幅度缩减。1848 年的二月革命终止了所有这些脆弱的改革。

二、第二共和国时期的教师教育

（一）卡诺与教师教育改革

1848 年的二月革命推翻了七月王朝，新生的法兰西第二共和国把推广基础教育作为自己的执政根基之一。教育部部长伊波利特·卡诺（Hippolyte Carnot，1801—1888）号召广大小学教师积极宣传第二共和国的价值观。另外，1848 年 3 月 5 日，法国通过了普选法。教育部部长的另一层考虑是利用

---

① GRANDIÈRE M. La formation des maîtres en France（1792-1914）［M］. Lyon：INRP，2006：63.

② BUISSON F. Dictionnaire de pédagogie et d'instruction primaire［M］. Paris：Hachette，1887：2063.

小学教师群体为他赢得制宪议会（Assemblée constituante）的选举。对于新生的共和国而言，普选的危险是很大的。来自农村和底层的民众大多是文盲，这些人在投票时会在相当大的程度上受制于当地显贵。那些显贵的愿望只有一个——瓦解新生的共和国。从 1848 年 2 月 25 日开始，卡诺开始着手起草教育公告，进一步向共和国学监们明确自己的教育理想。

"学监阁下，刚刚结束的政治事件不应该成为政府服务停滞的原因。一切学术研究都应当回到正常的轨道上。革命为法国带来了共和制度。共和制度将会逐步深入至大众教育，并与整个教育界的利益休戚相关。大家一定有所体会，最直接的便是扫除了近些年苦恼教育界的顾虑……教育界明确了自身的定位和发展方向，坚定了在共和精神的指引下，发展为社会所有阶层利益服务的教育。"①

1848 年 2 月 17 日，卡诺在政府大选之际，颁发了发展教育的第二封公告。同第一封"充满理想的"公告相比，第二封写给学监们的公告有着更加明显的政治意味。卡诺在这封公告里，阐述了共和国政府发展初等教育的目标。时任总理对小学教师的境况尤为关切，允诺改善教师物质条件。卡诺还进一步指出："小学教师是教育体系的重要一环，关系着人民的直接利益。国家把国民基础教育的任务交予了他们。"因此，小学教师应当享有崇高的社会地位。基于此，卡诺承诺，小学教师可以获得相应的晋升机会。他还请各位教师做好筹备新型高等小学的准备。新型高等小学将着重教授数学、物理、自然科学和农业科学。"共和国的意义便在于，尽可能大地向人民打开教育的大门。"②

共和国需要小学教师来传播共和价值，只有小学教师可以有效影响刚刚获得投票权的法国男性公民。然而，选举的结果却没有达到卡诺的期待。1848 年 4 月 23 日成立的制宪议会只是名义上的"共和议会"，其成员大多是"未来的共和人"：老奥尔良支持者、天主教支持者和保守的资产阶级。1848

---

① DURUY V. Circulaire et Instructions officielles relatives à l'Instruction Publique［Z］. Paris：Delalain, tome 3, circulaire du 25 février 1848, 1865：385-386.

② DURUY V. Circulaire et Instructions officielles relatives à l'Instruction Publique［Z］. Paris：Delalain, tome 3, circulaire du 25 février 1848, 1865：385-386.

年6月30日，作为左派议员的卡诺又向议会递交了对贵族有震慑意义的提案，要求实现免费义务初等教育。

（二）法卢与教师教育改革

1848年革命之后，贵族阶级对旧制度的命运深感忧虑。革命派重新出现，其他党也开始趋向激进。在"红色恐怖"蔓延之下，卡诺被迫辞职。社会对小学教师以及整个教师群体的指责与日俱增，再次登台的旧势力巧妙地把教师当成了社会动乱的替罪羊。

1848年12月10日，路易·拿破仑·波拿巴赢得了选举，组建新政府，法卢伯爵（Comte Falloux）成为教育部部长。对于师范学校而言，这无疑是噩梦的开始。1849年1月3日，法卢伯爵设立特别议会委员会，并要求该委员会着手拟定新的教育法以代替卡诺法案。[①] 保守派共和党人阿道夫·梯也尔（Adophe Thiers）担任特别议会委员会副主席。对于秩序党而言，只有教会教育才能真正重建秩序，传播对社会有益的价值观，实现社会的稳定，因此，必须与多样性做斗争，特别是与师范学校做斗争。梯也尔不停地控诉这37 000人，认为这些人是村镇里的反教会分子。[②] 在特别议会委员会第21次会议上，梯也尔提议取消师范学校，并把它们描绘成传播不健康精神的学校。同时，他还按照自己的意愿，召回村镇中的教会教师，或者更简单地说，对世俗教师进行了就地培训。梯也尔提到师范学校是"恶之源"。"军队可以培养出优秀的集体主义精神，但师范学校却只能带给人们最可怕的影响。为什么非要拔高底层的境界呢？这是极大的危险！何不选用神甫跟前成长起来的乡村教师呢？比之会数学的老师，我更倾向会敲钟的老师"[③]。

这种极端的做法并没有得到特别议会委员中大部分议员的支持。梯也尔于是提出恢复《基佐法案》，各省根据自身情况选择是否保留师范学校。然而，对师范学校的抨击却没有因此停止，取消师范学校的想法充斥着整个立

---

① GONTARD M. La question des écoles normales primaires de la Révolution à nos jours［M］. Toulouse：INRDP-CRDP，1975：39-67.

② GONTARD M. Les écoles primaires de la France bourgeoise（1833-1875）［J］. Annales du Centre régional de recherche et de documentation pédagogique de Toulouse，1976（1）：84.

③ NIQUE C. L'impossible gouvernement des esprits：histoire politique des Écoles normales primaires［M］. Paris：Nathan，1991：109-110.

法部门："在土地上耕种让人们学会谦卑、服从和尊敬。但现在，你们把这些属于土地的人们带到你们的师范学校。两三年之后，他们觉醒、躁动了。"①

1849 年 6 月 19 日，法卢伯爵向议会递交了新教育法。在陈述新教育法的目标时，法卢伯爵不断影射梯也尔关于师范学校的批判，同时指出师范学校每年向国家输送 750—800 名小学教师，基本填补了接近一半的教师岗位需求，贸然取缔这样一个制度，后果不堪想象。他向各省议会建议继续培养师范生，但提出不必一定在师范学校里培养师范生。是否保留师范学校的决定权从各省议会回到了由学监领导的学术委员会手中。只不过这一次，学术委员会从部级机构降级为省级机构。

如此一来，师范学校的存在虽然受到了威胁，但也在一定程度上得到了保留。对此，旧秩序的支持者们明确表示了他们的不满，强调教师应当就地培养，在困难中成长，在自己命定的物质条件下成长，如此才能成为一名合格的教师，一名"质朴、勤劳、知足"的教师，一名把学生和乡镇当作全部的教师。②

（三）德·巴若与教师教育改革

路易·拿破仑·波拿巴以及教会的介入最终拯救了师范学校。路易·拿破仑·波拿巴并不愿意被当作政府中"最倒退的人"，所以要求师范学校的支持者布雷·德·穆尔德领导的国务院下属机构重新审定教育法。梯也尔、布诺（Jean Claude Beugnot）和总统支持者之间的矛盾开始白炽化。1849 年 10 月 31 日，政府改组，法卢伯爵不再担任教育部部长一职。路易·拿破仑·波拿巴的支持者德·巴若（De Parieu）成为新一任教育部部长后，开始着手拟定教育法。德·巴若首先立即向各学院学监调查取证，并于 1850 年 2 月 9 日致信各位学监，问询师范学校的实际运行情况。在信中，德·巴若询问了针对师范学校的指责是否只是对师范学校的污名化，以及从品德、宗教守则和日常学习的角度看来，师范学校是否运转良好。从绝大多数学监的反馈来看，

① NIQUE C. L'impossible gouvernement des esprits: histoire politique des Écoles normales primaires [M]. Paris: Nathan, 1991: 111.

② GRÉARD G. La législation de l'instruction primaire en France depuis 1789 jusqu'à nos jour [M]. Paris: Delalain Frères, 1891: 26-34.

大家都表示支持继续保留师范学校。德·巴若因此掌握了应对保守派的根据。1850 年 2 月 21 日，议会针对师范学校的去留进行了激烈的讨论，最终达成了一份相对妥协的教育法案。

《1850 年 3 月 5 日法》（又称《法卢法案》）虽然没有能够取缔师范学校，但是师范学校的存在也变成了可选项。"各省均有自主招聘乡镇小学教师的权力，同时有培养师范生的自由。各省根据自身情况选择借用学术委员会下属的小学机构来进行师范生的培养，也可以单独设立师范学校来培养相应教师。省议会有权取消师范学校，教育部高等委员会也可依据学术委员会的报告取消师范学校（35 条）。"1850 年之后，莫尔比昂省（Morbihan）、加仑省（Lot-et-Garonne）相继取消了本省的师范学校。1851 年，夏朗德省（Charente）以及下夏朗德省（Charente-Inférieure）也关闭了本身的师范学校。

在北方，师范学校的去留问题也引起了激烈的争论。[①] 最终，北方各省决定在保留师范学校的基础上，加强宗教对其的影响。政府邀请主母会（mariste）的"弟兄们"来"改造"师范学校的课程，但遭到了拒绝。从此，师范学校的运行开始严格遵守 1851 年 3 月 24 日法案的要求，一切从严。1855 年 12 月，原杜埃省师范学校校长去世，洛伊泽利耶神父（L'abbé Loizellier）接任校长一职。第二帝国期间，杜埃省师范学校以近似于"神学院"的教师培养模式，培养了一批又一批在当地反响不错的教师。1850 年，下加莱地区把师范生的培养工作交给了一家私立的教育机构，即多昂（Dohem）天主教寄宿学校。1851 年，在下加莱省省长以及该省学监的同意下，政府同多昂天主教寄宿学校签订了相应的培养条例。多昂天主教寄宿学校将增设由政府资助、巴奈神父开设的"师范课"。这样的教师培养模式一直延续到《费里法案》的出台。到 1879 年，法国只有 8 个省份没有设立自己的师范学校，其中便包括下加莱省。

1849 年之后，师范学校的管理变得愈发严格。所有参与 1848 年政治斗争的教师都受到了降级或者更严重的处理。1851 年 3 月 24 日，政府颁布新师范

---

① HEMERYCK R. La congréganisation des écoles des écoles normales du département du Nord au milieu du XIXe siècle. （1845–1883）：l'école normale d'instituteurs de Douai [J]. Revue du Nord, 1974 (1)：13–28.

学校管理条例，决定把这些"社会主义的温床"改造成实践学习中心。师范学校入学考试被取消，取而代之的是简单的关于候选人品德水平的问询。师范生的入学年龄被推迟至 18 岁，以避免招收过于年轻且易受他人影响的年轻人。同时，师范学校的宗教性得到了加强：寄宿制管理模式推广至助教管理，用以持续监督在校师范生。学校恢复晨祷、晚祷以及早晚圣书阅读。每周日，师范生须同校长以及助教一起参加弥撒。只有在校长或者助教的陪同下，师范生才能被允许外出活动。此外，师范生还须承担学校每日的清扫清洁工作。1851 年 7 月 31 日，教育部颁发新的师范学校教学大纲，大大减少了师范生的必修课程内容。① 师范教育成为"深入的小学基础教育"。②

　　总之，在这段艰难的时期，"幸存"下来的师范学校不得不面对课程大纲大幅度缩减、学术水平难以维持的沉重负担。多年后，法国教育家费迪南·比松（Ferdinand Buisson）在其主编的字典中对"师范学校"这一词条解释时，曾对上述改革举措深感痛心："1832 年教学大纲中的学习内容已经非常简单，但依然被继续削减：所谓必修课，就是只能教授品德、宗教、阅读、写作、法语基础知识、算术、度量、唱诗课。所谓选修课，老师们可以教授和实际操作相关的算术、历史和地理基础知识、和生活相关的物理以及自然历史概念、农学基础知识、工业知识、卫生知识，简笔画、测绘和体操。"③

　　1851 年法令还规定了师范生可以拥有的阅读和写作教材：弗朗索瓦·芬乃伦（Fénelon）的《寓言》（*Fables*）、拉·封丹（La Fontaine）的《寓言节选》（*Choix de fables*）、罗蒙（Lhomond）的《以色列习俗和教堂历史》（*Les Mœurs des Israélites et l'Histoire de l'Église*）、《世界历史演讲》（*Discours sur l'histoire universelle*）以及《圣诗集》（*Psautier*）。"这是小'神学院式的'教育，不是师范教育。"1854 年 10 月 31 日，政府举办针对学监的培训，要求师范学校严格按照旧版罗蒙宗教史授课，理由是新版宗教史有一部分内容"与帝国

① GRANDIÈRE M. La formation des maîtres en France（1792-1914）［M］. Lyon：INRP, 2006：94.

② GONTARD M. La question des écoles normales primaires de la Révolution à nos jours［M］. Toulouse：INRDP-CRDP, 1975：64.

③ BUISSON F. Dictionnaire de pédagogie et d'instruction primaire［M］. Paris：Hachette, 1887：2064-2065.

的回忆相左，思想不健康"。所有学生都要接受三年封闭寄宿管理，目的是纠正学生入学前受过的基础教育，同时激发学生的宗教感和品德感。学生在学习期间，禁止私自外出学校，请假的次数也被大幅度减少。同时，地方当局对师范学校的管理也更加严苛。我们从《新版米勒库尔小学师范学校管理条例》便可见一斑。

新版米勒库尔小学师范学校管理条例

孚日省监督委员会于 1851 年 7 月 2 日通过该纪律条例

1. 入学后，学生须要明确认识"师范生"的身份。师范生须有绝对的服从意识，并对所有学校教职员工怀有最高的敬意。

2. 师范生之间只能存在合乎礼节的友谊关系。师范生之间不能有任何争吵和粗鲁的行为。

3. 教室、宿舍、食堂以及走廊里须要保持绝对的静默。

4. 师范生承担学校清洁工作，并按照名字首字母顺序轮流安排值日。

5. 未经允许，师范生不能随意进入教室、操场、宿舍、厨房或学校其他设施场地。

6. 未经允许，师范生不得在往返教堂的途中同他人攀谈、去他人家中做客和购物。

7. 禁止所有的市场买卖行为，禁止纸牌游戏和所有带有赌博性质的游戏。

宗教义务

8. 宗教活动以祷告开始，以祷告结束。

9. 各年级学生一起进行晨祷和晚祷。

10. 除周日和特殊节日外，师范生每天都须被安排宗教活动。冬令时早 7 点，晚 8 点；夏令时早 7 点，晚 8 点半。宗教活动须在助教的带领下进行。

11. 每周四及周日早 9 点，师范生须参加弥撒；周日下午 3 点，师范生须参加晚祷。二年级及三年级师范生负责唱诗活动。在神父的建议下，校长要允许师范生参加日常以外的其他宗教活动。

卫生

12. 起床后，师范生须要做梳洗、整理床铺等自身清洁工作。

13. 值日生每天打扫并对宿舍、教室和走廊进行通风。教师对每日的值日表现做出适当的评价。

14. 在校长及助教的监督下，师范生冬季每月进行一次室内足浴。在气温允许的条件下，夏季每日一次河浴。

着　装

15. 师范生着装须简朴得体。室内穿罩衣，室外穿蓝色上衣、灰色裤子，戴黑色领带，戴帽。

三、第二帝国时期的教师教育

（一）斯塔尔·胡朗德与教师教育改革

1854 年，复兴师范学校的想法开始重新闪现。1854 年 10 月 31 日，富尔度部长（Fortoul）提到，在考查师范生品德水平的同时，也要重视师范生的知识水平，师范生须能够真正掌握小学必修课的知识。三个月之后，富尔度部长要求招生时同时关注学生的知识水平，要求每名候选学生都参加考试，考查学生阅读、书写、四则运算能力以及圣人历史知识。在当时的社会背景下，这是一种进步。"为上帝服务，为皇帝效忠，这便是第二帝国时期师范学校的两大主要任务。"在省议员安德拉尔侯爵（Marquis d'Andelarre）的影响下，维苏尔（Vesoul）师范学校改名为"修道院"，并按照以前的规则，增加了许多的宗教活动。1861 年，贝桑松学区学监向教育部提交的报告中提道："改名为修道院确实是名副其实。因为在我看来，最严格的修道院也不过如此。"①

1859 年至 1860 年，在针对意大利的政策上，帝国同教会产生了嫌隙。法国政府公开支持意大利的统一，无视教皇的荣誉和领地。师范学校的命运因此迎来了转变。1860 年 6 月 14 日，教育部部长古斯塔尔·胡朗德（Gustave Rouland）下令在新兼并的土地上（尼斯和尚贝里）建立两所师范学校，此后法国又出现了多所师范学校。② 1860 年 8 月 18 日，政府再出新令，延长师范

---

① GONTARD M. La question des écoles normales primaires de la Révolution à nos jours［M］. Toulouse：INRDP-CRDP, 1975：69.

② 在滨海阿尔卑斯省和萨伏依地区（1860 年）、涅夫勒省（1861 年）、德龙省（1862 年）、安德尔-卢瓦尔省（1863 年）、夏朗德省和阿尔及利亚（1865 年）相继开设了师范学校。

生的假期。1862 年 4 月 19 日法令甚至计划给予在校师范生 11 法郎补贴，以改善他们在师范学校的生活。从此，师范学校重新获得政府的支持，而它与保守派尤其是天主教保守派的关系则每况愈下。

（二）维克多·迪律伊与教师教育改革

维克多·迪律伊（Victor Duruy，1811—1894）上台出任教育部部长后，政府对师范学校的支持力度再次加强。1863 年，根据各省学监及学院监督官的报告数据，维克多拟写了现行公共教育状况数据调查表。同年，该调查报告加入了 9 所天主教女子师范学校、3 所新教女子师范学校以及 52 个女子师范班（其中 47 个班级为天主教女子师范班）的数据情况。当时，各类女子师范机构共计招收在读学生 1 201 名。截至 1863 年，全国共有 83 所男子师范学校，其中 69 所为天主教师范学校；男子师范生总数为 3 329 人，其中就读于纯粹师范学校的人数为 2 840 人（占比 85.3%）。男子师范学校的模式基本确立起来。

该公共教育状况数据调查报告还明确了 1863 年师范生入学考试的程序。同年共有 3 350 人次报考师范学校，但该年师范学校仅计划招生 1 224 人。文献资料显示，落选的候选人中，因为思想品德原因落榜的为 61 人，知识水平不达标而落榜的为 1 571 人，剩下的 762 名学生的落榜原因为其他。最终师范学校共计录取 1 156 人，也就是说，该年有 68 个空缺席位。在报考人数以及录取人数上，各省也呈现出明显的不均衡性。在莫尔比昂省，报考人数为 9 人，录取人数为 3 人；在马尔纳省，报考人数为 59 人，录取人数为 20 人；在北部省，报考人数为 99 人，录取人数为 20 人。

迪律伊上台以来，师范学校的教学大纲得以逐渐丰富起来。农学、气象学以及声乐课进入师范学校教学大纲。1864 年 8 月 13 日，迪律伊请学生和教师参与巴黎气象观察规划，并列出详细的气象数据。1864 年 12 月 24 日，他建议师范学校增加果树栽培课。1865 年 6 月 30 日，音乐课成为师范学校必修课。

1866 年 7 月 2 日，政府出台《关于师范学校重组的法令》，正式恢复师范学校入学考试，取消考察制入学模式。人们推断认为，新的政府依然希望培养虔诚、遵守社会秩序的"好老师"，但也强调良好的知识理论是成为"好老师"的重要条件。同时，新政结束了某种品德秩序，为师范生了解外部世界、培养批判精神提供了可能。

第三节
教育家的教师教育思想

一、基佐的教师教育思想

弗朗索瓦·基佐是法国教育家、政治家，他认为，欧洲的归途将是立宪君主制，因此既要有宽容和自由，又要有人来保持秩序。《基佐法案》为法国教师教育体制奠定了基本的模型，其教师教育思想主要体现为两点：第一，教师教育是政府的职责所在，各省需要成立一所师范学校，以改变各市各自为营的混乱局面；第二，教师教育是保障立宪君主制的有力武器。

（一）各省均须成立一所师范学院

在法国，师范教育主要起源于地方。从 1828 年开始，中央政府开始接收师范教育，相继颁布了一系列条例法规，其中最著名的便是得到政府以及民众大力支持的《基佐法案》[①]。在《服务当代历史回忆录》（*Mémoires pour servir à l'histoire de mon temps*）第三卷中，基佐在提到他供职的教育部（1831年到 1837 年）时，曾这样说：

对思想的管控是当代社会面临的重大课题。18 世纪以来，人们一直在讲解放思想，在讲思想不应该受到管制，要让思想自由发展，社会不必也无权对此进行干预。然而我们的过往的经历却质疑这种傲慢无忧的想法。事实上，社会的进步和秩序需要一定的思想管控。以前，教会控制着人们的思想，占据着品德和知识的制高点。教会滋养着知识，管理着人们的思想。可以说，科学和信仰是教会专属的领域。现在这种局面已经不复存在。知识和科学已经在民众间广泛传播。在科学的阵地上，世俗人士蜂拥而至并取得了卓越的

---

① ROSANVALLON P. Le moment Guizot［M］. Paris：Gallimard，1985：414.

成绩。普通人几乎已经完全掌握了数学科学和物理科学。科学离开了和信仰一起生活过的屋檐，科学走向了世界。知识和科学越来越世俗化，越来越要求自由和解放。①

在这里，基佐提到的是无法逆转的社会现象，也是在向政府提出提升管理能力的建议。出于尊重自由的原则，政府不能垄断教育，但是也不能无视下一代人的思想状态。②七月王朝在自由和权威中做出了妥协，成功地融合了旧制度下的教育遗产以及大革命带来的新理念。在重振小学公共教育的工作中，基佐深知困难在于小学教师的招聘。他指出："我会毫不犹豫地采用在地方兴起的小学教师培养模式。在法国，这种模式始于 1810 年，到 1833 年，各地都已经开设了 47 所类似的学校。我现在要做的是把这种模式在全国以义务教育的形式推广开来。"③从此，国家开始大规模介入教育。1834 年 11 月，国家开始任命第一批初等教育学监。1836 年 2 月 26 日法令进一步明确了学监制度。④

《基佐法案》是国家推行师范教育中的重要一步。1833 年 6 月 8 日，经过巴黎议会⑤的反复讨论后，国家颁布了《基佐法案》的最终版本。《基佐法案》共 25 条，对于公共初等教育的意义重大。该法案明确提出了初等教育自由，每所市镇都须开办一所小学，省会城市以及人口超过 6 000 人的城市要开设一所高等小学。该法案还指出公权机构（第一责任人为市镇政府，第二责任人为国务院或者中央政府）应当为教师提供用以接待学生的地点和不少于 200 法郎（高级小学不少于 400 法郎）的收入。

各地成立由一名市长、一名市镇神甫以及几名当地贵族组成的学校监督委员会，监督师范学校的卫生、纪律、品德教育以及是否落实针对贫困家庭

---

① GUIZOT F. Mémoires pour servir à l'Histoire de mon temps [M]. Paris：Lévy, 1860：14-15.

② GUIZOT F. Mémoires pour servir à l'Histoire de mon temps [M]. Paris：Lévy, 1860：16.

③ NIQUE C. Comment l'École devient une affaire d'État [M]. Paris：Nathan, 1990：285; Christian Nique, François Guizot. L'École au service du gouvernement des esprits [M]. Paris：Hachette, 2000：160.

④ FERRIER J. Les inspecteurs des écoles primaires de 1835 à 1995 [M]. Paris：L'Harmattan, 1997：402, 965.

⑤ NIQUE C. Comment l'École devient une affaire d'État [M]. Paris：Nathan, 1990：80, 121-132.

的免费教育情况。市镇学校监督委员会对大区学校监督委员会负责（由一位省长或副省长、一位和平法官、一位省级神甫、一位皇家检察官、一位教育部认定的附属机构负责人、一位教育部途径指派的小学教师、三位国务院指派的贵族组成）；省级师范学校监督会监督省内所有学校，发起必要的改革，并发布年度报告。同时，在市镇的建议下，省级师范学校监督会有权力任命市镇级教师，也可以惩处甚至暂时吊销市镇教师资格。基佐认为，省级教师监督会可以改善以往各市镇各自为营的混乱状况。

（二）教师教育是保障立宪君主制的有力武器

在教师培养方面，《基佐法案》仅仅重申了以往的培养方向，同时明确提出各省须成立一所男子师范学校。法案第十一条指出："各省（本省或联合邻省）都须支持一所小学师范学校。在国王的律令下，省级参议院审议对师范学校日常运行的支持方案以及几个省份对同一所师范学校的支持方案。"

1833 年 1 月 2 日，基佐在国民议会上说明了小学师范教育法的动机。在这次会议上，基佐再次重申了自己的政治主张，反对实行初等教育完全免费，强调国家在限制初等教育"私有化、工业化"① 方面的重要作用，借此提出了"好老师"的定义。同时，基佐还区分了普通小学（为民众提供最基本的教育）和高等小学（为最好的学生提供高等的初等教育）并重申了教育自由的原则。

倘若无法为公立学校配备有能力、有担当的教师，我们所有的努力都将白费。有一个不得不一直重提的事实——教师的质量决定学校的质量。一名好的教师，他的知识储备要远超过教学所需的知识，只有这样才可以更好地服务于教学；他应当秉承俭朴的生活方式，但同时要保有崇高的精神境界，以此赢得家长们的信任；他应当既温和又坚定，不忽视自己的权益，但更多的时候，想到的是自己的义务；他为所有人树立榜样，提供建议；最重要的是坚守初心，坚守自己的岗位……先生们，教师的培养好比制造仪器模具，是一项很艰难的工作。但是，如果想要为初等教育做点什么的话，我们必须

---

① GRÉARD O. La législation de l'instruction primaire en France depuis 1789 jusqu'à nos jour［M］. Paris：Delalain Frères，1891：1-11.

把教师培养的工作做好。对于城镇来说，不合格的教师无异于一场灾难。很多时候，我们不得不接受资质平平的教师，但是我们必须尽力去培养好教师。先生们，要实现这个目标，师范学校是必不可少的。

1833 年 7 月 4 日，基佐致信各省省长和学监，就落实《小学师范教育法》（《基佐法案》）的情况予以了具体指示，要求各省协作为开设小学师范学校创造良好的条件。① 随信寄上的是著名的《致小学教师》。基佐要求每一位小学教师认真阅读这封信，以此明确自己的职责。

先生，请您不要误会这份工作。小学教师，一份看起来平淡无奇的工作，每日辛劳，似乎也只是在一个城镇打转，但这份工作关系着整个社会、整个公共服务体系。让法国人获得融入社会的基本知识，惠及的不仅仅是市镇或者地方，而是整个国家和大众。只有当人民有足够的能力倾听理性的声音，自由，才能够得到长久的保障。至此，公共初等教育将是秩序和社会稳定的有力保障。提高知识水平，启蒙大众，这是政府一贯的准则，也是保障帝国和立宪君主制的有力武器……作为一名小学教师，如果只能看到眼前利益或只顾及自己的利益，那么在这份注定单调，有时甚至会招致不公、愚昧和恶意中伤的使命面前，将很容易受挫和退缩。唯有深深热爱着这份事业，明白这份事业所承载的品德分量，能够从真诚的奉献中汲取庄严快乐的人，才能担当起这份责任。因为，他明白，信仰才是对自己的奖赏。他的荣耀是艰苦朴素，是鞠躬尽瘁，是静心等待上帝的恩泽。②

在这里，基佐向小学教师们指出他们的使命——引导大众聆听理性的声音。小学教师要培养年轻人的义务意识和品德意识，同时要教育年轻人对法律、贵族和上帝心怀敬意；小学教师要明白自己对于国家的重要作用，扎根在儿童和大众家庭之中，不向国家要求不属于自己的待遇。谦卑、奉献、责任感，这些都是好教师的必备品质。从这一点看来，"学校不只是属于国家的

---

① GRÉARD O. La législation de l'instruction primaire en France depuis 1789 jusqu'à nos jour ［M］. Paris: Delalain Frères, 1891: 19-22.

② GRÉARD O. La législation de l'instruction primaire en France depuis 1789 jusqu'à nos jour ［M］. Paris: Delalain Frères, 1891: 22-26.

学校，而是服务于国家的学校"①。

二、玛丽·巴布·卡尔邦杰的教师教育思想

玛丽·巴布·卡尔邦杰（Marie-Joséphine-Olinde Pape-Carpantier，1815—1878）是同一时期法国幼儿教育以及幼儿教师教育领域的领军人物，著有《托儿所的管理建议》。卡尔邦杰的父亲是一名宪兵元帅，在她出生的那一年惨遭朱安党人的杀害，卡尔邦杰由母亲抚养长大。卡尔邦杰的母亲是弗莱石市（Laville de La Flèche）修道院的负责人。母女两人一起做裁缝类工作。1849 年，卡尔邦杰嫁给了巴黎宪兵队队长巴布先生（M. Pape）。巴布先生的父母是芒斯市（Mans）修道院的建立者。1842 年，卡尔邦杰成为芒斯市修道院的负责人。②

在落实公共教师教育政策层面上，"基佐时代"具有非常重要的意义。《基佐法案》颁布之后，法国出现了许多男子师范学校，为国家培养了一批又一批新教师。新一代的教师具有更扎实的知识以及教育学储备，但因肩负的政治使命而更加"意识形态化"。同一时期的女子师范教育情况并不乐观。政府完全无视女子教师教育问题，放任"天主教姐妹们"继续培养合格的"姐妹"、恭顺的妻子以及高效的母亲。

托儿所的发展催生了培养幼儿女教师的需求。最开始，托儿所是为了接纳穷人家的孩子。这些来自工人阶级家庭的孩子，母亲由于工作的原因，只能将孩子寄送在托儿所，慢慢地，这些托儿所逐渐演变为事实意义上的教育机构。正如让·诺埃尔（Jean-Noël Luc）指出的那样，托儿所在帮助幼儿社会化的同时，也教给孩子们知识。③ 1826 年，第一家托儿所诞生于巴黎巴克街，到 1881 年，托儿所的数量达到 5 000 家。须要注意的是，四分之三的托

---

① NIQUE C. Comment l'École devient une affaire d'État［M］. Paris：Nathan，1990：145.

② CAPLAT G，HAVELANGE I，HUGUET F，LEBEDEFF B. Les Inspecteurs généraux de l'Instruction Publique：dictionnaire biographique（1802-1914）［M］. Paris：CNRSINRP，1986：535-537.

③ LUC J N. L'invention du jeune enfant au XIX siècle：De la salle d'asile à l'école maternelle［M］. Paris：Belin，1997：512.

儿所由修女管理。① 法国幼儿师范教育的发展深受开明的有产阶级的夫人们及让·德尼斯·科钦（Jean-Denys Cochin）的作品的影响，其中科钦曾致力于研究英国式幼儿学校（Infant Schools）。法国的幼儿教育也经历了从地方主导向国家主导的发展历程。

1846 年，卡尔邦杰出版了《托儿所的管理建议》，这本书凭借丰富的教育学知识和实用价值获得了皇家大学委员会的青睐。1847 年，艾美丽·马雷夫人征得当时教育部部长萨文迪（艾美丽·马雷夫人的侄子）的同意，邀请卡尔邦杰来巴黎成立托儿所。1868 年 2 月 10 日，卡尔邦杰被任命为托儿所全权代表以及托儿所工作人员培训全权代表。对于卡尔邦杰而言，托儿所不仅仅是一所简单的托儿所。1874 年 10 月 12 日，卡尔邦杰因"思想过于开放"受到起诉，1875 年 1 月官复原职，1878 年去世。

1847 年，为了培养能胜任幼儿管理的教师，卡尔邦杰成立了幼儿师范学校。当时的托儿所在选任教师方面非常随意，并没有真正的标准。巴黎幼儿教育委员会从拥有幼儿教师资格证（1830 年 2 月 3 日法令，米莱特夫人 [Madame Millet] 颁发）的人群中选择幼儿教师。1837 年，教育部规定了幼儿教师的招聘条件：申请正式幼儿教师的候选者年龄应当达到 24 岁，助理幼儿教师的年龄应当达到 18 岁；候选人须持由市镇居委会颁发的品德合格证以及由本省母育学术委员会颁发的教师资格证。1838 年 2 月 6 日法令规定，幼儿教师资格证考试分为实践考试和知识考试。知识考试由评审委员会负责，主要考查托儿所教授的科目知识。此外，这个时期的幼儿教师上岗还要得到学监的同意。1855 年后，这一规定被取消。1855 年法令以及 1856 年 2 月 14 日法令修改了幼儿教师招聘条件，特别是严格了招聘条件，更注重候选人的知识水平。②

最开始，幼儿教师教育问题并没有受到人们的关注。一名好的教师被默认为拥有一种自然的天赋，即母亲般对孩子天生的喜爱。随着幼儿教育的发

---

① LUC J N. L'invention du jeune enfant au XIX siècle：De la salle d'asile à l'école maternelle ［M］. Paris：Belin, 1997：7.

② LUC J N. L'invention du jeune enfant au XIX siècle：De la salle d'asile à l'école maternelle ［M］. Paris：Belin, 1997：302.

展，人们逐渐认识到专业幼儿教师教育的重要性。然而，1837 年出台的幼儿教师资格证管理法无法从根本上解决幼儿教师专业性的问题。一方面，托儿所数量太少；另一方面，考官自身对于幼儿教育学知识也知之甚少。[①] 可以说，这个时期的幼儿教师教育大多是杂乱无序的地方行为。渐渐地，幼儿教师教育的无序化问题引起了国家的关注，幼儿教育运动的发起者们意识到需要规范蓬勃发展的托儿所，系统地推广幼儿教师教育。在米莱特夫人的推动下，教育部部长萨文迪批准了成立示范托儿所的想法，并于 1846 年要求托儿所高级委员会筹办幼儿教师以及幼儿教育监督员培养机构。

　　1847 年 7 月 1 日，"临时学习之家"在巴黎诞生了。1847 年 8 月 20 日法令明确了"临时学习之家"的任务：为立志从事幼儿教育的管理者和监督者提供培训。各省级常务委员会须在本省资助一名实习生，该实习生毕业后将负责管理本省的示范托儿所。1848 年 4 月 28 日将"临时学习之家"正式命名为"幼儿师范学校"，卡尔邦杰任校长。1852 年 2 月 3 日，第二帝国将幼儿师范学校改名为"托儿所实践教育培训学校"。幼儿师范学校的培养目标是虔诚地了解教师。为此，师范生早起要祷告，早读《福音书》，晚读《师主篇》（*Imitation*）。此外，学校每周会安排牧师给师范生上两次宗教课。总体来说，从 19 世纪中叶起，宗教教育在幼儿师范教育中占 18%，和知识教育（19%）以及缝纫教育（21%）所占比重相当。[②]

　　每天早上，师范生要前往各所首都托儿所，每周要多次协助卡尔邦杰的课堂。1848 年 4 月 28 日法令决定成立幼儿师范学校实习学校，在这里，师范生将观察教师的授课并参与各种练习。这种教师培养模式一直延续至 19 世纪 70 年代，学生每周要花 3 小时参与实习学校的各项练习，同时协助两次卡尔邦杰的课堂教学，以加深对集体教育学的理解和运用。教育学培训约占学生学习比重的 40%[③]，远远超过了《基佐法案》下成立的男子师范学校中教育

　　[①]　LUC J N. L'invention du jeune enfant au XIX siècle：De la salle d'asile à l'école maternelle ［M］. Paris：Belin，1997：314.

　　[②]　LUC J N. L'invention du jeune enfant au XIX siècle：De la salle d'asile à l'école maternelle ［M］. Paris：Belin，1997：317-318.

　　[③]　LUC J N. L'invention du jeune enfant au XIX siècle：De la salle d'asile à l'école maternelle ［M］. Paris：Belin，1997：318.

学学习的比重。自 1847 年成立至 1882 年，巴黎幼儿师范学校共培养幼儿教师 1 792 名。正如让·诺埃尔指出的那样，尽管巴黎幼儿师范学校并非尽善尽美，但这所存在了 35 年的幼儿师范中心的确是一种创新。在当时，这是唯一的国家非宗教女教师培养机构和唯一为女性从事脑力工作而设立的机构。① 事实上，法国在 1838 年已经成立了第一所女子师范学校，但直到 1863 年，女子师范学校的数目仅为 13 所，并且大部分学校都掌握在"天主教姐妹们"手中。

第四节

教育改革中蕴含的教师教育思想

一、《基佐法案》与教师教育内容和管理的规范化

1832 年 10 月 11 日，弗朗索瓦·基佐出任教育部部长，并马上投入普及师范教育的工作中。在他看来，师范学校承载着传播"秩序""服从基督教精神和七月王朝"等价值观的重任。

1832 年 12 月 14 日，国家出台了《小学师范教育基本法》（《基佐法案》），规定了各省师范教育的章程。在皇家委员会和教育部看来，该基本法针对这几项迫切的需求。首先，小学师范教育基本法要确保良好的教学管理，保证师范教育的严肃性。当时，师范学校各自为营，招收各个年龄段的学生，学制层次不齐，教学水平更是良莠不齐。其次，小学师范教育基本法还要考虑政治和宗教的需要。出于对人民运动的忌惮，七月王朝试图借助教会力量重建统治秩序。在 1828 年至极端保皇派上台初期的这段时间新建的师范学校，要重新调整自由派办学方向。《小学师范教育基本法》第十七条至第二十六条，校准了监督委员会的职权，明确了其行政结构，规定了监督委员会全面监督师范学校的行政、教学以及纪律工作。监督委员会还拥有招生裁量权，

① LUC J N. L'invention du jeune enfant au XIX siècle: De la salle d'asile à l'école maternelle [M]. Paris: Belin, 1997: 319.

根据各省需求制定当年招生名额和奖学金名额，检查学校的财务情况。综上所述，《小学师范教育基本法》在一定程度上有加强教师理论水平、职业水平的考量，并进一步规范教学行为。

基佐非常重视监督委员会的工作。从 1833 年 10 月起，各省省长及学监要在各省成立师范学校监督委员会并制定学校管理章程。同时，基佐要求各学监负责筹办审查委员会，监督新教师的招聘工作。1833 年 7 月 16 日，政府颁布了对 6 月 28 日法令的补充法，详细阐释了小学以及培养小学教师的师范学校的组织架构方式。① 1833 年 7 月 9 日，政府又明确了取得教师资格证所需要的条件。小学教师资格证分为普通小学教师资格证以及高等小学教师资格证。各省会设立教师资格证审查委员会，审核本省预备教师资质（第二条）。教师资格证审查委员会共计 7 名成员，其中三位成员须来自教育部，一位成员来自学院学监（该学监也可指派监督员），一位成员来自中学校长或中学学监，一位成员来自皇家中学的教师以及一到两名市镇公务员。教师资格证考试前 15 天，学监须要公布考试科目。考试地点设立在公共机构（第七条）。普通小学教师资格证要求的知识和能力如下：

品德教育知识和宗教教育知识（教理知识、新约旧约使徒故事）阅读能力（法语及拉丁语印刷体、书写体）；阅读及写作教学方法；书写能力（混合体、圆体、花体、大写）；法语基础（拼写以及听写、语句语法分析）；数学基础（整数和分数的四则运算理论和实践）；长度和重量测量体系；地理以及历史基本概念。②

从这里我们可以看出教育部对于系统化教师资格考试的决心。对于高等小学教师资格证，除了考查上述知识及能力外，申请者还要在品德教育知识和宗教教育知识方面有所建树，了解比例以及一次函数、基础的几何知识（角、垂线、平行线、三角形、多边形以及圆形的面积计算、简单物体的体积计算），熟悉与生活相关的物理学、自然学、世界历史地理知识、法国地理历

---

① GRÉARD O. La législation de l'instruction primaire en France depuis 1789 jusqu'à nos jour［M］. Paris：Delalain Frères，1891：26-34.

② GRÉARD O. La législation de l'instruction primaire en France depuis 1789 jusqu'à nos jour［M］. Paris：Delalain Frères，1891：34-37.

史知识、音乐以及整体教学式和互动教学式知识等。简笔画水平、测量及勘测能力也会融入学科考试当中。①

在明确教师上岗制度后，教育部又颁发了通行教材，并对一些科目的教材进行了推荐，以此统一具体的教学实践。通行教材由阿谢特出版社出版（1832，Hachette），保罗·洛涵（Paul Lorain）担任主编，出版后即被发往了最偏远的农村。彼时在法国，官方文件以及基础的教育学文章都极力推崇整体教育学。

1834 年 8 月 23 日，教育部发函，要求各师范学校校长撰写关于学校纪律以及教研情况的年度报告。各校校长将各校年度报告交与监督委员会批阅后再交与学监批阅。批阅完毕的年度报告须在 9 月 15 日前交与教育部审阅。同时，该年度报告还须交与各省省长审阅。在这封信函中，基佐还要求各监督委员会提交本辖区教学章程和管理制度。1834 年 10 月 11 日，基佐再次致信各师范学校校长，明确提出了自己对他们的期待，再次强调了对师范生的秩序和纪律精神的培养。

基佐认为，"要对师范学校进行严格管理，以此确保师范生赖以生存的品德秩序"。一些师范学校采用了中学的内部管理模式。师范生穿着和中学生一样的统一的制服，享有和中学生同样的生活服务，但不能享受有钱人家孩子的待遇。学校承担了本应当由学生自己负担的物质需求。如此一来，师范生在本应以培养学生纯朴、勤俭品质的学校里失去了这些品质。学校为他们创造了需求，而这种需求在往后的岁月里愈发难以得到满足。师范生在学校里学会了不满，有了对物质世界的过度欲望。即便是在当今社会，这种欲望依然腐蚀着相当多的教师。

同理，师范生的学习内容也不能过于深入，尽管"宽泛但流于表面的教育总会让人与低微的工作格格不入"。从一开始，基佐便要求校长密切关注教学大纲，避免教授任何超过乡村初等教育范围的学科知识。师范生需要掌握

---

① GRÉARD O. La législation de l'instruction primaire en France depuis 1789 jusqu'à nos jour［M］. Paris：Delalain Frères，1891：36.

的是基础且具有应用性的知识，因为他们面向的学生是体力劳动者，在繁重的体力劳动下，学生很难享受思考和研究的乐趣，他们需要的是可以快速学会的、实用的知识。校长尤其看重品德和宗教教育的质量及学校内部的纪律，因为前者是使国家避免发生革命的手段，而后者是赢得声誉的唯一方式。这便是 1834 年 4 月 25 日国王参议会通过的关于乡镇小学的地位的决议，该会议同时指出，宗教课是初等教育中最重要的科目。

在学习方式上，基佐赞成寄宿制教育方式。这种教育方式可以切断师范生同外界以及原生家庭的联系，便于学生更好地接受学校教师的管理和自身的学习。教育部逐渐确立了全国通行的课程大纲，改变了以往各省自主制定大纲的混乱局面。以历史学科为例，1838 年 9 月 11 日法令规定师范学校历史课须涵盖非洲、欧洲和亚洲从古到 1789 年的所有历史。对于两年制师范学校而言，第一年主要学习从古代到中世纪的历史，第二年学习现代历史尤其是法国现代史。对于三年制师范学校来说，第一年学习古代史，第二年学习中世纪以及现代史，第三年专攻法国史。

《基佐法案》以及后来的各项法令共同推动了师范教育的制度化进程，从此，师范学校开始致力于培养新一代小学教师。这些小学教师为民众带去最基础的教育，让大家接受七月王朝提出的"新旧相融"的教学模式。对于师范生而言，整个学习过程依然刻有明显的宗教色彩，师范学校的生活和修道院的生活并无二致。1836 年米勒库尔男子师范学校（L'école normale de garçons de Mirecourt）的作息表便是这种宗教生活的生动写照。夏季 5 点起床，春、秋、冬季 5 点半起床，这样的作息时间将在师范学校延续几十年。但我们要看到的是，《基佐法案》除了对各学科理论教育及宗教教育的重视外，还对专业教学实践提出了一些要求。当然，在附属学校的实习不一定列在学生的作息时间表内。

米勒库尔小学师范学校作息表①

1836 年 9 月 12 日

早

5：30	起床、晨祷
6：00	准备上课（历史/地理）
6：30	历史/地理
7：30	早餐、打扫宿舍和教室（两人/每周）
8：00	准备上课（一年级语法/二年级数学）
9：00	语法/数学
10：00	绘画
11：00	写作
12：00	午餐及休息

晚

13：00	准备上课（一年级语法/二年级数学）；周二周六除外（物理/化学）
14：00	音乐
15：00	教育学（二年级）/语法（一年级）
16：00	茶歇及休息
17：00	阅读/教学原则/教学方法理论
18：00	整理笔记
19：30	晚餐及休息
20：30	祷告休息

星期四

5：30	起床、晨祷
6：00	学习及简单的劳动
8：00	早餐及休息、打扫宿舍

① LUTRINGER B, ROTHION P. Cent cinquante ans au service du peuple ［M］. Charmes：imprimerie Georges Feuillard, 1978：16-17, 40-41.

9：00	弥撒
10：00	休息
11：00	宗教品德
12：00	午餐及冬季散步
16：00	茶歇及休息
17：00	公民法则写作会
19：30	晚餐及休息
20：30	祷告休息

星期日

5：30	起床、晨祷
6：00	学习
8：00	早餐及休息、打扫宿舍
9：30	弥撒
11：00	学习
12：00	午餐及冬季散步
15：00	晚课
16：00	茶歇及休息
17：00	学习
19：30	晚餐及休息
20：30	祷告休息

这样一来，法国小学师范教育就有了统一的政策和具体的指示。在学院学监、省长和地方贵族的共同努力下，各地迅速成立了小学师范学校。1833年，新建师范学校18所。截至1835年，法国有76省（共89省）都建成了本省的师范学校。① 吉尔·胡埃（Gilles Rouet）的研究指出，尽管1831年已经出台了关于成立小学师范学校的法案，但真正促成马恩省（Marne）成立第一所小学师范学校（l'école normale primaire de Châlons-sur-Marne）的法令还

———————

① NIQUE C. L'impossible gouvernement des esprits：histoire politique des Écoles normales primaires ［M］. Paris：Nathan，1991：91.

是 1833 年 5 月 17 日教育部法令。1833 年 11 月 2 日，马恩小学师范学校迎来了第一届学生，共 17 人。① 从 1833 年至 1855 年，这所学校共培养了 505 名师范生。在奥布省（Aube），政府自 1828 年以来多次出台相关法令，希望成立师范学校，但只有 1834 年 2 月法令明确了师范生考试，将这一愿景变成现实。② 1834 年 3 月 10 日，奥布小学师范学校迎来了第一届学生，人数达到 30人，此后年平均招生人数为 14 人。1835 年，奥布小学师范学校还成立了附属实习学校。

法国其他省份的情况大体相同。1834 年 5 月 16 日，北方省（Nord）第一所师范学校杜埃男子师范学校③（l'école normale des garçons de Douai）成立了。在这个时期，师范学校的教育依然附属于中学教育，传统的兄弟会学校依然存在，大部分的教师培养依然遵循旧制度模式——"在教学的过程中学习教学"。在加来省，《基佐法案》所倡导的师范学校模式遇到了强烈的抵触。④ 起初，省议会决定将奖学金师范生送往多昂圣布尔迪寄宿学校（Pensionnat Saint-Bertin de Dohem）。自 1820 年兄弟会接手了这所学校起，多昂圣布尔迪寄宿学校便成了加来省师范学校。与此同时，加来省还有众多"示范学校"（écoles modèles），比如以互动教学式立校的阿尔斯师范学校（Arras）以及圣欧米尔师范学校（Saint-Omer）。自 1828 年以来，杜埃省推行的几项跨省师范学校项目都遭到了当地精英的质疑（1829 年 9 月 5 日，加来议会否决了跨省师范学校的项目）。

1833 年 6 月法令通过了成立师范学校的决议，加来议会决定通过设立奖学金（1834 年省预算划拨 6 000 法郎用以支持 6 名全额奖学金以及 12 名半奖学金学生）来支持杜埃师范学校的发展。1833 年 11 月 28 日，国王诏令承认了两省间协议的有效性。

---

① ROUET G. La création des Écoles normales en Champagne-Ardenne［M］. Champagne-Ardenne：CRDP，2000：27-51.

② ROUET G. La création des Écoles normales en Champagne-Ardenne［M］. Champagne-Ardenne：CRDP，2000：27-51.

③ CANIVEZ A. L'école normale d'instituteurs de Douai de 1834 à 1961［M］. Douai：Georges Saunier，1962：186.

④ THOMAS J R. L'école normale d'instituteurs du Pas-de-Calais［M］. Arras：Amicale des anciens élèves，1965：260.

至此，法国小学教师师范模式获得了坚实的法律支持。尽管这种模式在此后的几十年不断遭到质疑，但推广师范教育已成为大势所趋，法国小学教师师范模式不断向纵深发展。

二、《1866 年 7 月 2 日师范学校重组法令》

《基佐法案》的出台并不意味着师范教育模式的完全胜利。事实上，基佐模式下的师范教育从 1833 年诞生到 1940 年退出历史舞台这段时间里，不断遭到人们的质疑。一方面，反对者们认为这样的培训中心过于肤浅，与世隔绝的"温室"里培养不出在"真实的土地"里才能结出的果子；另一方面，人们认为教学理论的学习只能培养出不可一世的雄辩者。甚至还有一些人把教师当作社会动乱的替罪羊。

在质疑声中，师范学校在"上帝"和"皇帝"的夹缝中艰难前进。维克多·迪律伊上台出任教育部部长后，政府对师范学校的支持力度再次加大。

1866 年 7 月 2 日，政府出台政令正式恢复师范学校入学考试，取消考查制入学模式。师范学校教学大纲得到进一步丰富，增加了集合、物理、化学、历史、地理、自然、会计和公民礼仪。新政保留了师范学校寄宿制管理以及祷告规定，但允许助教在校外居住并延长了假期。

1866 年 7 月 2 日 关于师范学校重组的法令

1. 教学目标

第一条　基础师范教育教学内容包括：品德与宗教教育；阅读；写作；法语；计算以及度量系统；应用数学；会计；历史地理综述及法国历史地理；和日常生活相关的物理及自然历史；园艺及农学基础；工业及卫生；几何基础；测绘；简笔画；声乐；体操；社区管理概念及公民行为准则。

第二条　依据学生的宗教信仰来进行宗教教育。

第三条　师范学校学制为三年。

……

第五条　师范生要在师范学校附属学校实习。

2. 监督与管理

第六条　师范学校校长由教育部任命。校长可以独立于总务处，独立组织教育学会议，也可承担一部分教学工作。在学监同意的情况下，校长确立学生使用教材名单以及图书馆和阅览室的书目。

……

第九条　学监任命包括主席在内的五名师范学校监督委员会委员。除涉及学校管理活动的情况，校长要参与师范学校监督委员会会议。

第十条　师范学校监督委员会负责准备候选师范生名单（据本法第十五条规定，达到相应条件的候选人）；每学年初向省长提交各年级享受奖学金的师范生名单；起草本学校管理规范，并交与学监审阅；在第一学年及第二学年末，确定可升入下一年级学习的学生名单。

第十一条　师范学校监督委员会每月须至少进行一次校园考查，了解学生的行为、品格以及学习情况，做出汇总递交省长评阅。师范学校监督委员会可以进入教室，直接向学生问询。

……

3. 招生与录取

第十三条　教育部确定各年师范生招生数目（自费生、省财政公费生、市财政公费生以及国家财政公费生）。

第十四条　招生报名工作定于每年 1 月 31 日。教育部特设招生办公室。学生报名时必须提交以下证件：出生证明（年龄必须在 16 岁至 20 岁之间）、健康证明（疫苗接种情况、是否感染过天花、是否有影响学业或教学工作的残疾）、服务承诺书（至少 10 年）、13 岁前所在居住地证明、居住地市长开具的品德证明。

第十五条　学院学监对候选学生进行行为调查。师范学校监督委员会依据调查结果，确立候选师范生名单。学监在各省省会设立包括本省师范学校校长在内的招生考试委员会，在每年 7 月 15—31 日间对名单上的学生进行考查。学校根据考生分数由高到低进行录取。

……

4. 内部作息

第十八条　学生每天进行晨祷和晚祷。每周日及法定宗教日，在校长和助教的带领下，学生须参加圣事活动。

　　1866 年 7 月 3 日（《师范学校重组法令》颁发的第二天），教育部又出台法令，重新规定了取得小学教师资格证（男女教师）所需的条件，特别强调了考试内容以及考试的保密性。其中笔试部分包括四项内容：书写（用花体、草书以及圆体三种书写体写至少一行字）、听写（节选自经典书库，一页）、文体学（节选自历史大纲）和算术（整数以及分数运算），每场考试时间为 1 小时。口试部分也包括四项内容：诗歌朗诵并回答相关问题（法语和拉丁语）、教理以及圣徒历史、句子分析和算术及度量，"关于必修课的教育学也会被问及"，每项考试持续 20 分钟。听写考试中，出现 3 个以上错误的答卷直接被作废。1867 年 8 月 27 日，维克多·迪律伊要求把农学加入教学大纲。1867 年 12 月 30 日，政府通过了该项提议。

　　然而，自由帝国时期的师范学校依然带有非常强的"品德性"。1865 年，特洛伊师范学校（L'école normale de Troyes）三年级学生罗泽（Rozé）的文体学作业很好地证明了这一点。这份作业以小短文的形式来检验学生对教师职业理论的理解程度。作文主题为："在师范学校三年级学生返校的当天，一学生向老师承诺 15 天之后再来报到。请以学生的口吻来写这封信，并想象老师收到信的反应。以此为背景，写一封 4 页的信。"其他类似的主题还有：

　　"听说你因为生病或是别的原因，已经好几天没有来学校上课了；你的母亲很担心你并给你写了一封关切的信。你想让她赶紧放心，并告诉她根本没有这回事。以此为背景，写一封 2 页的信。"

　　"一名年轻教师被派去管理一所 60 名学生的学校。这所学校所在的城市人口总数为 500—600 人，且人均收入很可观。但是这所学校的硬件条件相当不堪。破旧的小教室，最多只能容纳 40 个学生。两年前，市长就已经注意到学校的情况，希望能够为学校做出改善，但是该提议受到了几名有影响力的市政议员的阻碍。这名教师在向地区学监汇报工作时，说明了发生的一切，并列出具体的理由请议会支持学校的建设。以此为背景，写一封 4 页的信。"

　　"村镇上最近发现了流行病。以此为背景，给学监写一封信，建议增设成年人课程。"

　　此外，对学生的考评还包括学生对教师职业的理解。以下是特洛伊师范学校毕业班学生的作文。

　　题目：刚毕业的师范生上岗后应该遵守哪些教师规范？以第一人称的口

吻作答。

如果我成为一名教师，我的首要任务便是前去拜访村镇的主要领导，也就是市长和神甫。我会恳请他们给予我一些执教的建议，同时我将告诉他们，对于他们提出的任何建议和要求，我将永远心怀喜悦和感恩。我期望能够用谦卑和顺从的态度赢得他们对我的尊敬和信任。

作为一名初来乍到的教师，我深知自己的言行随时都会受到考量。有时候，人们也会刻意发掘我的不足之处。所以，我必须要时刻严格要求自己。和我的前任老师相熟的人们也有可能不信任我，干预我的行为，甚至损害我在当地的形象。我会随时严格要求自己，努力向前任学习，用行动来打动他们。

在新到岗的年轻教师当中，有很多人会根据个人的情感喜好来快速结交新朋友。但是之后，他们便会意识到这种草率带来的后果，有的时候甚至是严重的后果。为了避免这种事情发生在自己身上，在不了解来往对象的性格、感情和意图的情况下，我会避免和这些人成为朋友。我希望用蒙田所说的"温柔的严厉"来引导学生，获得学生的喜爱。在对待学生时，我会要求自己时刻保持礼貌，一方面可以用这种方式和学生保持距离，树立自身权威；另一方面可以以身作则，教给学生正确的礼仪规范。在对待其他人时，我会要求自己保持简单、谦逊和礼貌，并会刻意避免去诸如舞会、咖啡店和酒馆等吵闹的场合。我希望自己能用行动获得上级领导以及大家对我的尊重、信任和喜爱。

也就是说，只要学生能够写出"符合期待"的"官话"，师范教育的目标就达成了。谦逊、对市长和神甫的服从、严苛的自我要求、尊敬并严厉要求学生，这些便是师范学校倡导的价值观。

总体而言，从 1833 年《基佐法案》的颁布到 1870 年第二帝国的崩塌，师范学校的发展经历了几次大起大落。在这期间，保守派曾把矛头对准了师范学校。保守派认为，师范学校的理论教学过于高深、教学大纲过于丰富，完全脱离社会实际需求。自由派及共和党人也指出了师范学校的弊端，认为这是国家意识形态的工具，是国家用来"培植"思想、灌输有利于统治阶级价值体系的工具。不过在第二帝国期间，师范学校虽然受到了严峻的考验，但最终还是得以幸存并再一次获得了合法地位。

第五章

师范教育体系形成时期的教师教育思想

第三共和国时期，法国教师教育发展围绕两大改革方向展开。1879—1882 年间共和国教育法的顺利推行离不开五十年来人们对教师教育的思考。教师教育的发展不是"突如其来的创造"，而是"稳扎稳打的进步"。1879 年《保罗·贝特（Paul Bert）法案》对《基佐法案》进行了修正，提出按照男子师范学校的模式，创建女子师范学校。1882 年，政府在充分考虑社会政治变化的基础上，重新修订了教师教育的内容。从此，师范学校培养的不再是天主教的忠实信徒，而是怀有爱国情怀的公民。在教师教育发展的历史中，传承远胜于断裂，1833—1940 年这一时期的历史便是对这种传承的真实写照。在政治上，教师教育成为一种思想控制的重要武器。

第一节

第三共和国与第四共和国时期教师教育的发展背景

一、社会环境

（一）政治上保守的共和国

1870 年的普法战争最终导致第二帝国的灭亡。同年 9 月 2 日，拿破仑三世兵败色当，宣布投降。消息传到首都，群情愤怒。同年 9 月 4 日，巴黎爆发了人民革命，推翻了帝国，第三共和国在民众的欢呼声中诞生。然而，执政的"国防政府"对外投降、对内镇压的行径，使人民大失所望，并认识到应该建立自己的政权。

普法战争中法国战败，德意志最终完成了统一。由《法兰克福和约》结束的这场战争既未减少法国人口，也未削弱法国的经济实力，仅仅导致了有限的物资损失。但这场战争的严重后果是俾斯麦战胜法国后，强制法国将阿尔萨斯-洛林地区割让给德国。无论从精神上还是从政治上看，这一兼并深深伤害了法国，法德之间真正的和解变得不可能。

1870 年 9 月 4 日，法兰西第三共和国正式成立。经过近一百年的动荡，法国终于迎来了一段相对稳定的发展时期。新政府从拿破仑三世手里接过了沉重的包袱，首先关注的是重建国家。这是一项艰难的任务，因为在应以何种制度取代帝国的问题上，法国民众的意见并不一致。在军事失败后为结束战争而选出的国民议会中，占据多数但又陷于分裂的君主派失去了恢复君主制的机会。当时主要的政治家阿道夫·梯也尔梦寐以求的是保障社会秩序。梯也尔本性倾向于君主派，但鉴于君主派内部分裂，王位觊觎者又不够灵活，任何君主派复辟在他看来均不可能，所以他维护的共和国是保守的共和国。他上台后的首要任务是镇压巴黎公社起义（1871 年 3—5 月）。这次起义既是爱国的，又有利于建立一个非常民主的倾向于深入的社会改革的共和国，但因这一改革触及了资产阶级政权基础，最终以失败告终。1875 年宪法确立了第三共和国的代议制政体。但这种制度很快就助长了政党的分散性，从而使议会多数派十分脆弱，导致政府危机不断增加。尽管如此，直至 1914 年，从总体上说，法国在战胜困难和危机中得到了"正确管理"。[①]

（二）国家重建中的社会经济与文化发展

第三共和国时期，第二次工业革命全面爆发，资本主义在法国得到进一步发展。法国由于失去了原来在西欧和中欧的霸主地位，国内各阶层一致要求"报仇雪恨"。

19 世纪末，储煤丰富的欧洲国家如英国、德国及稍后的俄国，经济发展比法国快，因为法国缺少这种当初被视为"工业的面包"（比当代石油的地位还要重要）的燃料。不过法国在经济和财政发展方面的表现比较突出。在某些前卫领域，如放射性产品、无线电广播、电、电冶金学、汽车、航空等领域，法国甚至充当了开拓者角色。在 1873—1896 年间"世界性大萧条"中，法国经济增长有所放慢，但到 20 世纪初又恢复了强劲的增势，其速度甚至超过了已取得领先地位的邻国。法国人还关注改善国家的设施。1871—1914 年间，铁路网长度几乎增加了两倍，超出了当时的经济需求。当时修建的地方性铁路大多无利可图，因此，国家财政拨给了他们大量补助金。人们认为当

---

① 让·马蒂耶. 法国史［M］. 郑德弟，译. 上海：上海译文出版社，2002：168-170.

时法国最强有力的方面是财政力量。在这一领域，法国紧随英国之后而位于德国之前，甚至在很长时间内位于美国之前。但是，法国的财政大多投向外国，尤其是投向俄国（俄国公债）和巴尔干地区。这种资本输出是被食利者们（即依靠年金或依靠利息生活的人）看好的。但当时没人明白这种局面的危险：外流的资金恰恰是国家发展所缺少的。

这一时期，与欧洲其他工业化国家相比，法国的人口流动比较慢，低出生率使城市人口只能靠农村人口外流得以增加。农村将剩余人口打发到城市里。直至1914年，一半以上的法国人仍居住在农村，只有巴黎、里昂和马赛是"上百万人口的城市"（居民近百万或过百万）。由于医学的进步，居民卫生状况正在缓慢改善，然而肺结核病仍在肆虐，尤其在有不卫生居住区的城市里更是这样。法国在实行社会立法方面并未走到欧洲先进国家之列，政治斗争占据了各政党的所有精力，使他们无暇或无意关注于此，从而把这一重要的方面搁置不顾。

不过，从进入20世纪到第一次世界大战爆发期间，随着新一轮经济高涨期的到来，加之社会生产力的迅速发展和科技水平的提高，法国人民的社会生活水平显著提高，以至人们后来在提及这一时期时，对当时的物质繁荣和生活稳定赞不绝口，并把这一时期誉为"美好时期"。此时，共和思想深入人心，政教分离是这一时期思想的主旋律。1905年，孔布的继任者鲁维耶推动了《世俗法》（la Loi de séparation de l'Eglise et de l'Etat，又称《1905年法》）的出台，确立了政教分离的原则，结束了天主教会自1801年教务专约以来享有的特权制度。法国建立了与教会的政教协定（le Concordat），用于宗教崇拜的财政支出被废除，教会财产归天主教协会管理。

（三）殖民扩张与深陷列强的"合唱"

第三共和国创建了法国从未有过的庞大的殖民帝国。普法战争失败后，法国寂静了10年，但法国人民在政府支持下很快就勘察了当时还鲜为人知或不为人知的广阔地区，包括非洲和东南亚。在这方面具有决定意义的开局是于勒·费里于1881年至1885年间完成的。20世纪初，法国殖民地面积是宗主国（法国）的16倍，居民数是其1.5倍。法国虽然在殖民过程中仅获取了微薄的好处，但它引起了领土小于法国的某些国家，如德国的嫉妒。不过在

1914 年，欧洲各国中只有英国因其帝国幅员和居民数量而在这方面走得远。

法国属于当时的"强国"。如前文所述，普法战争失败后，法国主要关注的是设法抵消强大邻国的力量。但法国的这一愿景并未真正实现。俾斯麦在其执政的 20 年时间里，成功地孤立了法国。直至 1890 年被刚刚登上德国皇位的威廉二世免职，俾斯麦与所有大国均保持着良好关系。这使法国无任何盟国。在俾斯麦看来，倘若法国冒失地"复仇"，那只能被打败。①

19 世纪末 20 世纪，在资本主义经济政治发展不平衡规律的作用下，帝国主义国家围绕着争夺世界霸权展开了激烈的斗争。德国、奥匈帝国和意大利签署了"同盟条约"，法国、英国和俄国相互签订协约，由此形成了同盟国和协约国。1914 年 7 月 28 日，第一次世界大战爆发。1918 年 11 月 11 日，德国正式宣布投降，第一次世界大战正式结束。第一次世界大战给全世界人民带来了深重的灾难。但是，它在严重削弱帝国主义力量的同时，带来了科技的进步，使各国的政治、经济、科技、文化以及军事等许多方面大大加强。更重要的是，第一次世界大战引起了人们对于人权、民族等问题的思考，加快了人权实现的步伐。

1939 年，第二次世界大战爆发。以纳粹德国、日本帝国、意大利王国三个法西斯轴心国和匈牙利王国、罗马尼亚王国、保加利亚王国等仆从国为一方，以反法西斯同盟和全世界反法西斯力量为另一方进行的第二次全球规模的战争，让法兰西第三共和国灭亡了。这场战争对法国来说是残酷的。组织上远远超过法国的德国装甲部队和空军，于六周内摧毁了法国军队。1940 年 6 月 10 日，墨索里尼领导下的意大利向法、英两国宣战。直到 1944 年 6 月和 8 月，盟军在法国海岸的两次登陆解放了法国；法国军队与英、美军队一起参加了这些行动。1945 年 5 月，反纳粹德国的战争取得了胜利。法国虽为胜利者，但其经济比 1918 年时所受的打击更为严重，已变得毫无生气。

（四）第二次世界大战后的国家重建

第二次世界大战给法国造成了极为惨重的损失，为了迅速恢复和重建社会经济，法国政府开始大力发展生产。当时，法国国力对比美国的强势崛起

---

① 让·马蒂耶. 法国史［M］. 郑德弟，译. 上海：上海译文出版社，2002：169-195.

表现得相对衰弱，但在第二次世界大战结束后最初的三十年间，相对和平稳定的政局使法国在社会经济等方面取得了令人赞叹的发展和成就。1946 年 1 月 3 日，法国政府发出了"一切为了现代化和经济发展"的总动员令，经过全体人民的不懈奋斗和努力，战后法国社会呈现出一个较快的发展时期，生产得到恢复和提高，经济恢复了活力并持续发展，社会各方面有了长足进步。特别是在戴高乐担任总统的第五共和国早期，法国通过规划（planification，或译"计划化"）等手段大大增强了综合国力，进入到初步发展阶段，为其实现"经济起飞"奠定了良好的基础。[①] 具体措施包括加大国家对经济的强力干预与管理，促进经济的协调发展；大力发展民族经济，尽量摆脱美国经济的控制；工业、农业现代化同步进行，相互促进；依靠共同市场，扩大对外贸易；加强科学研究和技术引进，提高生产劳动率五个方面。[②] 法国著名经济学家让·富拉斯蒂埃（Jean Fourastié）将这一时期称为"辉煌的三十年"。

二、学校教育

（一）巴黎公社的尝试

1879 年共和派真正在第三共和国执政，法国教育有了重大进展。1871 年 3 月 28 日法国建立了世界上第一个无产阶级政权——巴黎公社。巴黎公社在建立无产阶级国家机器方面进行了伟大的尝试，在废除了旧政府物质权力的工具以后，"立即着手摧毁精神压迫的工具"，主要是摧毁旧教育制度，并在此基础上建立无产阶级和人民大众的新教育制度。

公社的教育政策主要包括国民教育民主化、政教分离、普及教育等。教育委员会由瓦扬、瓦莱斯、德美和米约等公社委员组成，瓦扬任教育代表。1871 年 4 月 23 日，公社发出号召，向所有关心支持国民教育事业的进步人士征求教改方案。教育委员会下设一个专家委员会，负责研究教育改革，争取在较短的时间内迅速组织初等教育和职业教育。有些学校还成立了包括进步教师和学生家长在内的委员会，帮助新政权实行教育改革，参与新学校的建

---

① DUBY G. Histoire de la France：des origines à nos jours ［M］. Paris：PUF，2003：882-883.
② 吕一民，等. 法国教育战略研究 ［M］. 杭州：浙江教育出版社，2014：15-17.

设。公社的国民教育民主化制度得到广大人民群众的拥护和支持。

普及初等教育是公社教育的主要任务之一，也是公社教育政策的重要内容，它的目的在于赋予广大民众及其子女受教育的权利。因此，公社规定"一切学校对人民免费开放，不受教会和国家的干涉。这样，不但学校教育人人都能享受，而且科学摆脱了阶级成见和政府权力的桎梏"。1871 年 4 月 9 日颁布的《巴黎公社社员告劳动农民书》宣布，"让农民的儿子和财主的儿子一样受到同样的教育，而且是免费的教育"。4 月 28 日公社"公告"中明确规定，学生"所有学习用品，如书籍、地图、纸张等，概由学校教师分别向所属的区政府领取，然后免费分发给学生，任何教师不得以任何借口向学生收取这些学习用品的费用"。第二十区的学校还免费为贫困儿童提供衣服和食物。因为只有完全实施免费教育，才能真正解决贫苦儿童受教育的问题。

此外，提高教师社会地位和工资待遇，是公社为普及初等教育，保证教育质量所采取的重要措施。1871 年 5 月 21 日，公社决定，小学教师年薪不低于 2 000 法郎。

巴黎公社存在的时间极为短暂，公社委员中大多对文化教育工作不甚熟悉。尽管如此，公社在教育方面制定的政策和采取的若干措施，仍然为无产阶级在夺取政权以后如何从事这方面的事业提供了宝贵的经验，并成为公社神圣业绩的一部分而永载史册。

（二）国民教育的建立与教育的双轨制

第二帝国被推翻后，宣告共和。1879 年到 1898 年，作为资产阶级自由派代表，掌权的温和共和派在政治上倾向于自由主义和 18 世纪的启蒙思想，视大革命以来的社会变化为历史的发展与进步，反对教会特权，主张改革和发展教育，为资产阶级培养接班人。于勒·费里正是这一时期温和派中有代表性的人物。

费里两次出任内阁总理，三次担任教育部部长，影响颇大。他主持制定的《费里法》，确立了教育"免费""义务"和"世俗化"三项原则，成为法国现代国民教育的基本方针。费里曾经指出："一旦所有法国青年都在免费、义务、世俗化这 3 项（教育）原则下成长起来，我们便不再担心复辟，因为我们有了自己的武装……"这就清楚地表达了费里教育改革的基本思想和核心内容。费里在任期间，首先改组了教育领导机构，由国家掌握教育大权。他提出改组中央和地方教育领导机构的计划，建议取消教会在这些机构中的席位，改变高级委员会的职能。尽管遭到教会和议会中保守势力的极力反对，计划最终仍得以通过，并于 1880 年 2 月 17 日以法令形式颁布。改组后的国家公共教育最高委员会由 60 名世俗教育人士组成，取消了教会代表，地方教育委员会由学区长领导，世俗教师代表占据主导地位。

随后，费里开始制订初等教育改革计划，实施免费教育，强调社会平等的原则和对所有人进行最低程度教育的必要性。这一改革计划在 1881 年 6 月 16 日由议会通过。该计划第 1 条规定"公立学校，不再收取学费"，免费教育为普及初等教育创造了条件，促进了学校教育的世俗化。接着，费里准备关于实施义务和世俗化教育的法律草案。所谓义务教育，是指"所有 6—13 岁的男女儿童都必须接受初等教育。这种教育可以在公立学校、私立学校或家中完成；但是，家庭教育的有效性及效果应受到检查"。对于那些擅自不送孩子入学，也不在家里对儿童进行教育的家庭，被视为违法，将按"违警罪处罚，直至坐牢 9 日"。总之，这种教育以国家法律为保证，对公民具有强制性。

教育世俗化是费里教育改革的又一个关键。据统计，到费里改革前的 1879 年，法国全国小学教师中，教士人数有将近一半。为了取消教会把持学校的特权，消除其对教育的影响，政府下令取消法定宗教节日，撤掉医院里的十字架，改宗教葬礼为世俗葬礼，把所有的学校都办成无上帝、无神甫、无基督教教理的"三无"世俗学校，将学校原来的"道德与宗教教育"改为"道德与公民教育"。1882 年 3 月 28 日法令的颁布，正式决定宗教教育不再属于初等义务教育。

法国教育的双轨制也定型于法兰西第三共和国成立之后。于勒·费里的改革只是进一步加强了单独的初等教育学校体制。进入 20 世纪之后，虽然学校教育的两个轨道依然无法相通，但各自都获得了一定程度的发展。到 1920 年，法国已有公立初等学校 3 579 所，但在学人数占小学生总数的 80%；私立初等学校虽有 2 960 所，在学人数却只占小学生总数的 20%。法国中等教育在这一时期也取得了明显的进步，但其阶级性质并没有改变。由幼儿学校到初

级小学再到高级小学或学徒手工学校，这是为劳动人民子女铺设的一轨，它
与为资产阶级或其他上层阶级子女设立的另一轨学校（由家庭教育或中学预
备班到中学再到大学或高等专科学校）是平行的。① 简单来说，在当时的法国
社会，一般中下阶层的人民只享有接受所谓的"初等教育"的权利，而当时
所谓的"中等教育"的受教权则只留给中上阶层的学生。因此学者汉斯（N.
Hans）评价这一现象为"两个法国"。②

到了 20 世纪初，法国的教育实现了初步的现代化：教会势力从公立教育
中被彻底清除，初等教育趋向统一并与中等教育有机衔接；义务教育期限延
长到 14 岁；小学 5 年、初中 4 年、高中 3 年的学制逐步确立；正规的职业技
术教育出现并且不断曲折发展；大学的学制不断延长并趋于统一。

总体上，第三共和国继承并稳固了教师教育的基本模型。19 世纪以来，
小学人数呈现阶段式上升的态势。1829 年，法国仅有 1 357 934 名适龄儿童接
受初等教育；1833 年，人数为 1 654 828 人；1840 年，人数为 2 896 934 人，
但到了 1866 年和 1872 年，这一人数骤然升至 4 515 967 人和 4 722 754 人。③
同时，1880 年至 1881 年间，在除阿尔及利亚以外的法国，初级小学及高级小
学在校人数升至 5 049 363 人，到 1886 年至 1887 年间，这一人数继续上升至
5 596 919 人。至此，法国小学人数开始稳定下来。1938—1939 年之间，小学
人数为 5 421 794 人。至此，第三共和国在法国成功普及了基础教育，完成了
一项非常重大的工作。首先，第三共和国把男子师范学校的培养模式推广至
女子师范学校，强制要求各省成立一所女子师范学校。其次，第三共和国丰
富了师范学校的教学大纲，本着汇总一切知识和自主判断的精神，以"世俗
宗教"的名义把教理课和天主教宗教课清理出课堂。从这一层面来看，师范
学校成了真正意义上的世俗的爱国讲堂，传播的是建立在意志教育基础之上
的自然品德观。最后，第三共和国建立了为师范学校培养教师的高级师范学

① 王长纯，等. 教师教育思想史研究：上、下册 [M]. 长春：东北师范大学出版社，2016：343.

② HANS N. Comparative Education：A Study of Educational Faactors and Traditions [M].
London：Routledge & Kegan，1949：291.

③ BRIAND J P, CHAPOULLE J M , HUGUET F, LUC J N, PROST A. L'enseignement primaire
et ses extensions：Annuaire statistique，19è–20è siècles [M]. Paris：Économica–INRP–SHE，1987：115.

校。至此，合法的师范教育模式稳定下来。

（三）教育民主化思想的显现

19 世纪末至 20 世纪初，随着工人阶级反对资产阶级斗争的高涨，法国的社会主义和工人运动迅速发展。第二次工业革命加快了科学进步的步伐，促使着人们思想观念的改变，"现代化""民主化"思潮已成为社会上一股不可忽视的力量。而 1884 年工会组织的合法化、1902 年社会主义政党的形成、1905 年政教分离等改革，也为教育民主化提供了社会土壤。例如，1887 年，法国出现了最早的教师工会组织。1906 年，全法教育工会联盟召开了第一次代表大会。第一次世界大战结束后，在工会运动的影响下，一批进步人士和教师发起组织了"新大学同伴会（Compagnons del'universite nouvelle）"。同伴会提出，法国要在 20 世纪的学校公正与社会公正之间建立起普遍的联系，使所有适龄儿童都享有接受免费义务教育的权利。为此，同伴会提出开办招收 6—14 岁儿童的"统一学校"（Ecole unique）的主张。统一学校是将初等教育和中等教育前期连接起来，对所有儿童实施相同的教育，依据他们各自的能力确定适合个人的方向。

教育双轨制显然背离了教育民主化的潮流，因此，自 20 世纪二三十年代开始，双轨制作为社会不平等的一个重要表现形式成为法国教育改革的重点。"新大学同伴会"就主张建立"统一学校"，以实现教育的民主化。他们批评法国社会把"人一出生就分为两个阶级，通过不同的教育而永远固定之，这是违背良知、违反正义、违背国家利益的"。尽管教育公平的理念在这一时期开始萌发，但因广大民众基本物质生活得不到保证，他们的子女仍无法上学，有的虽勉强上学，也往往中途辍学；而且由于保守势力的反对，资产阶级也不愿意看到他们的子女与普通民众的子女"站在同一起跑线上"。因此，真正的"社会公正"远未企及。

教育民主化还体现在发展特殊教育和女子教育方面。1882 年《费里法》规定要采取适当的方式对残疾儿童进行特殊教育，但未能涉及发育迟缓儿童的教育。1905 年，里昂率先开办了特殊教育班，帮助发育迟缓的儿童和学习后进生。1909 年，国家用法律形式将特殊教育确定下来。

从第一次世界大战结束到 20 世纪 30 年代，受到战争影响的法国政府虽然提出了一些教育政策，但在促进教育民主化方面的改革一直处于低潮。如1923 年极力恢复中学的古典教育，而人们最关心的却是重建中学的现代教育。1936 年，时任教育部部长让·载提出了一些改革计划，包括初等教育和中等教育的衔接，中等教育的学业阶段划分和学科类型，等等。总的来说，让·载的教育改革具有积极意义，也取得了一定的成果。可惜，由于第二次世界大战的爆发，改革未能继续下去。在德国占领时期，1940 年开始执政的维希政府在政治上倒退，垄断资本、教会和各种极右势力纷纷抬头，给法国人民带来了灾难。政府首脑贝当公然宣称："在政府履行的义务中，国民教育的改革不具有重要性。"① 因此，1882 年的《费里法》被迫终止，"统一学校"未能继续，中学的科学课程也被取消。

第二次世界大战后，教育民主化得到进一步深化。特别是到了 20 世纪 60 年代，这一思想扩展到学业成功的机会平等。后来，法国政府将教育民主化作为推动教育改革和发展的重要目标，即民众随着受教育机会（特别是高等教育）的大幅增加，能够广泛地获取学校知识，进而减弱学生社会出身与其学历之间的必然联系。

第二节

师范教育体系形成时期的教师教育

一、第三共和国的教师教育

第三共和国建立时，小学教帅教育体系已经基本趋于完善，在男子师范教育方面，国家已经形成了相对完整的师范教育体系。第三共和国继承了法国教师培养的传统形式，但革新了教师教育的理念，不再以培养忠实的教徒为目的，而是致力于培养合格的共和国公民。1876 年，共和党人上台，教师教育改革正式拉开帷幕。此时法国的师范学校，对上符合资产阶级的标准，

---

① 邢克超. 战后法国教育研究 [M]. 南昌：江西教育出版社，1993：53.

是其教育国民的工具；对下符合下层人士的利益，是他们改换门庭得以迁升的重要途径。师范学校与社会环境相对协调，很多人认为这是它发展的黄金时代。此后，师范学校在教学安排上又有了一些调整，并且严格了招生制度，只招收初中毕业以上学历的学生；在教学上新开了一些课程，特别是社会学和儿童心理学，丰富了职业理论教育的内容。[①] 这一时期主要的教师教育改革如下。

第一，通过《贝特法案》，大力发展女子教师教育。1879 年 8 月 9 日，法国通过《贝特法案》（*Loi Paul Bert*），决定在全国范围内建立女子师范学校，并要求各省在四年之内，各建一所男女师范学校。

第二，全力发展世俗师范教育，推动教师教育去宗教化。1881 年 7 月 29 日，法国通过《共和国师范学校改革令》，详细规定了师范学校的课程大纲，限定了师范生的学习内容。1882 年 3 月，法国通过《费里法》补充法，明确了教育的非宗教原则和义务原则。1886 年 10 月 30 日，《戈布莱法》（*La loi Goblet*）要求世俗化所有公立教育机构职工。

有这样一种说法：世俗师范教育并不是共和国的杰作，而是 19 世纪社会变革的产物。[②] 但第三共和国出台的一系列教育改革政策确实加快了教育世俗化的进程。回望历史，除了短暂的第一共和国师范学校外，所有师范学校都以基督教教义为立校之基。1833 年《基佐法案》曾把宗教教育列为教育的重中之重，其他各届政府也沿用了这一原则。1879 年的改革结束了这一切。"在教会支持下的帝国制度依然对新生的共和国虎视眈眈，况且，民主制度与大众教育是共和党人的夙愿。因此，通过教育改革来保障共和国迫在眉睫。"[③]与此同时，共和党人真诚地希望确立教育在实现个人解放和人类进步中的主体地位，渴望通过教育进一步确立"任人唯贤、量才录用"的共和国人事制度，破除崇拜和偏见，彰显理性，发扬批判精神，把人从宿命中解放出来，锻造清楚自身权利与义务、自觉的共和国公民。

---

① 邢克超. 战后法国教育研究 [M]. 南昌：江西教育出版社，1993：298.

② PROST A. Histoire de l'enseignement en France de 1800 à 1967 [M]. Paris：Armand Colin，1968：191.

③ OZOUF M. L'École, l'Église et la République (1871-1914) [M]. Paris：Seuil，2001：55.

　　从这一刻起，教育从教会中彻底解脱出来，成为公共服务领域中重要的一环。1880 年 2 月 27 日法令规定，高级委员会脱离教育部。1880 年 3 月 18 日法令进而禁止自由学院使用大学名称，同时取消了 1875 年 7 月 27 日法令组建的混合评审委员会。1880 年 12 月 21 日，《卡米尔法案》（*La loi Camille Sée*）建立了真正意义上的女子中等教育，希望借此消减教会对女子中等教育的影响。1880 年 2 月至 3 月，议会针对教育改革法的第七条进行了激烈的论战。该条法律明确要求，除国家承认的五大宗教团体外（耶稣会、圣母会、多明我会均不在列），任何加入其他宗教组织的个人或集体都不得参与公共教育或者自由教育。1880 年 3 月，参议会否决了该条法律，但共和党人通过 1880 年 3 月 29 日及 30 日法令，依然落实执行了该法律的核心内容：限令耶稣会在三个月之内解散，六个月之内关闭所有相关教育机构；其他宗教教育机构须向国家申请教育许可。

　　第三，全力发展高级师范教育，为师范学校培养教师。为了培养师范学校的教师和校长，共和党人分别创立了圣·克劳德男子高级师范学校（École normale supérieure de Saint-Cloud）（《1882 年 12 月 30 日法令》）和丰特奈-玫瑰女子高级师范学校（L'École normale supérieure de Fontenay-aux-Roses）（《1880 年 7 月 13 日法令》）。

　　第四，重组初等教育和中等教育，探寻新的教师教育培养模式。统一学校的发展也对教师培养提出了新的课题，倘若大众同有钱阶层接受一样的教育，那么师范学校就失去了存在的意义，或者至少师范生不应继续接受某种特殊的教育。师范生也应当接受高中教育，或者从高级小学毕业后参加所需的实践教育即可。师范学校也可以就此转变为专门的职业培训学院。在这方面，政府也做出了试探性的尝试。

　　从 1810 年第一所师范学校——斯特拉斯堡师范学校成立至 1939 年，师范学校在法国一步步落地生根。一直以来，师范学校都在批判声中不断变革，为成千上万的法国儿童提供师范生的招生和培训。同时，这一百多年来，师范学校一直以一种"重生"① 的方式培养锻造着教师灵魂，希望培养符合社会政治行为要求的合格教师。无论是在复辟王朝还是在自由君主制下，在师范学校成长起来的小学教师都应当清楚地明白自身所肩负着的崇高的社会使命和自我渺小的社会地位，唯其如此，小学教师才可成功融入自己供职的市镇。从这一点来看，1876—1879 年间，法国虽然并没有显著改善小学教师的社会地位，但彻底改变了他们的精神世界。接受了世俗化教育的教师是自然道德的传播者，也是自然道德的化身，他们通过教育把共和理念传递给未来的公民。在教师教育这件事情上，教育与培养、理论与实践，永远是人们争执不下却又没有定论的话题。

二、第二次世界大战后的教师教育

两次世界大战破坏了来之不易的安定与社会经济的短暂繁荣，同时使法国教育受到一定的冲击。战后，法国人口激增，义务教育年限延长、科技革命的到来以及教育民主化思潮的影响，使得教师教育能够在国家重建中继续发展。经过多次改革，初等教育的师资培养程度逐渐向中学后教育提升，甚至开始向高等教育水平迈进。

（一）小学教师的培养

维希政府上台后，开始通过立法压制 1879 年以来建立起来的师范学校，认为这些师范学校是激进主义和世俗主义的堡垒。不过这为法国第二次世界大战后改革培训各级各类学校师资的师范教育制度提供了机会。1945 年对小学师资培训体制进行的改组，是建立在这样两个原则基础上的：首先，虽然1905 年和 1920 年曾对当时流行的小学师资培训标准略加修改，但这些标准应该予以提高；其次，未来的小学教师，除了应受过良好的专业训练之外，还应该是一个有教养的人。旧制度的缺点是使打算成为小学教师的人所受的全部教育局限于初等教育范围之内：一个人在小学毕业后进高级小学受教育，假如他能通过竞争性的入学考试，便可以进入师范学校求学。但授课的教员

---

① LAPRÉVOTE G. Splendeurs et misères de la formation des maîtres：Les écoles normales primaires en France（1789-1979）［M］. Lyon：Presses universitaires，1984：34.

虽有才能、富有经验并受过高级培训，但他们和学生均来自相同的社会阶层，有着相同的读书经历。结果，初等学校的教师就变成了这种教育制度产物的贬义词。保罗·拉皮埃曾于 1920 年试图提高小学师资培训水平，但总的说来，课程的修改并没有导致原来制度的改变。因此，在很长一段时间内，初等学校教师的领导人要求对小学师资培训进行根本性的变革，要求完成中等教育后再接受教育专业培训。

1946 年 6 月 7 日，法国教育部部长发布决定，对师范学校进行改革，具体内容包括：每学年末，以省为单位组织师范学校一年级和三年级的入学竞试，前者招收初中毕业生，经过两年的普通教育学习后参加高中毕业会考（baccalauréat），然后进行两年的职业准备，是为"2+2"模式；后者招收高中毕业生，直接接受两年的职业培训。由于"2+2"模式在学制安排上的不合理，实际实行中被改为"3+1"模式，即用三年时间完成普通教育，通过毕业会考，把职业培训压缩为一年。此次改革使师范学校开始招收高中毕业生，有助于初等教育师资质量的提高。[①]

1969 年，法国对师范学校又进行了重大改革，包括招收高中毕业生，进行两年的职业培训。这一改革反映出师范学校提供的课程已经高于高中水平，师范学校开始由中等教育机构升格为专科层次的高等教育机构。但也应该看到，这一改革只是将师范学校提高到高等教育水平，其办学模式并未发生本质变化。

（二）中学教师的培养

第二次世界大战结束后，法国的教育民主化思想集中体现在以追求受教育机会平等为核心的"郎之万-瓦隆"计划（1947 年）中。"郎之万-瓦隆"计划建议沿着下述方向改革师资培训制度：义务教育延长到 18 岁；大学前教育；大学教育；教育专业培训。该计划倡导法国建立单轨制的中等教育制度，取消小学和中学教育的传统界限，唯一的区别应该是划分共同学科的教师（学生对象为所有 6—11 岁的学生和部分 11—15 岁的学生）；同时，将初等教育与高等教育衔接起来，成为统整的学校制度。于是，1959 年的教育改革除

---

① 王长纯，等. 教师教育思想史研究：上、下册 [M]. 长春：东北师范大学出版社，2016：347.

了建立学生的观察期（11—13 岁两年期间全民化的共同课程）外，开始创设综合中学。1963 年将其更名为中等教育中学，即初级中学。

为了适应中等教育中学，法国在教师教育方面也采取了改革行动，于 1957 年开始在大学开办中等教育师资培育所（les instituts de préparation à l'enseignement secondaire，IPES），这一过渡性的初中教师初级培训机构只招收高中毕业生，让他们在大学学习一学年教育专业课程。到 20 世纪 60 年代后期，法国各大学也开始设立教育学系（unité de formation et de recherche，UFR）以培养中学教师，过渡性的 IPES 由此退出历史舞台。

在不同类型的教师中，会考教师和证书教师是法国中学教师的骨干，由大学等高等教育机构培养，国家通过不同级别和类型的竞试，按预算批准的名额录用。长期以来，这些人员中只有少数人受过较为系统的教育培训，绝大多数人基本没有甚至完全没有受过教育培训。这种不经教育培训便走马上任的做法遭到社会的批评。在长期争论之后，法国教育部于 1952 年决定，每个学区设立一个地区教育中心，负责未来中学教师的教育培训。通过了中等教育教学能力证书或技术教育教学能力证书竞试的理论部分者即为实习教师，可进入地区教育中心接受一年的培训，再通过证书竞试的第二部分——实践考试，才能得到证书并分配工作。这一规定于 20 世纪 60 年代扩大到会考教师，他们虽然通过竞试后即获得资格，但必须到中心接受一年的师范培训。教育部规定地区教育中心的基本任务是帮助未来的教师明确教育目的和计划，熟悉教学内容和方法，掌握现代教育技术，认识教育对象，了解教育系统及其运作，熟悉教育的外部环境并学会与之接触。培训分集中研讨和实习两部分。研讨的内容涉及教育课程和专业课程两个方面。教育课程包括教育哲学、教育史、教育流派、教育学、心理学、教育结构与体制、教育技术、教学方法等；专业课程除研讨有关理论和知识外，特别注重方法论。实习也是接受培训一年的主要内容，分 1 或 2 人一组进行。一种称"情境实习"，即通过观察和参加部分工作，了解不同类型的学校、教师、学生和方法，平均每周 6 课时，共约 14 周，分 2—3 次完成；另一种称"责任实习"，是全面负责一个班级的工作，每周 4—6 课时；第三种为技术专业教师安排的企业实习，6—12 周不等。实习由有经验的在职教师指导。

在法国，中学教师的培养一开始就是在大学中培养的，并且非常注重发展未来教师的学术能力，但对于教育专业知识的传授则较为忽视。这种安排有其认识上的基础。在教师教育史上，有关学术性与师范性的争论长期存在。学术性强调的是一名优秀的教师必须具备深厚的学科素养，师范性强调的是一名优秀的教师必须掌握高超的教学技能，在培养时间既定的情况下，二者存在着此消彼长的关系。在相当长的历史时间里，支配法国教师教育的一个重要观念就是学术性与师范性孰轻孰重须视教师教育机构培养对象未来执教的学校类型。若执教初等学校，因其学科内容浅显，所以应重视师范性；若执教中学，因为中学的课程知识较为高深，所以应重视学术性。这就是战后法国不断增加师范学校的教育专业课程，而中学教师的培养依然以学科课程为主的原因。①

（三）教师教育机构和制度的完善

1945 年，师范学校重新开办，由于战争，大多数校舍条件很差，设备和图书不是被侵略者毁坏就是被侵略者洗劫。在改造师范教育体制中，传统教育行政制度的特点被保留下来。每县要求设两所师范学校，一所男师，一所女师。各县负责提供校舍及寄宿条件。所有师范学校都是寄宿学校，也招收部分走读生。国民教育部负责支付教员的薪金，制定一般课程计划和授课时间表并监督考试的进行。每所师范学校的领导机构，除了学区长和督学以外，还包括两名县议会议员和四名学区长任命的成员（包括师范学校的校长）。该领导机构只负责行政管理的外部事务，不过问诸如有关教员、课程和授课时间表等方面的内部事宜。学校的教职员包括一位校长、一位财务人员和若干名教师。每位校长和教师必须持有师范院校颁发的教师资格证书。校长至少要在 35 岁以上，并须有一张师范学校的证明（小学督学或校长职务的证书）。此外，还要有两年担任代理校长的经验。师范学校的规模各不相同，有些学校少到只有 30 名学生，有些学校则有 60—90 名学生不等。担任现代语言、音乐和艺术的专科教师可同时在本地区内的几所学校任教。自 1946 年以来，

---

① 王长纯，等. 教师教育思想史研究：上、下册 [M]. 长春：东北师范大学出版社，2016：348–349.

由于师范学校的标准已经提高，那些有资格去中学任教的教师也就有了资格去师范学校任教；这些资格除了指上面提到过的教育证书以外，还包括国立中学高年级教师资格证书。

进入师范学校必须通过一次竞争性考试，而不是通过资格考试来决定。学区长和县议会每年决定下一个四年该县所需要补充的教师人数，以填补由于教师死亡或退休所空下来的缺额，或由于目前小学生注册人数猛增而要求增加的教师人数。这种计划所需的教师人数要上报给教育部，由教育部决定该县各师范学校应招收的男女生人数。国家财政预算也必须把未来的有关费用考虑在内，因为教育部负担师范生头三年的学费和膳宿费以及第四年的薪水。

师范学校每年招收三种学生：（1）未能受完中等教育并将读四年师范的学生，他们占绝大多数；（2）已经获得会考文凭（业士文凭），即那些已受完中等教育的学生，他们将在师范学校修读两年教育专业课程；（3）代替患病或休假的教师上课的代课教师，他们只具备暂时从事教育工作所需的最低条件。这些学生被准予就读教育专业课程。学生参加正规师范生竞争性考试的条件：法国人；年龄在15—17岁之间；持有证明已经顺利受完四年中等教育的证书；呈交一份三人医生小组（其中一位是肺病专科医生）检查合格的健康证明；递交一份保证当十年教师的公证书或偿还政府在其上学期间所花的费用。另外，对考生的品性和经历也要进行了解。

学生的日常生活要遵守规章制度：每日5小时用于个人卫生、用膳、文娱活动、运动比赛、家务以及体育，5小时用于个人的学习、阅读、家庭作业和教学实习，8小时睡眠和4小时上课——不包括唱歌、绘画、手工和体育锻炼。然而，保罗·拉皮埃于1920年开始提倡学生更大程度地发挥独立性和主动性。学生被唯一禁止的是不得参加或组织政治性协会或团体。不过，学生可以参加专业性组织和工会组织并可接受这些组织出版的刊物。

师范教育的教学大纲与中学相比，在绘画、音乐、手工、园艺等课程方面有所不同，第二和第三学年在附属中小学所上的教学实习和心理学课程是必修课而不是选修课。实验科学组是为未来的小学教师设立的，但是那些有才能的学生也可进哲学—人文学科组或数学组学习。完成学习后，他们可参加圣·克劳德男子高级师范学校和丰特奈-玫瑰女子高级师范学校的竞争性入学考试。师范生两年的普通教育包括法语、一门现代外语、历史、地理、数学、物理、自然科学、体育锻炼和上面讲过的一些其他学科。通过第一部分业士文凭课程考试的学生可获得第三学年的学习机会，并准备攻读第二部分的实验科学课程，并须另加哲学和古典文学，但免修法语。第四学年专攻包括理论与实践两方面的教育专业课程，其中理论课程包括儿童和教育心理学、社会学、教育原理、初等教育原理、教育史和教育思想流派、职业伦理学和学校法规、小学学科评论等。学校还开设一门课外和校外活动培训课程，引导学生理解联谊会和合作社、青年招待所、文化中心、工人教育和假日野营等活动。学生还要到由学区督学选定的经过特别挑选的教师讲课的班级中去听课。每学期要求学生担任一个月的教学实习，或各学期实习总数为 12 周。实习学校的校长和实习班级的教师都要给实习生的实习评分。

学业结束时举行结业考试，主考委员会由学区督学、师范学校的校长和教师、一至数名小学督学和包括两名小学校长在内的小学教师组成。笔试包括两篇论述教育原理和初等教育的文章，口试问及职业伦理学、学校法规、教育史和儿童学，此外，还问及学生个人四年的学习和活动情况。考试合格并获得师范学校毕业证书的学生有资格在师范学校所在县的学校中担任见习教员，试用期为 3 个月，试用期满进行一次转正教员的实际教学考试，主考人是一名小学督学、一名小学校长和一名有经验的小学教师。考试内容为在小学的一个班级里讲三节课，其中包括体育课和唱歌课，然后回答小学管理方面的问题。考试及格者发给"教学能力证书"，使其获得常任教师资格。

对法国而言，师范学校的高等教育化主要有两个原因：其一，师范学校在培养初等教育师资方面存在着学科程度低下、专业知识面狭窄的弱点。随着普及义务教育任务的完成，对师资的要求从数量扩张转向质量提升，提高培养层次是作为提升师资质量的一个重要方面来进行的。其二，将中小学教师的工资与接受教育的程度挂钩的制度激发了小学教师接受高等教育的热情。

第三节
教育家的教师教育思想

一、费里的教师教育思想

于勒·费里（Jules Ferry，1832—1893），先后担任法国教育部部长和外交部部长。他任内以推行政教分离、殖民扩张、免费世俗教育而闻名。在教师教育上，于勒·费里奉行"没有师范学校就没有公共教育"的理念，而且非常重视女教师的培养，同保尔·贝特一起，在法国建立起了女子师范教育体系。另外，著名的《费里法》在提出免费、义务、世俗的教育原则时，对师范学校的教师培养提出了更明确的要求。

（一）发展女子师范教育

1875 年，法国小学共计拥有 250 万男学生、235 万女学生，其中有 135 万学生就读于教会学校，与此同时，法国小学共计拥有 45 000 名男教师、25 000 名女教师。女性受教育水平更低、入学率更低，女性教育依然掌握在教会手中的现状引起了第三共和国的注意。当然，除了出于平衡性别教育水平的考虑，第三共和国还希望把共和国未来的妻子和母亲们变成传播民主价值观的使者。这便是 1870 年 4 月 10 日于勒·费里在莫里哀大厅演讲的核心思想。"今天，一场有力的战斗正在悄无声息地进行着。这是一场同旧制度的战斗，一场同大革命前的社会的战斗。并且，在这场战斗中，女性不能保持中立。主教们非常清楚：谁拥有了女性，谁就拥有了一切。女性首先拥有着孩子，又驾驭着丈夫。正是因为这样，教会才要掌控女性，也正是因为如此，民主国家才要从他们手中夺回女性。女性只能属于科学或者属于教会。"[1]

---

[1] RUDELLE O. Jules Ferry：La république des citoyens [M]. Paris：Imprimerie nationale，1996：60-75.

1879 年 8 月 1 日于勒·费里在参议院的演讲

*女子师范学校存在的必要性*①

从教学的角度来看，建立女子师范学校的必要性在于：

首先，女子师范学校学生追求一个共同的目标：她们都将成为教师。除了成为受人尊敬的有文化的教师外，她们没有别的想法。在这里，她们不会像在把师范课程作为附属课程的寄宿学校一样，被孤立、被轻视，也不会同忙于梳洗打扮的女生混杂在一起。

第二，对于女教师而言，管理良好的女子师范学校更像是一个凝聚人心的场所。对于普通女教师而言，孤立和缺乏领导的处境是导致软弱和失望的主要原因。

第三，现存的师范课程无法帮助女学生获得高级小学教师文凭。

第四，现存的师范课程几乎无一例外缺乏对学生教育学的训练。建立女子师范学校将有助于提高学生的知识水平和高级教师文凭的含金量，帮助优秀的女教师成为助教。师范课程培养的是优秀的教师个体，但师范学校将培养的是整个教师群体。（掌声）

是的，先生们，这便是问题的关键，是我请求大家认真记住的事情，我们要培养的是一个教师群体。如果当初我们止步于男子师范课程，止步于退而求其次，从自由教育的队伍中招选师范生，我们还能像现在一样拥有这样一批教师群体吗？你们愿不愿意也拥有一个女教师群体呢？如果你们不愿意，如果你们想让教会继续掌握三分之二女性的教育，继续让教会独占女性教育的话，那就打压女子师范学校吧。但是我相信，在座的大部分人都希望完善法国的教育体系，都会毫不犹豫地支持建立女子师范学校。（左派欢呼）只有女子师范学校才能创造女教师群体，才能团结女教师，才能用统一的教育学指导女教师。只有承认女教师这份职业，女教师才会获得真正的自信。

把女子师范学校建在整个法国大地上，就意味着在法国上下全面推动女子教育，否则女子教育将困顿不前。如果在座的各位还像以前一样的话，也

---

① CHEVALIER P, ROSPERRIN B. L'enseignement français de la Révolution à nos jours ［M］. Paris：Mouton，1971：303-304.

许，发生在帝国时期的事情还会再次降临某位自由派部长身上。我们的前辈，迪律伊①部长曾经也想过有一天推动女子教育，只是他的这个想法被当场制止。人们和他说：您没有权力干涉女子教育，女子教育是属于我们的！先生们，我现在说，女子教育和任何其他教育一样，都是属于国家的，都是国家的领地。

（二）支持世俗师范教育

1881年6月16日，国家出台相关法律，宣布在全国推行免费小学教育。1882年3月28日，国家再次出台法律，强调接受小学教育是公民的基本义务，并全力推动小学教育的世俗化。该法律对师范教育有着直接的影响。1886年10月30日《戈布莱法案》要求世俗化所有公立教育机构人员。② 正如莫纳·欧佐夫（Mona Ozouf）所指出的那样，"比起免费教育和义务教育来说，世俗教育才真正引发了最激烈的讨论"③。1882年10月2日开学季，《宇宙报》（L'Univers）报道了天主教对开学的抵制：

在世俗学校里，十字架和圣母玛利亚的挂画被摘掉了，刻在墙上的圣句、格言以及基督教道理也被清除了。教师们的开场白不再提到主的名字，对《人权宣言》的评论和对共和政体的赞美代替了教理和圣徒历史。以理智之名，以常识之名，以宗教之名，以国家之名，必须要诅咒这不祥改革的一天。天主教徒们，是时候联合起来行动了。④

面对保守派的诋毁和一触即发的学术之战，甚至还有某些共和党人的极端意见，师范学校必须拿出切实的解决方法。⑤ 1883年11月17日，于勒·费里致信小学教师，为这些争端画上了圆满的句号。

3月28日法案中最具代表性的两项法规彼此并不冲突，而是互相补充：该法案把宗教教育剥离出义务教育，并用公民品德课来取代宗教教育的位置。宗教教育属于家庭和教会的范畴，而公民品德教育是学校职责所在。因此，

---

① Victor Duruy（1811—1894），曾担任法国公共教育部部长。
② LEQUIN Y. Histoire de la laïcité［M］. Besançon：CRDP de Franche-Comté，1994：400.
③ LEQUIN Y. Histoire de la laïcité［M］. Besançon：CRDP de Franche-Comté，1994：73.
④ LEQUIN Y. Histoire de la laïcité［M］. Besançon：CRDP de Franche-Comté，1994：78-79.
⑤ PROST A. Histoire de l'enseignement en France de 1800 à 1967［M］. Paris：Armand Colin，1968：194-202.

立法者并没有完全否定宗教教育，立法者想要实现的是把学校从教会中分离出来，确保教师和学生的信仰自由，把长久以来混为一谈的两个领域区分开来：属于个体的信仰自由和属于集体的必备的知识构成。3 月 28 日法案中还有另外值得注意的事情：该法案再次重申了重建教育的决心，建立一种以权利和义务概念为基础的国家教育。立法者认为，这些是每个人都无法忽视的基本概念。①

公民品德教育课的内容主要是建立在普世价值观之上的代代相传的优良品质：爱国、孝顺以及尊重个人财产。它的核心是意愿教育、秩序及服从教育，目的在于培养勤俭、诚实和遵纪守法的年轻法国人。② 当然，教师在讲授公民品德课时，应当以身作则，不能有任何逾矩之举。

二、费尔迪南的教师教育思想

费尔迪南·比松（Ferdinand Buisson，1841—1932），法国教育官员、新教牧师、和平主义和社会主义政治家。他对教师教育的贡献主要在于全力推动教师教育世俗化进程，使教师教育彻底脱离了宗教的束缚。

从 1881 年起，教育部部长于勒·费里开始在全国推行免费义务教育（1881 年 6 月 16 日）并着手推进基础教育的世俗化（1882 年 3 月 28 日）。初等教育的目的不仅在于教授基础知识，还在于培养合格的共和国小公民。小公民们要了解自己的权利，也要明确自己的义务，同时逐渐培养起自己的法律意识。基础教育的改革必然引起师范学校的改革。在这样的背景下，师范学校演变成为著名的"世俗讲堂"，培养出了一批批致力于传播共和国价值观、全力维护国家统一的"黑骑兵"。基础教育部主席费尔迪南·比松、巴黎学院副学监奥克达维·歌瑞尔（Octave Gréard）、教育监察官菲利克斯·佩高（Félix Pécaut）和埃米尔·雅库勒（Émile Jacoulet）等人是这一运动中的核心

---

① WIEVIORKA O, PROCHASSON C. La France du XXè siècle, Documents d'histoire [M]. Paris：Seuil, 1994：60-63.

② OZOUF M. L'École, l'Église et la République（1871-1914）　[M]. Paris：Seuil, 2001：55, 103-123.

人物。①

在师范学校的第一学年和第二学年，师范生每周要修习 2 个学时的公民品德课。该课程大纲由费尔迪南·比松主编，参编者还有哲学家玛侬（Marion）和热奈特（Janet）。1881 年 7 月 29 日法令颁发后，师范学校曾经的支柱课程宗教课还出现在很多师范学校的教学大纲中，1883 年之后彻底脱离了师范学校教学大纲。不过，在是否让学生接受宗教教育以及参与宗教活动的问题上，学校依然要充分征求学生父亲的意见。（法律 31 条）1882 年 3 月 28 日法令要求世俗化师范学校课程内容，1883 年 1 月 9 日法令取消了师范学校牧师职务的设置。从此，宗教教育彻底脱离了师范教育，并强调学生可以在校外自由进行自己的宗教信仰活动。

各校校长担任公民品德课教师。正是这份"世俗的信仰"让教师们逐渐摆脱了宗教以及来自原生家庭的宗教影响。②"教师们拥有一份单纯的信仰，一份建立在一些基础事实上的信仰。这便是世俗的信仰。世俗的信仰是一种世俗化了的信仰，它是由一批非常团结的自由基督徒建立起来的信仰。"③ 费尔迪南·比松、菲利克斯·佩高以及于乐·斯蒂格（Jules Steeg）便是缔造这份信仰的核心人物。把宗教世俗化，也就是建立一种可以被人们广泛接受的品德准则。有了这份信仰，人们便不再须要依靠教堂去信仰神、靠近神。1879 年至 1896 年间，基础教育部负责人费尔迪南·比松是《费里法》和古伯勒（Goblet）法案的坚定执行者。④ "神"的观念越是根深蒂固，教师们对教会及其"神奇"基础的抨击就越猛烈。世俗的信仰是一种类似卢梭在《爱弥儿》中曾提到的萨瓦代理人的宗教，它强调义务和品德原则的重要性，相信通过意志教育和广泛的知识教育可以推动人类的进步。因此，教师们传授的品德原则是具体且非常"规范的"，主要围绕建构社会的基本价值观、彰显共和国和法国精神的原则来展开。

---

① GRANDIÈRE M. La formation des maîtres en France（1792-1914）［M］. Lyon：INRP, 2006：131.

② OZOUF J, OZOUF M. La République des instituteurs［M］. Paris：Seuil, 2001：217-291.

③ PROST A. Histoire de l'enseignement en France de 1800 à 1967［M］. Paris：Armand Colin, 1968：384.

④ OZOUF J, OZOUF M. La République des instituteurs［M］. Paris：Seuil, 2001：384.

如奥布瓦教育历史博物馆（*Le Musée aubois d'histoire de l'Éducation*）珍藏了师范生比伯乐（E. Bibolet）的学习笔记。在比伯乐就读的特鲁瓦师范学校（Troyes），莱格诺教授承担该校一年级（1903—1904）学生的公民品德课，主要讲授心理学的基本概念。这门课程首先简单分析人类的特质（以定义的形式来讲授）、本能、感觉、情感、快乐和痛苦、需求和欲望以及社会倾向。"社会性是一种普遍的倾向。卢梭曾说，社会性不是自然属性，而是环境和偶然共同作用下的结果。然而，亚里士多德并不这样认为。社会存在的普遍性则从根本上否认了卢梭的这一观点。人类无法独自发展。"接下来，该课程会进一步分析高等理想倾向（美好、善良……），研究智慧、意识、记忆和判断。课程旨在逐步展示基于感觉管理和理性的人类特质。其中意志被认为是人类进步的动力。"人类活动有三种表现方式：本能、意志和习惯。意志从根本上创造了人。"

介绍完心理学基本知识后，教师会讲授实用教育心理学，主要关注学生的身心教育。在教育心理学中，"适度（juste milieu）"是被反复提及的一个词："吃得过多或过少都是有害的，要适度。使用任何东西都要适度。在体育锻炼方面，教师也会一方面强调卫生和运动的好处，另一方面批判不当锻炼的负面影响。只有持续的、科学的、综合的锻炼才是对身体有益的。人类通过身体管理和心理管理来接近理性。真正意义上的人在另一个地方，在一个我们称之为灵魂、精神和智慧的地方。教师须要格外注意的是，在培养学生其他能力前，最重要的是意志和性格教育。"

第二年，公民品德课主要讲授品德理论和实践。比伯乐的相关课程笔记如下。

用智者来对抗神灵

品德理论：

品德不是新科学。希腊时期，它被称作"伦理学"……品德是关于习俗的科学，研究的是应当被做的事情，是关于义务的科学。人们说：品德是意志科学，是好与善良的科学，是幸福的科学。品德不仅停留在理论上，它存在于行动中，它是科学也是艺术。

品德分为两部分：品德理论或准则以及品德实践和应用。也有人会把品德分为普遍品德和具体品德。品德理论从总体上规定品德法则的性质，品德实践把这些品德法则应用到具体的社会情境中，同时定义和区分人的具体品德义务。须要注意的是，品德理论和品德实践相辅相成，缺一不可。品德理论是关于义务的科学，品德实践是关于各项义务的科学。品德的原则源自对外界的观察，而非来自抽象的冥想……通过观察来建立品德准则，通过思考推演来应用品德准则。品德只能建立在抽象的概念之上，只有借助于经验和事实才能建构品德。

有人认为理智无法为品德提供坚实的基础，品德须要借助信仰和宗教才能成立。的确，宗教是品德的一种，但打开所有圣书之前，我们很有必要先打开自然之书。成为伦理学家并不必先成为神学家。诚然，没有神灵的帮助，脆弱的人类很难一直走在义务的康庄大道上。但世上还存有自然品德。这种品德是独立的。那些超脱了宗教的人们可以证明，这种品德可以产生和宗教品德一样好的结果。我们可以用智者来对抗神灵。和宗教一样，品德也依赖于自然法则。神正论认为，上帝是品德的立法者，违背品德法则的人会在以后的生活中受到报应。但是，世界上还可能存在一种建立在"善良"、建立在"事物秩序"之上的品德。因此，人们不必再信仰上帝。从拥有"善良的想法"到获得"善良的结果"，这便是神灵存在的意义。对人们来说，品德上的惩罚看起来有些微不足道，寄托来世似乎是必要的。"永生"便是这些品德信仰的结果。但"永生"并不是原则。品德不可动摇的根基是对善良的信仰，也就是对普世秩序和义务的信仰，或者说是对人类尊严的信仰。

从这些笔记可以看出，尽管教师在谈及宗教时非常审慎，但人类的品德逻辑已脱离了宗教信仰。品德是拥有理性的人类的义务。人类运用理性来执行绝对品德命令[1]，品德因此脱离了宗教基础。课程接下来的内容继续回到自然品德和世俗品德的不同方面，围绕责任和品德意识等概念来展开。

第二学年公民品德课的第二部分是讲授品德实践，主要围绕个体品德和社会品德来展开。在个体品德课上，教师会讲到"个体保存"的相关义务。"自杀"是一种受到严厉批评的个体行为，因为"自杀"被认为是"对自己

---

① 金炳华，等. 哲学大辞典（修订本）：上、下册 [Z]. 上海：上海辞书出版社，2001：696.

及对他人应当履行义务的逃避，对灵魂、智慧和意志的背叛"。社会品德则主要讲授教师要内化的生活原则，其中包括慈悲、公正和社会义务。在这方面，莱格诺教授坚定地反对奴隶以及死刑，要求学生践行宽容哲学，并借此批判基督教历史。"当基督徒被杀戮的时候，教会的圣师们声称要实现共同的权利，用自由来对抗异教徒们。但当教会要确认自己的权利时，他们又竖起了排斥异己的旗帜。"课程还会谈及家庭义务，并肯定婚姻是家庭的开始和原则，并以此界定夫妻双方的义务。"妻子应当服从她的丈夫。妻子不是丈夫的奴隶，不是丈夫的附属物，但是在法律顺序上，妻子应当从属于丈夫。"课程的最后会谈及公民义务。

此外，师范生的课程设置中还融入了保卫共和及祖国的理念。在当时的历史课中，第三共和国被认为已经完成了民主化进程，实现了启蒙时代以来人们一直追求的自由和理性。法国成为自由的国度、捍卫人权的国度，应当以"自由"和"人权"来通知文明世界并向外输出自己的理念。

"恋乡情结"转变为更加广泛意义上的"爱国情怀"。法国人拥有了一种特殊的身份，这种身份糅合了历史、语言、文化以及其他各种形式的共有遗产。法国人代表着法国，同时有义务为了捍卫国家的完整而牺牲个体的利益。第二学年的公民品德课以国家主权以及公民基本义务（爱国、守法、纳税、兵役、选举、义务教育、职业义务等）而结束。须要注意的是，教师在课堂上不会宣扬激进的好战思想，而是阐释各个国家间的义务，强调"人权"，认为仲裁是解决国际争端、避免战争的理想方式。以下是比伯乐同学对于国家的理解。

公民义务：

世界上有三种社会形态：第一种是以人类为主体的社会。我们已经研究过在这种社会形态下，每个人对于他人应尽的义务。第二种是我们刚刚学习过的，以家庭为主体的社会。在这二者之间还有一种中间社会，我们称之为祖国。

祖国是一种由遵循共同生活方式的人们而组成的社会形态。世界主义者认为祖国并不存在。直到现在，一些人还持有这样的观点。祖国，是我们祖辈的土地。我们为它写过美丽的诗篇。它是历代传承的疆土，是不断的共同努力。一言以蔽之，祖国是我们拥有的最神圣的存在。我们曾以种族、习俗、语言和法律来定义它。但若以法国为例，人们并不属于同一个种族（虽然在历史上这曾经是事实，但其中也有很深的差异性），人们也并非拥有同样的习俗，布列塔尼和普罗旺斯的习俗就大不相同，也不存在以宗教为标准划分的村镇。在这方面，语言虽然可以作为一个相对有效的标准，但是各个大区又保有本地区的方言。在大的原则方面，法律具有相对的一致性，但是各个地区又会根据本地区的实际情况出台相应的法规。祖国，是所有这些，又不仅仅是这些，它还包括共同的记忆（历史）、共同的情感（互爱）、共同的意愿（愿意忠于某片土地）。土地和疆域是国家的身体，情感和记忆是它的灵魂。祖国不是一种抽象的存在，它是一个有品德的人，这个人有成千上百万颗脑袋。祖国是连接我们前辈和后辈之间的纽带，它是有血有肉、有过往、有未来的生命。……

在政治术语上，祖国被称作国家。国家，便是统治者。在君主制或专制制度下，统治者是君王，其他人都是他的子民。在民主共和政体下，统治者是所有平等自由的公民，所有人都是法律的子民。然而，与公民相反的"统治者"，在实际生活中还是有一定的不同。在这种情况下，"统治者"是以公民的名义而作为的人们，也就是政府。

在特鲁瓦师范学校的第三年（1905—1906），比伯乐学习了教育学的基本概念及主要教育家的教育思想（拉伯雷、蒙田、洛克、福禄贝尔、费斯泰洛齐）。在他的笔记中，有七行关于费斯泰洛齐思想的记录，两行关于福禄贝尔思想的记录。接着，师范生将学习课堂组织、纪律管理、课前准备（练习本、作文本、教材）以及包括学校内部和学校监管的相关法律。最后，学生还会接受简单的公民教育，包括研究学习 1875 年宪法、分析权力分配以及村镇社区的行政管理。

据比伯乐整理的历史课的笔记显示，在师范学校的第一年（1903—1904），学生首先分析古代史和古代文明，接下来学习以墨洛温王朝和加洛林王朝为代表的中世纪历史，最后学习菲利普·奥古斯都以及路易九世时期所取得的进步；第二学年（1904—1905）主要学习 1328 年至 1789 年之间的历史，以法国在欧洲的专制而结束；第三学年（1905—1906）主要学习当代史，其中第一学期主要研究大革命和执政府。有关大革命的论述指出了革命的必要性，制宪派的改革成就主要围绕两个象征性的日子来展开，一是攻占巴士底狱，被认为是"奠定了自由的基础"，二是 8 月 4 日之夜，被认为是"奠定了平等的基础"。

"制宪派完成了一项庞大的工程。甚至从某种意义上来看，这项工程比制宪派的生命更长久。除宗教改革外，其他打破旧制度的社会改革全都得以保留。制宪派为我们的社会建立了秩序。虽然它创立的政治组织、行政组织和司法组织已不复存在，但人民主权以及三权分立的思想却作为现代政治的思想根基得以保存下来。同时，自 1789 年以来，行政单位的划分一直没有改变。制宪派功在千秋。因此，当我们在评判制宪派在政治及宗教上的过失时，也要牢记这一点。"

在制宪派工作的基础上，立法委员会成立了法兰西第一共和国，挽救了法国，推翻了封建王权。然而各革命派系矛盾重重，再加上反对党的压力，立法委员会被迫解散，取而代之的国民公会又成了高山派的独裁。这些历史事件在第三共和国的课本中一带而过，最后得出的结论是"国民公会拯救了共和国"。督政府和执政府被认为是不稳定的政府，成就了伟大的拿破仑时期，但最终依然走向失败。帝国的失败和大陆封锁政策紧密相关，由此引发的一系列战争耗尽了帝国的军事储备。"疲惫的法国和劳累的欧洲。觉醒的各民族国家推翻了拿破仑。"接下来，这位师范生的笔记详细记录了法俄战争，并绘制了多幅军事地图来展现军队的行进情况。之后，他又手绘了一幅法德战争的地图，最后以一幅以法国本土为战场的地图结束了这个时期的历史。1815 年至 1875 年这段历史更像是一份细致的提纲，学生要在指定的书籍和参考文献里寻求具体的知识。这位学生在笔记本上记下了这段历史的精华所在："1875 年，共和国最终的胜利。"

我们可以从中感受到一种具象的品德和激进的爱国热情。《两个孩子游法国》——有着"法国人接受品德教育和学校教育的标志"之称的法国学生必读书，便是对之最生动的诠释。[①] 这本游记讲述了两个来自洛林的小孩子游历全法国的故事。该书出版于 1877 年，并多次翻印，销量达到 800 多万册。游记讲述了 14 岁的安德鲁和 7 岁的于连——两个因为父亲意外离世而沦为孤儿的小朋友，有关他们的长途之旅。父亲在弥留之际说的最后两个字是"法国"，兄弟俩清楚他们必须要离开德占区，重新回到祖国的怀抱。就这样，他们开启了法国之行，开始了解法国的风景和经济以及法国人的生活和性格。[②] 从洛林的制奶业到克洛伊作特的锻造业，从厄比纳尔展上的画作到其他社会地理艺术作品，这本书为法国人构建了一幅全面的伟大祖国的图景。[③] 该书最后一章的标题为"我爱法国"，这无疑也是对祖国的一首颂歌。

当然，法国针对师范生和普通学生在意识形态教育上具有一致性。我们也可以看到，这一时期的教育与之前基督教下的法国教育相比，有了全新的内涵。

三、涂尔干的教师教育思想

法国社会学之父、社会学的学科奠基人之一爱弥尔·涂尔干（Émile Durkheim，1858—1917）毕生致力于教学、研究和著述工作，曾将"至少三分之一，而且通常是三分之二"的心血都倾注在教育学工作上。基于职业伦理实践，涂尔干对法国初等教育到高等教育阶段的教育问题，以及教育方法、教育理论和教育史等方面的议题都做过探讨。1887—1902 年间，涂尔干在波尔多大学一直开设教育学讲座，听众多数都是小学教师。从 1902 年开始，他在巴黎（索邦）大学担任"教育学科"的讲席教授，不仅为小学教师举办研讨会，也为高等师范学校的学生授课。这门课程是为当时参加大、中学校教师资格考试（agrégation）[④] 的全体应试者开设的教育理论专业培训课程。因

---

① TERRAL H. Les savoirs du maître：Enseigner de Guizot à Ferry［M］. Paris：L'Harmattan，1998：89.

② BRUNO G. Le tour de la France par deux enfants：devoir et patrie［M］. Paris：Belin，1978：331.

③ OZOUF J，OZOUF M. Le tour de la France par deux enfants：le petit livre rouge de la République［M］. Paris：Gallimard，1984：291-321.

④ 1766 年，巴黎大学艺学院开始设置"教师资格考试"制度。最初此项考试包括哲学、文学与文法三种，后来成为取得法国大、中学校教师资格的学衔考试。学生在大学本科毕业取得文凭后，经过一段专门时间的培养和考核，合格者才具有教师资格。

此，尽管涂尔干没有对教师教育进行专门的探讨，但他的教师教育思想与其教学实践工作密不可分。特别是根据涂尔干的授课讲义和内容整理而成的《道德教育》和《教育与社会》两部著作，提到了教师教育的必要性和教师应当具备的能力等问题。

（一）教师教育的重要性

涂尔干曾对教师的职责做出过评价。在《道德教育》一书中，他指出："教育者所能做并且应当做的一切，就是要在一个既定的时刻尽可能从良知的角度把科学交给他的所有材料都综合起来，以此作为行动的指南。谁也不能向他要更多的东西。"[①] 在涂尔干看来，教育不是一门科学，也不是一门艺术，因为艺术是由习惯、实践以及有组织的技能构成的，但教学法不是一门教学艺术，它是教育者机敏处理事务的能力，是教师的实践经验。因此，教师需要通过学习积累经验。

在涂尔干所处的年代，法国中学和大学教师的培养还没有真正形成体系。当时有一部分人认为，公立中学的教师因为有了他的身份，所以无须经过专门训练就可以通过这种特殊的反思方式进行实践。一般情况下，这种训练是法国小学教师所需要的。因为小学教师接受的文化更有限，所以很有必要激励他们去思考自己的职业，向他们解释他们为什么要使用某种方法，以便让他们对教学知识有所鉴别。但对一个从事中等教育的教师来说，他的心智将用于公立中学甚至大学中，他更需要在每个方面都被培养得非常敏锐，可以胜任所有高等学科，所以，上述所有预备性的工作都是浪费时间。他若站在学生面前，便会马上把他在所学课程中获得的反思力很自然地用到他的课堂上，即使他从没有过初等教育的经验。涂尔干对于这种观念持反对态度。在他看来，人们难以证明公立中学教师具有职业反思的天赋。因此未来的中学教师更应当接受反思能力的培养。

在引人反思的所有人类行为方式中，反思都取得了长足的发展，以致传统越来越容易适应和经得起变革了。只有反思才能使习惯避免陷入能够阻止习惯产生变化的顽固僵化的形式中；只有反思才能使各种习惯具有适应性，

---

① 爱弥尔·涂尔干. 道德教育 [M]. 陈光金，沈杰，等译. 上海：上海人民出版社，2006：5.

使它们保持必要的适应性和灵活性，进而让它们能够产生变化和发展，以适应形势和环境的多样性和变化性。相反，反思的部分越少，抗拒变迁的部分就越多。

……

这种反思对于中学教师更是必不可少的。首先，中等教育比初等教育复杂得多。实体越复杂，它的生命也就越复杂，为了使生命得以运行，就越要反思。在小学中，每个班级至少从原则上说只由一名教师来管理，因而，他提供的教育具有一种既自然又简明的统一性，这也是从事教学活动的人的统一性。当他通览整个教育过程的时候，对他来说，确定每一学科的地位，使这些学科相互适应，使这些学科为同一个目的而相互配合，是比较容易的事情。但是，公立中学的情形就完全不同了，同样的学生同时上的各种课程，一般是由不同教师开设的。这里，有一种真正意义上的教育分工，而且这种分工变得越来越细，不仅改变了我们公立中学以前的模式，也提出了一个我们将来不能不注意的严肃问题。①

此外，涂尔干在强调社会对教育行动的影响时认为，社会既然是指导教育行动的标准，就应当参与其事，并且要不断提醒教师应该给儿童灌输什么观念、什么感情，使之与他所生活其中的环境协调一致。在强调国家在教育中的作用时，涂尔干指出，教育具有一种重要的社会功能，国家不可能对此无动于衷。为了公共利益，国家除了开办负有直接责任的学校外，还应允许开设其他一些学校。但这些学校必须受到国家的监督。因此"若有人想履行教育者的职能，却拿不出由国家单独评定的专业证书，这种做法是不会让人接受的"②。可见，教师一职是不可以由未受国家鉴定的专业资格的人来担任的。

（二）教师教育应该关注的若干问题

涂尔干认为，教师接受培训的目的是要从多样性中形成一种教学的统一性。倘若开课教师感觉不到这些课程的整体性，以及教育与社会学让每门课

---

① DURKHEIM E. Education et sociologie［M］. Paris：PUF，1995：113-130.
② 爱弥尔·涂尔干. 道德教育［M］. 陈光金，沈杰，等译. 上海：上海人民出版社，2006：241.

程都能参与合作的办法，他们所教授的课程就难以通过这种方式相互协调、逐渐完善，并形成一个整体。尽管当时的教育界还不能完全界定中等教育的目标，因为只有当课程结束时，才能恰当地提出这样的问题，但涂尔干坚持，公立中学的要务，并不是培养数学家、文学家、博物学家或历史学家，而是通过文学、历史和数学等去塑造学生的心灵。倘若每一位教师不知道这项工作是什么，不知道他的同事怎样与他合作，不知道他的努力怎样融入同事的努力当中，他就无法履行自己的职责。

因此在接受教师教育时，教师首先要学习用什么样的模式来塑造学生的心灵。涂尔干对此做出了解释：

17 世纪塑造心灵的模式如今已经不太适合了，在小学阶段形成的心灵也不同于公立中学塑造的心灵。倘若教师只把如此模糊的格言作为指南，他们的努力必然会被搞得七零八散，而这种支离破碎的结果就是一种麻痹状态。要想防止教师之间因缺少共同的目标、无话可说而出现分割的状态，唯一的办法就是把将来所有的合作者聚集起来，从集体的角度来思考他们的共同任务。在培训过程中的某个阶段，他们必须从整体上关注他们必须参与的生活中的教育体系，他们必须知道究竟有哪些因素能够促进它的统一（换言之，教育的功能就是实现这样的理想），构成教育的所有部分应该怎样为实现这一最终目标而共同合作。这种创造只能通过讲授的课程来完成。①

涂尔干在批判当时的法国中等教育在发展目标上的模糊不清时又进一步指出，"在我们所有以往的历史时期里，人们都可以用一个词来说明教育者打算在儿童身上实现的理想。在中世纪，艺术学院院长首先希望他的学生成为辩证法学家。文艺复兴以后，耶稣会会士和我们大学学院的院长则采纳了培养人文主义者的目标。而今天，我们却没有什么表达方式去勾画我们的公立中学教育应该追求的目标，这是因为，我们只能非常模糊地看到这一目标应该是什么"②。他同时依然强调，人们不能单纯求助于法令和规章的效能，而是必须知道自己的观念应该是什么样的。因此，如果教师能够形成一种带有

① DURKHEIM E. Education et sociologie [M]. Paris：PUF, 1995：113-130.
② DURKHEIM E. Education et sociologie [M]. Paris：PUF, 1995：113-130.

启蒙色彩的意见是十分重要的，而且只有那些有义务实现理想的教师才能理解、热爱和追求理想。这就要求教师为了实现自己教书育人的终极目标，只有重构和重组自身的存在才能完成这项事业。

（教师）完成这项事业所需要的一切手段，就是有能力意识到自身，意识到它究竟是什么，意识到促使它产生变化的原因，意识到它应该变成什么样子。要想得到这样的结果，光靠从职业实践的角度来培训未来的教师还很不够。首先，我们有必要在他们身上形成一种强有力的反思尝试，而这正是他们毕生追求的目标，并且必须从大学起步；因为只有在这里，他们才能找到某些信息，倘若没有这些信息，他们有关这一问题的反思就只能是意识形态的建构和不切实际的空想。

尽管"陈旧"的人文主义在当时的社会依然发挥着作用，但人们对古典文学旧有的热情以及由此激发出来的信念日渐式微。但涂尔干注意到，鉴于没有新的信念来代替业已消失的信念，导致教师们经常扪心自问，他们究竟在为什么样的目标服务，努力究竟会归何处。这是由于他们并没有清楚地看到，教师的功能与社会的生命功能是息息相关的。这样一来，就会出现某种怀疑主义的倾向，一种祛魅，一种名副其实的道德焦虑。所以一个没有教育学信念的教学团体就是一个没有灵魂的身体。教师接受教育培训的首要义务和首要关怀，就是让他们在即将走入的团体重新找到灵魂，而且只有教师自己才能做到这一点。涂尔干同样承认，为了这一事业，教师必须倾注毕生。因此，从一开始就在教师身上唤起从事这项事业的意志是很有必要的，他们也必须掌握最能够完成这项事业的手段。

（三）教师教育的两个出发点和两种方法

涂尔干的教师教育理念主要有两个出发点：一是让教师能够形成一种某种文化应成为什么样文化的观念；二是希望教师在这种共同的探索中形成一种共同的情感，以便他们将来能够共同合作。他批评那些认为教师只要拥有些许知性和文化就足以轻易理解中等教育、学校、班级的观点。尽管通过心理分析很容易地抽取出从教师个人角度建构起对教育的某一种实在观念，但这种主观的概念未必能够真正发现中等教育的客观性质，即使它得以形成的观念潮流和使它得以存在的社会需要。要想了解它们，仅仅从教师自身的角度来考察还不够。

因为中等教育是在过去产生效应的，所以我们必须发现它们在过去是怎样运作的。我们不仅不能将我们有关它们的观念视为当然，相反，我们必须对其提出质疑，这是因为，这些观念是我们有限的个体经验和我们个人气质的功能的产物，带有偏见和虚妄的色彩。我们必须重新开始提出系统的怀疑，并把这个我们所要考察的教育世界当作一个有待真正发现的未知领地。同时，按照现有的组织状态去了解和理解我们的教育机构还不够。既然这种机制必须持续地进行演化，那么我们就有必要对能够影响它的各种条件的变化趋势做出评价：我们有必要通过了解我们自身的发展情况来决定它将来会变成什么样子。①

为了帮助教师了解教育机制的演进，涂尔干主张运用历史的方法与比较的方法研究教育制度和机构，进而探索育人的真正意义和目的。历史的方法旨在从中世纪、文艺复兴时代、17 世纪或 18 世纪的教育形态中挖掘它们塑造出的当下时代的人所呈现的样子，在努力领会自身的过程中，让教师从自身抽象出明天的人的模式。同时，通过重建过往的教育潮流，追溯它们的起源，探寻它们得到发展的方式及哪些因素起到了作用，以更好地把握住它们。"因此，为了能够预见目前的状况应该变成什么样子，就像理解它一样，我们必须脱离它，重新返回过去。"比较的方法是为了避免教师在过去和现实碰撞中产生相互矛盾的、片面的、带有特殊主义色彩的概念，同时为了"形成我们时代更完美的概念，我们就必须超越我们自身，我们必须拓展我们的视野，并着手进行一系列研究，以便把握社会能够感受到的各种抱负"。因此，涂尔干认为，要进行一项完整的研究，这项研究的目的就是对这些潮流进行比较、分类和阐释。

在了解这些潮流的基础上，涂尔干进一步指出，教师必须能够对这些潮流做出评价，才能够决定是否有理由接受它们或拒绝它们，在何种情况下适合用什么样的形式将它们付诸实践。显而易见，"仅仅通过从最新的表现形式去了解它们，我们还不能估算它们的价值。只有联系到产生它们的真正的客

① DURKHEIM E. Education et sociologie [M]. Paris：PUF, 1995：113-130.

观需要，以及产生这些需要的原因，我们才能做出判断。根据这些原因是什么，根据我们是否有理由相信它们与我们社会的正常演化密切关联，我们不得不接受它们或拒绝它们。我们必须查明的就是这些原因"。于是，涂尔干再次引出了历史方法对分析教育形态、机制、潮流发展背后的原因的重要性。"因为只有历史才能够渗透到我们现今教育体系的表层之下；只有历史才能够分析它；只有历史才能够向我们说明它是由什么要素构成的，每一种要素究竟取决于什么样的条件，它们是怎样相互联系的；总之，只有历史才能够把我们带入它得以形成的因果长链之中。"①

此外，涂尔干认为道德统一体在法国人心中还没有达到它应有的程度，各种彼此分歧甚至相互矛盾的概念使道德出现割裂。因此，涂尔干提醒教师在从事教育活动的过程中，不应将多数人的观念强加给少数人，而是要保持中立。

教师若是利用他具有的职权把学生引入他的个人成见，无论这类意见在他看来是多么正确，他也是有失职守的。尽管意见有重重分歧，就现时来说，在我们文明的基础上毕竟有一定数量的原则，或明或暗地都是人人所具有的共同原则，无论如何，很少有人敢公开当面否认它们：这些原则就是尊重理性、科学，乃至作为民主道德基础的思想感情。国家的任务就是指明这些基本原则，并在学校里讲授给学生，注意在任何方面都防止学生昧于这些原则，而是处处要以它们应受到的尊重精神来谈论。在这方面，（教师）必须施加一种影响，如果这种影响不带有侵犯和暴力色彩，就有可能格外奏效，也会更清楚地懂得怎样把自己控制在明智的限度内。②

四、弗朗西斯克·瓦尔的教师教育观点

弗朗西斯克·瓦尔（Francisque Vial，1869—1940），法国教育家，曾担任第三共和国公共教育部总学监、中等教育部总负责人（1924—1936）。弗朗西斯克对于教师教育的主要贡献在于主张提高师范生的基础教育水平。

---

① DURKHEIM E. Education et sociologie［M］. Paris：PUF，1995：113-130.
② DURKHEIM E. Education et sociologie［M］. Paris：PUF，1995：113-130.

"20 世纪初，关于师范学校的定位问题，法国社会出现了一种新的看法：人们更愿意把师范学校看作一种专门培养教师的地方，而不是用以传播价值观和知识的场所。"①国家也曾多次尝试协调师范学校这两种定位，但最终前者占了上风。激进的左派共和党人认为这种师范学校是"基础秩序"的象征，这种简单基础的秩序完全脱离了"中学序列"（初中和高中）轨道，使得中学教育成为资产阶级精英的特权。师范学校的学生，就是一些坐在乡镇高级小学的板凳上求学，准备高级小学毕业证的一群人，他们永远没有机会接触中学生以及古典文化，也不须要准备中学会考。与此同时，从 1900 年起，政府已经注意到报考师范学校的学生越来越少，优秀的小学毕业生更愿意继续去中学深造学习，毕竟，这才是依靠文凭实现阶层跨越的唯一途径。面对"师范学校的衰落"②，师范学校的校长们希望改变学校的招生状况，由招收小学毕业生改为招收中学毕业生。这种变革也促进了师范学校定位的变化：一直以来，师范学校都被认为过于注重理论教学，是训练学生通过教师资格证考试的机器。经过改革，师范学校成为真正意义上的职业培训中心，且师范生入学前已经具备了中学生须要掌握的基本知识。在学院学监和各师范学校校长意见反馈的基础上，地区学监提出了激进的 1889 年 7 月 15 日法案，取消了师范学校毕业生义务服务机制，提高了小学教师工资待遇（1889 年，新入职的小学教师工资为 760 法郎），降低了入学考试的难度，希望借此吸引学生从事诸如商业、工业和行政等其他工作。③

同时，在 20 世纪初，"世俗讲堂"成了为青年学生们进行政治启蒙，帮助他们了解社会主义思想的地方。1870 年至 1890 年间常现于师范学校的带有类似复仇性质的爱国演讲渐渐隐去，学生们讨论更多的是平衡社会稳定和改革关系的话题。社会主义运动家饶勒斯（Jean Jaurès，1859—1914）的思想在师范生中广为流传，这引起了温和派共和党人的恐慌。寄宿制生活以及以集

---

① NIQUE C. L'impossible gouvernement des esprits：histoire politique des Écoles normales primaires [M]. Paris：Nathan，1991：159.

② GRANDIÈRE M. La formation des maîtres en France (1792-1914) [M]. Lyon：INRP，2006：169.

③ ARMAGNAC L. Du recrutement des écoles normales et du personnel enseignant primaire：pléthore ou pénurie? [J]. Revue pédagogique，1893，23（2）：412-422.

体为单位的学习方式、规范的思想和同学情谊孕育了集体主义思想，这些应当具有"基础思维（esprit primaire）"的人不再愿意继续遵守既定的社会秩序。长久以来被隐藏和禁止的特殊工会文化悄然兴起。[①] 师范学校成为政治觉醒的实验室。从此，攻击师范学校的言论越来越多。

1904 年 8 月，卡昂学院高中教师委员会要求取消当地师范学校，并建立师范学院（随后，各省纷纷效仿，在学术省会城市成立师范学院[②]）。师范学院的招生对象为高中毕业生，学制为一年，目的是培养小学教师。从此，针对师范学校改革的讨论拉开了帷幕，并持续了两年。1904 年 11 月 15 日，议会在讨论基础教育的经费问题时，议员夏尔·杜蒙（Charles Dumont）提议中学教师去师范学校任教，以此打破割裂的两个世界。

师范学校培养了一种人们常说的"基础思维"，这种思维方式有优点也有缺点。中学会培养的是另一种思维方式，当然也有自己的优缺点……但我认为在小学教师的培养上，最好可以在圣·克劳德师范教育的基础上，再加入中学或者学院精神。

时任政府否决了该提议，并指出师范学校需要的是接受过专业教育学培训的教师。1904 年 12 月，激进派议员马萨（Massé）审核基础教育预算时，提到了师范生招生的困境。国家不得不同意招收临时教师。很多临时教师只拥有小学基础文凭，没有接受过任何专业训练。马萨认为，造成这种情况的主要原因来自两方面，一方面是因为国家冒进发展高级小学，另一方面是职业学校、工科学校以及商校吸引了优质生源。学生家长们已经意识到小学教师要全身心地投入工作中，但是工资水平很低。1889 年，国家也曾出台法律取消针对小学教师的传统支出，以此加强小学教师的"基础"定位。因此，马萨建议提高小学教师待遇，并且禁止招聘临时教师。

马萨接着提到师范学校的问题。他认为，师范学校的存在已经失去意义——师范学校已经抛弃了教授教育学的传统，和高级小学、初中以及高中

---

① GIRAULT J. Instituteurs, professeurs: Une culture syndicale dans la société française (fin XIXe-XXe siècle) [M]. Paris: Publications de la Sorbonne, 1996: 350.

② GONTARD M. La question des écoles normales primaires de la Révolution à nos jours [M]. Toulouse: INRDP-CRDP, 1975: 115.

的学习内容基本相似。但是，师范学校的教师培养模式却和中学教师培养模式不同，这给社会稳定埋下了隐患。马萨还认为，师范学校已不再是爱国者的家园，现在的师范学校越来越反军国主义，越来越倾向社会主义。师范学校的教学脱离了传统的学科教育和古典文化教育，很难培养平和的性格和思维方式，师范生很容易认为自己是被"落下的人们"。"今天，小学教师们常会有一种知识和品德上的优越感，但这份优越感并不被社会承认，仅仅因为他们没有接受过中学教育。如果有一天，小学教师可以进入中学，可以有机会认识乡镇的有钱人、公证人、法警或者法官，可以和这些人成为朋友，和他们拥有共同的记忆和情谊，那么他们就可以获得这些人的尊重，也会增强自己的信心。"① 所以，消除小学和中学的隔阂迫在眉睫。马萨据此提议取消师范学校，中学和大学应当承担起教师培养的任务。接受过中学教育的小学教师也更容易实现社会地位、文化知识水平和教学实践能力的提升。

弗朗西斯克·瓦尔曾为师范学校发声。1904 年 10 月，他在《教育学》期刊上发文，提醒警惕因师范学校改革（师范生须在第三学年专注学习教育学）引起的师范生文化知识教育质量下降的问题。② "如果存在好的教育学知识，那么也必然存在糟糕的教育学知识。也就是我们常说的自称可以解决一切问题，但实际上只会搞砸一切的教育学。而我们现在所担心的，就是这种不好的教育学知识正在入侵师范学校。缩减师范生文化课学习时间，让学生在整个第三学年只学习教育学，这种方法真的可以培养出优秀的教师吗?"③

理论与实践的艰难平衡④
弗朗西斯克·瓦尔提出要加强师范生文化知识教育

……当然，知识水平和教学能力是两回事，我们并不是要对此提出质疑。一位博学的教师也可能是一名不好的教师。但一些人据此认为通过反复向学

---

① GONTARD M. La question des écoles normales primaires de la Révolution à nos jours［M］. Toulouse：INRDP-CRDP, 1975：116.

② VIAL F. La nature générale et la préparation professionnelle de l'instituteur［J］. Revue pédagogique, 1904, 45（2）：313-330.

③ VIAL F. La nature générale et la préparation professionnelle de l'instituteur［J］. Revue pédagogique, 1904, 45（2）：312-313.

④ VIAL F. La nature générale et la préparation professionnelle de l'instituteur［J］. Revue pédagogique, 1904, 45（2）：313-330.

生灌输教育学理论就能使学生获得教学能力。这种想法忽视了两点：第一，比之职业准备，教学能力更需要的是天赋；第二，如果可以人为地栽培某种东西，那么这种东西绝不是纯粹的教学理论准备，而是扎实的文化知识……因为在教学的问题上，最重要的规则便是了解自己能教的内容，而最好的教学准备则是扎实和完整的知识教育。否则，教育学只能是纸上谈兵。没有人会公开反对这一点。但是，当这些人明明知道大学或者中学教师的教学准备质量更好，原因是这些教师的文化知识水平更高时，却不愿意相信小学教师的科学素养也会影响到小学教师的教学水平。这些人觉得，教小孩子需要知道那么多吗？化学、外语、文学，这些小学教师永远不会去教的知识，对于他们来说有什么用？无非是些无用，甚至有害的包袱！因为他们知道得越多，就会讲得越多。他们将不再讲适合小学的、简单的、实践性强的内容，他们会用自己博学的知识，让孩子们目瞪口呆。更糟糕的是，这些人会因为自己掌握了知识而膨胀，觉得自己的工作配不上自己，越来越反感自己的工作。

以上便是这些"小学友好者们"的观点。他们忘了一件事，最基础的教育、最简单的教育，恰恰需要教师有最准确、最广泛的知识。基础教育不是空洞的、模糊的、苍白的、流于形式的、缺乏内容支撑的教育。越是基础教育，越要准确，越要生动。因为只有事实和画面才能走进孩子的精神世界，才能让知识留在他们的脑袋里。试着睁开眼看看现实吧。想要准确且传神地给孩子们讲述路易十四时期的法国，一名教师不仅仅要知道军事和外交事件，他还要了解这一时期的各项制度、风俗、社会生活、沙龙、朝臣、国王的日常起居、凡尔赛宫的礼节、娱乐方式和节日，了解路易十四以及皇室百年来推动中央集权的努力，以及了解这一时期也是 18 世纪封建王权溃败的开始。一名合格的小学教师要熟悉整个历史，只有这样，他才能在需要的时候，生动地讲起某个细节、某个画面，才能真正地打动学生……

不要担心知识会损害小学教师的工作：只有知识才能破除学校老套。小学教师的文化水平越高，教师的教学水平也会越高。想要讲好文学或者科学，中学教师和大学教师要深入地学习相关知识，但小学教师不必学习这些知识，或者只须要稍微学习这些知识。这难道不奇怪吗？人们只会说，对于小学教师而言，教学能力远比知识水平更重要。当然，我们绝不是宣称教育学对小学教师毫无用处，我们只是想提醒各位，教学天赋和文化知识水平对于小学教师更重要。在小学教学的过程中，教育学应当是一位默默付出的仆人、学校的"马尔特夫人"①。但是过于激进的信徒们，却希望把她从角落里拉出来，给她以女主人的荣耀。这对于她来说，是一种糟糕的付出。人们很快就会发现，她并不适合这个角色。或许，人们还会因此而恼怒，把她赶出家门。这才是最大的损失。

　　普通人受教育的时间非常有限，13 岁之后，大部分孩子将永远脱离学校教育。因此，基本的知识教育，"历史、地理、语法、文学以及心理学的精华"对他们来说尤为重要。教师要有能力分清主次，并把这些知识传授给学生。只有长时间地研究学习，才能了解各学科的精华所在。② 很多时候，家长也会抱怨师范教育枯燥无味。教师知识文化水平有限，也会导致其在教学过程中纠结于无意义的细节。后来，弗朗西斯克·瓦尔也承认必要的教学准备学习是必要的。因此，理想的情况便是，在正式上岗之前，对师范生进行教学艺术知识启蒙，即教学理论知识（教育学、心理学、学校史、教育哲学研究……）学习和教学实践。但是，把整个第三学年全部用来对学生进行教育学专业培养是不好的。教学经验只有在长年累月的积累中才能获得。

　　然而，法国当时正经历着紧张的意识形态斗争（1905 年政教分离），马萨以及弗朗西斯克·瓦尔的意见并没有引起政府的重视。

五、阿兰的教师教育思想

　　阿兰（Alain）本名埃米尔–奥古斯特·夏蒂埃（Emile Auguste Chartier，1868—1951），他于 1881 年进入中学读书时，就对柏拉图、笛卡尔、巴尔扎克等人感兴趣。1889 年，阿兰考入巴黎高等师范学校，1892 年毕业并获得中学哲学高级教师资格（agrégation de philosophie），然后相继在法国多所知名中学担任哲学教师。他文学底蕴深厚，尤其对巴尔扎克的作品相当熟悉，在教学的同时不断学习和研究，勤于笔耕，培养了法国近代以来无数名人大家，

---

　　① Marthe de Béthanie，曾为耶稣提供避难所——译者注。

　　② VIAL F. La nature générale et la préparation professionnelle de l'instituteur［J］. Revue pédagogique，1904，45（2）：320.

如西蒙娜·维尔（Simone Weil）、蒙·阿隆（Raymond Aron）等。[1] 他作为教育家，对于我们时下教育人如何从教、研究教育，不仅提供了高屋建瓴的"言教"，还以身作则做出了"身教"。他以哲学家的视角对教育予以特别的关注，《教育漫谈》（*Propos sur l'éducation*）便是其对教育的几乎全部领域的哲学看法。"漫谈"是一种短小精悍的文体，既可以海阔天空地谈及各种领域，也可以对某种思想或社会现象进行犀利的批判。《教育漫谈》收集了阿兰在 1921—1931 年发表于《自由漫谈》（*Libre propos*）杂志的文章，首次出版于 1932 年。在这本书中，阿兰对"学为人师"有过诸多精彩的论述。

教师是最重要的教育资源，是教育活动中的决定性因素。阿兰认为，教师首先需要学习。他批判有人自从开始接受师范教育，就没有受到好的教育。他所期待的教师，不仅是早些时间学习的人，而且"想要的是自己能够学习的教师，是从源头学习的教师"。高等教育便从源头教起。未来小学教师就要走向高等教育，他要根据自己的兴趣，修完 3—4 个文凭。但阿兰表示，即使获得几个文凭，教师也不能把所有知道的东西一股脑儿地灌注到小学生身上，因为小学生还在学习拼写。这就牵涉教学的方式方法问题。

阿兰认为，教师应当讲究教学艺术。他申明：

教师应当学会教学，不要企图教授自己所知道的全部东西，而是应出其不意地指明一些细节，因为这是引人注意的时机。通常来讲，我看到的小学课堂是教师不做什么事，而是儿童忙碌的场所。这些课根本不应像下雨那样纷落，儿童也不应交臂倾听。儿童应当阅读、写作、计算、绘画、讲述、抄写。古老的教练员系统在此重现，因为对于拼写或计算的最严重的错误，无论教师是放任还是全部改正，都是荒谬的。[2]

阿兰赞同相机而教是教学的至高艺术，而不是全盘灌输。

如果教育的艺术不是以激发人的才智为目的，就只能付之一笑，因为人的天赋往往因最初的召唤而迸发，继而披荆斩棘。然而，那些处处受限、经常出错的人，那些失去勇气、失去希望的人，正是需要帮助的人……教育的

---

① 阿兰. 教育漫谈 ［M］. 王晓辉，译. 北京：商务印书馆，2019：1-2.
② 阿兰. 教育漫谈 ［M］. 王晓辉，译. 北京：商务印书馆，2019：66.

全部艺术在于，绝不要把儿童推向顽固之点。什么意思？考虑一下他能够越过的障碍，首先不要点明他的全部错误。也许应当称赞他的优点，忽略其他，什么也不说。①

在教学的过程中，阿兰特别提醒教师要把学习主动权还给儿童，不要唠唠叨叨，"当教师闭嘴，当儿童阅读，一切皆好"。他还强调教师要对学生循序渐进，并从一言堂中解脱出来。"黑板上的许多练习，总是要在石板上重复，特别是要慢，要重来，要留有充足的时间，这对教师并无大碍，对儿童却有好处。……教师在高处监督着，从备课中，从疲劳的独白中解脱出来，也从一再重复而不是学习中解脱出来，从可笑的教育学会谈中解脱出来。教师解除了疲劳，为自己保留了时间，如果他想首先从源头学起，便可以不间断地学习。"② 但阿兰对所谓"大人物"上课时神采飞扬的讲话保持怀疑态度。在他看来，这类人或是尝试吸引注意力，或是快速讲话，说一些重大而美好的事情，但很难对人有什么启发，因此这种课程或许是最没有价值的。

他还特别指出，教师应当是博爱的，尽管有皮格马利翁之说，但教师的爱还是应均衡一些。所以阿兰说："我们则是另外一种人，我们接受父亲和母亲的委托，要关爱如同我们亲生的孩子。""学校与家庭形成对比，这一对比同样把儿童从天然的沉睡中，从将儿童封闭的家庭本能中唤醒。在这里，年龄平等，极少血缘联系，多余的东西都被抹平。双胞胎、同龄的堂表兄弟，在这里便分开，随即根据另外的划分组合。也许儿童可以从这个圈子里的无爱心的教师中解脱出来。"③

教师还要保持一定的威严。阿兰说："在我看来，教师应有足够的冷漠，这样才能做到自己想要做的事情。""我看到一个大喊大叫的孩子被拖进学校，当学校大门刚刚关上，他便不嚷了，他被学校的力量转变成小学生。这是一种冷漠，迅速有力地形成一种气候，它使教师成为一种职业。"④

---

① 阿兰. 教育漫谈 [M]. 王晓辉，译. 北京：商务印书馆，2019：64.
② 阿兰. 教育漫谈 [M]. 王晓辉，译. 北京：商务印书馆，2019：67.
③ 阿兰. 教育漫谈 [M]. 王晓辉，译. 北京：商务印书馆，2019：13-14.
④ 阿兰. 教育漫谈 [M]. 王晓辉，译. 北京：商务印书馆，2019：18.

第四节

教育改革中关于教师教育的主流思想

一、《贝特法案》与女子师范教育

1879 年 8 月 9 日，法国通过了《贝特法案》（*Loi Paul Bert*），要求各省在成立男子师范学校的同时，也必须成立相应的女子师范学校。在《贝特法案》前，法国已经存在一些为培养女教师而开设的师范中心和师范课程。创建于 19 世纪 40 年代的女子师范中心，一直由"姐妹们"掌控，很多时候无法保证教学质量。这种类似于寄宿制学校的女子师范中心招收一定数量的获得省政府奖学金或国家奖学金的师范生和一部分助教，为她们提供特殊的学习课程。

第一波创办女子师范课程的浪潮始于 1840 年初，其法律依据可追溯到 1836 年 6 月 23 日关于创办女子师范学校的法令。该法令作为《基佐法案》的补充条例，其存在却并非基于法律的"惩戒性"，而是基于某种程度的"激励性"。省议会通过投票来确立是否开设女子师范课程。如果国家认可该省的女子师范课程，便可以为该省设立相应的奖学金。[1] 女子师范中心的设立在很大程度上依赖于省长和学监的热情，其教学主要围绕基础教育（读、写和计算）以及品德教育（女性在家庭和社会中的角色），同时非常注重宗教教育。基于当地贵族热情而创建的女子师范中心没有任何法律保障，其校长只有一份省长协定（由省长拟定、主教通过的协定）。省长协定仅明确了奖学金学生名单和学生学习时限。

克劳德·朗格罗（Claude Langlois）在《面向女性的天主教：19 世纪的法国天主教高级教区》一书中指出了 19 世纪天主教女性政策的重要性。[2] 19 世

---

① MAYEUR F. La formation des institutrices avant la loi Paul Bert：les cours normaux［J］. Revue d'histoire de l'Église de France，1995，206（1）：121-130.

② LANGLOIS C. Le catholicisme au féminin：Les congrégations françaises à supérieure générale au XIXè siècle［M］. Paris：Cerf，1984：776.

纪以来，法国天主教越来越重视女性的作用：一方面，天主教加强了女性在天主教活动中的实践；另一方面，增加了女性神职人员的数量。1878 年，法国天主教共增设 225 个高级教区以及 41 个普通教区。教区的扩展①为教区教育发展提供了可能。② "从 1790 年至 1880 年间，法国成立了将近 400 个新教区。"③ 1820 年至 1860 年是法国教区扩展的高峰。克劳德·朗格罗认为，促成教区扩展的重要原因之一便是 "全面教育"④ 的出现。1861 年，教育成为教区活动中最重要的一环，65% 的神职人员致力于教育工作，人数远远超过了医疗和慈善工作。女性扫盲的社会需求、国家对于基础教育的关注、女子学校的发展都在一定程度上促进了教区的发展。教区神职人员整体品德品质良好，又可以在内部培养教师群体，直接减轻了社会对教师培养的压力。⑤ 在国家无力承担女教师培养工作的年代，慈善会的 "姐妹们" 便成了私立以及公立女子学校的教师。

莎拉·柯蒂斯（Sarah A Curtis）在《教会时代的教育：里昂教区（1801—1905）》中指出：教会在基础教育以及女教师培养方面起到了很重要的作用。⑥ 在卢瓦尔省，1850 年，93% 的女学生在教会学校接受教育，1877 年，在教会接受教育的女学生依然超过 82%。在罗纳省，三分之二的女子学校为教会学校，四分之三的女学生在教会学校接受教育，同时，四分之三的教师来自教会。⑦ 1863 年，罗纳省就读于教会学校的男学生占比 57.3%，女

---

①　LANGLOIS C. Le catholicisme au féminin：Les congrégations françaises à supérieure générale au XIXè siècle ［M］. Paris：Cerf, 1984：153.

②　LANGLOIS C. Le catholicisme au féminin：Les congrégations françaises à supérieure générale au XIXè siècle ［M］. Paris：Cerf, 1984：13.

③　LANGLOIS C. Le catholicisme au féminin：Les congrégations françaises à supérieure générale au XIXè siècle ［M］. Paris：Cerf, 1984：203.

④　LANGLOIS C. Le catholicisme au féminin：Les congrégations françaises à supérieure générale au XIXè siècle ［M］. Paris：Cerf, 1984：323.

⑤　LANGLOIS C. Le catholicisme au féminin：Les congrégations françaises à supérieure générale au XIXè siècle ［M］. Paris：Cerf, 1984：324.

⑥　CURTIS S A. L'Enseignement au temps des congrégations：Le diocèse de Lyon（1801 - 1905）［M］. Lyon：Presse universitaire de Lyon, 2003：284.

⑦　CURTIS S A. L'Enseignement au temps des congrégations：Le diocèse de Lyon（1801 - 1905）［M］. Lyon：Presse universitaire de Lyon, 2003：40.

学生就读于教会学校的比例则为 74.9%。[1]

　　教会教育的发展，一方面得益于天主教的扩张，另一方面也缘于教会内部的集体及团结精神。尤其在女子教育层面，教会不仅弥补了国家在这一方面的缺失，还提供了良好的品德教育及宗教教育，同时减轻了地方的现实经济压力。1833 年《基佐法案》曾要求每个市镇开设一所男子学校，《法卢法案》进一步要求 800 人以上的市镇（1867 年又降低至 500 人）须同时开设一所女子学校。这样一来，"兄弟姐妹们"的优势便凸显出来：教会学校在物质和财政支持上的要求通常都低于世俗普通学校。私立慈善机构以及天主教信徒们的支持都为教会学校的发展创造了更有利的条件。

　　柯蒂斯还指出，教会成为教师，尤其是女教师的主要供应者。[2] "从复辟时期至第三共和国期间，年轻人尤其是年轻女性，想要成为教师最可靠的方式便是加入教会。"[3] 很多教会都设立了实习机构，供年轻的"兄弟姐妹们"学习教学并接受精神的洗礼。"在第三共和国成立前，法国大部分市镇所面临的教师短缺的情况，尤其是女教师短缺的情况，只能通过招募兄弟姐妹来得以解决。"[4] 在教会学校设立的实习机构里，学生首先要学习的是如何成为一名合格的天主教徒。在这里，学生要学习大量的教理知识，阅读大量的慈悲书，并辅以每天的信仰实践活动。与此同时，学生还要学习基本的世俗知识，包括阅读、写作、语法、算术、少量的历史、声乐，女学生还要学习女红知识。另外，学生的实践课大多在学校的实习机构进行，年长和有经验的教师亲自监督学生的课堂教学实践。[5] 在 1879 年之前，鉴于国家并无强烈意愿推进女子师范教育，大部分女子师范学校均掌握在教会手中。在罗纳省以及卢

---

① CURTIS S A. L'Enseignement au temps des congrégations: Le diocèse de Lyon（1801 - 1905）[M]. Lyon: Presse universitaire de Lyon, 2003: 62.

② CURTIS S A. L'Enseignement au temps des congrégations: Le diocèse de Lyon（1801 - 1905）[M]. Lyon: Presse universitaire de Lyon, 2003: 71.

③ CURTIS S A. L'Enseignement au temps des congrégations: Le diocèse de Lyon（1801 - 1905）[M]. Lyon: Presse universitaire de Lyon, 2003: 71.

④ CURTIS S A. L'Enseignement au temps des congrégations: Le diocèse de Lyon（1801 - 1905）[M]. Lyon: Presse universitaire de Lyon, 2003: 72.

⑤ CURTIS S A. L'Enseignement au temps des congrégations: Le diocèse de Lyon（1801 - 1905）[M]. Lyon: Presse universitaire de Lyon, 2003: 82.

瓦尔省，男子师范学校的毕业生数量无法满足庞大社会的需求，不得不招募教会学校的毕业生来担任学校教师。

1879 年法案通过之时，法国共有 79 所男子师范学校，共招收学生 3 483 名。还有 8 个省份设有自己的师范学校。① 在 1879 年至 1884 年间，下加莱省、莫尔比昂省、加仑省以及瓦兹省依照 1879 年法案的规定，相继成立了男子师范学校。与之相比，女子师范学校的进展要缓慢得多。为了满足女子学校对于教职人员的需求，一些省份在师范课程之外，还开设了女子师范学校。1842 年，汝拉省和奥森省率先在本省开设了女子师范学校。1843 年，杜河省（Le Doubs）、罗纳省（Les Bouches-du-Rhône）、卢瓦雷省（Loiret）也开设了女子师范学校。紧接着 1845 年、1854 年和 1861 年，阿登省（Les Ardennes）、科西嘉省（La Corse）和上萨瓦省（Haute-Savoie）也设立了女子师范学校。1870 年至 1879 年，陆续又有 11 个省份开设了女子师范学校。② 直到《贝特法案》出台后，法国才真正开始了普及女子师范学校的进程。1879 年至 1890 年，法国共计新增女子师范学校 64 所。奥布省（Aube）的情况说明了这一点。1843 年，奥布省在各女子寄宿学校设立师范课程。据该省省长、学监以及地区精英反映，这些师范课程质量乏善可陈，女教师的知识水平十分有限。1876 年至 1878 年间，奥布省以及塞纳-马恩省（Seine-et-Marne）曾数次草拟相关法案，计划建立女子师范学校，但最后均未成行。1879 年法案出台后，奥布省终于在 1880 年建成了本省第一所女子师范学校。

二、《费里法案》与共和国的师范教育

1881 年 1 月 22 日，政府出台第一条关于师范学校课程改革的政令，即《费里法案》，同年 7 月 29 日，又出台了第二条关于师范学校改革的补充令，这一政令在法国师范学校沿用了几十年。《费里法案》的推行使法国教师教育实现了真正的世俗化，同时在法国建立起了相对完善的女子教师教育体系。

---

① 它们是 Isère，Eure-et-Loir，Sâone-et-Loire，Yonne（1872），Allier（1873），Seine et Algérie（1874），Hérault，Rhône et Somme（1876），Côte d'Or（1879）。

② HUMBERT J L. La fondation de l'école normale de filles à Sainte-Savine（1880）　［J］. Les Cahiers aubois d'histoire de l'éducation，2000（17）：105-125.

以下为《1881 年共和国师范学校改革令》。

共和国师范学校改革令

1881 年 7 月 29 日

第一部分 师范学校的结构

第一条 在教育部的领导下，学监负责指导师范学校的具体工作。

第二条 师范学校采用免费寄宿制教学模式。在教育部的允许下，学监可以根据实际情况允许师范学校招收半寄宿生和免费走读生。

第三条 在充分考虑省议会意见的基础上，教育部根据学监的建议确定各省份寄宿生、半寄宿生以及走读生名额。

第四条 师范学校学制为三年。

第五条 年满 18 岁且获得初级教师文凭的师范生，在师范学校就读的时间记入教师十年义务服务期、教学能力资格实习期以及教师晋升年限。

第六条 每所师范学校均须配备一所供师范生教学实践的小学。女子师范学校还须另外配备一所幼儿园（托儿所……）。

第二部分 师范学校的教学

第七条 除了国家承认的各宗教教育外，所有师范学校（男子师范学校和女子师范学校）均须提供以下教育：

1. 公民品德教育

2. 阅读

3. 写作

4. 语言与法国文学基础

5. 历史及法国历史

6. 地理及法国地理

7. 计算、度量体系、日常算术、代数理论、会计理论

8. 几何、测绘（只针对助教）

9. 物理与实用物理

10. 自然科学与应用

11. 农学（只针对助教）

12. 绘画

13. 声乐

14. 体操

15. 手工（只针对助教）与女红（只针对女子助教）

16. 教育学

17. 选修一门或多门外语

此外，学监可以参考各学校校长的意见决定是否在该校开设乐器课程。学监也可根据情况，允许学生临时在校外学习选修课程。经全国议会讨论后，教育部将颁发有关师范学校作息安排、课程设置、招生人数的规定。在学监的允许下，各师范学校校长规定各门课程的学时数。

第三部分　教职工的管理

师范学校校长由教育部直接任命。

……

第四部分　师范学校的招生

第十七条　在报考师范学校时，考生须年满15岁且不超过18岁（按当年1月1日计算），同时须取得小学毕业证书（参照1880年6月16日法律要求）。

第十八条　报名工作于每年3月1日至31日之间在各学院学监办公室进行。考生在报考师范学校时，须提交以下证件：报考表（注明12岁以后的受教育情况）、小学毕业证、十年义务服务期承诺书以及考生监护人承诺书（在被监护人故意不履行服务期的情况下，监护人承诺替被监护人偿还学费）。

第十九条　每年4月至7月之间，学院学监及基层学监对学生报名材料及行为进行审核。7月中上旬，监督委员会将公布通过审核可以参加入学考试的学生名单。

……

第五部分　师范生的义务

第二十三条　第一学年末，学生均须参加初级小学教师资格证考试，第三学年末，学生须参加高级小学教师资格证考试。每年8月，学监在综合考虑学生期末成绩、校长建议以及教师委员会建议的前提下，公布可进入下一学年学习的学生名单。

第二十四条　第一学年期末考试由初级小学教师资格证考试代替。未通过考试的学生自动退学。

......

第六部分　监督委员会职责

......

第七部分　学校内部管理及纪律

第三十一条　牧师在征得校长的同意后，确定学生接受宗教教育的天数和时间。在是否接受宗教教育和参加宗教活动的问题上，学校须参照学生父亲的意见。

第三十二条　每周四及每周日，学生须参加学校组织的散步。

第三十三条　在遵守学校内部管理条例的基础上，学生周日可以向校长请假外出。

第三十四条　复活节假期定于复活节周四至下周一。大假期共计 7 周，具体时间由学监决定。

第三十五条　学生外出和散步须着统一服装。学校承担寄宿制学生的所有开销。

......

《1881 年共和国师范学校改革令》颁发后，师范学校开始接收走读和半寄宿制学生，助教也无须住在师范学校内部。外出制度确立以后，学校同外界的沟通渐渐增多。1882 年，政府又颁布新的条例规定：除本人外，任何人不得私自拆封师范生的信件。[①] 当然，我们不能过高地估计这次"开放"，师范学校依然是要遵守严格纪律的地方。在就读期间，大部分来自偏远地区的学生基本留在学校。"封闭"依然是烙在师范学校身上的印记，并且师范生和中学以及中学生没有任何联系。

不过，师范学校课程却得到了极大的丰富。法国文学、代数概念被列入必修课行列，同时，学生还可以选修多门外语。此后，小学教师不仅要掌握新的科学知识，还要开放学生的思维，培养学生用理性、观察和辩证思维来

---

① NIQUE C. L'impossible gouvernement des esprits：histoire politique des Écoles normales primaires [M]．Paris：Nathan，1991：150.

建立自己的价值观。

1881 年 8 月 3 日，教育部颁发了详细的师范学校课程大纲。在《公共教育行政公告》中，涉及男子师范学校课程设置的内容共有 35 页，涉及女子师范学校课程设置的内容共有 30 页。"学生晚上休息时间至少为 8 小时。白天，学生将有 6 个小时的时间来进行卫生、吃饭、休闲和体育锻炼。此外，学校还为学生预留了至少 5 小时的自主学习时间，学生可以利用这段时间阅读或者预习新的课程。每周日及周四下午不安排任何课程。"第二条内容尤为重要，它指出："在附属学校教师的指导下，师范生须轮流上台进行授课练习。一年级学生参与授课练习，二年级学生担任课堂助教，三年级学生可以直接参与授课。"第三条内容则主要针对三年级学生：

学生在二年级第二学期以及三年级时，要经常在课堂或者讲堂上，对课程大纲中的内容进行口头授课。在教师的指导下，学生要对课程进行复盘概述，用法语解释文本、批改作业、布置练习及公布答案。此外，三年级学生还要在教师和其他学生面前授课。授课时长不得低于半小时。授课内容可以为某个知识点或者某个教育学。学生自行选定授课内容并交由校长审核。师范生试讲的同时，可以启发其他学生对课堂的思考。

然而，校长还要提防学校的教学工作不能偏离学校的办学目的，即培养小学教师。他要向教师提出建议，避免教师在教学工作中过于研究细节，从而保证师范学校强调教学实践性和教学职业性的特色。在这一点上，我们可以感受到师范学校尴尬的定位，一方面要重视师范生的知识教育，另一方面还要强调师范教育的目的是为大众儿童提供基础教育。这一点也反映在师范学校丰富却缺乏深入性的课程设置上。

公民品德教育是师范学校最重要的课程之一，但在学时设置上，公民品德教育课的学时却在逐渐减少。第一学年，公民品德课的学时为每周两小时，主要讲授心理学概念、品德类型（感知、智慧、意愿……）、品德原则（品德感、自由和责任、义务、善良与义务……）。品德教育从新康德主义自主教育原则出发，以"义务"教育为基础，向学生介绍各种品德分类。第二学年，公民品德课的学时也为每周两小时，主要讲授实用品德原则及其在个人和社会生活中的应用，其中包括法律义务、慈善义务、家庭义务、职业义务、公民生活义务（遵守法律、纳税、兵役、选举、接受教育……）以及尊重宗教自由所涉及的宗教义务。第三学年，公民品德课的学时为每周一小时，共设15课，主要关注公民教育（国家主权、宪法、法律、兵役、国家财政、省及市镇研究……）。

1881 年男子师范学校课时安排表

科　目		学时/周		
		一年级	二年级	三年级
需要预习的科目	公民品德教育	2	2	0.5（A）
	教学与管理	1	1	1.5（B）
	语言与法国文学	7	5	4
	历史	4	3	3
	地理	1	1	1
	算术	2	3	3
	几何	1	2	3
	物理	0.5（C）	2	2
	化学	0.5（D）	1	1
	自然科学	1	1	2
	农学与园艺学	/	2	1
不需要预习的科目	写作	3	1	/
	绘画	4	4	4
	声乐	2	2	2
总学时数		29	30	28
课余时间学习的科目	体操	3	3	3
	农活与手工	4	4	4
选修科目	外语	2	2	2
A＝只学一个学期，每周学习 1 小时				
B＝在一个学期中，每周学习 2 小时，另一个学期中，每周学习 1 小时				
C＝在一个学期中，每周学习 1 小时				
D＝在另一个学期中，每周学习 1 小时				

在 1881 年男子师范学校课时安排上，"教学与管理"这门课所占的比重几乎是微乎其微的：第一学年和第二学年，学生每周只须学习 1 个小时，第三学年，每周也仅为 1.5 个小时。第一学年主要关注的是基础教育、基础教育所对应的概念（例如物理教育、卫生、游戏与儿童练习、体操）、意义教育、知识教育以及品德教育。第二学年主要学习学校以及学校内部机构和教育学。在这一年里，学生还会学习不同类型课程的授课方式和考试方式。在第三学年，学生开始接触教育学史（分析主要的教育学著作），同时，为了帮助学生更好地了解小学的运作以及学校在职人员的地位与职责，学生还将学习涉及学校管理的法律法规。

有些课程对于学生来说则有些繁重，比如历史。第一学年，学生每周须学习 4 个小时。第一学期，学生学习法国起源到亨利四世这段历史；第二学期，学生学习从亨利四世到 1789 年法国大革命这段历史；第三学期，学生学习从 1789 年至 1875 年这段历史。第二学年，历史课程主要讲授世界史，学生每周须学习 3 个小时。第一学期讲授古代世界史，以下是该学期历史课会涉及的内容：

"古人的世界：埃及人、亚述人和巴比伦人；以色列人；腓尼基人和迦太基人；波斯人；古人留下的建筑。

希腊：英雄的时代；斯巴特人和雅典人；米缇亚战争；伯里克利时代；苏格拉底；伊巴密侬达；马其顿的菲利普；亚历山大征服；罗马征服希腊。

罗马：国王们；罗马共和国；法官们；平民和贵族之争；罗马征服；格拉古兄弟；公民战争；凯撒；奥古斯都及其继承者们；安托南家族；戴克里先；康斯坦丁和基督教教堂；狄奥多西。"

学生需要在一个学期之内修完以上课程内容。从学生的答卷情况来看，经过一个学期的学习，学生可以对特定的历史时期做出概述，知道补充阅读文章的题目并经常用地图来图像化问题。这样的学习意味着停留在历史的表层，不会深入特定历史问题。在该学年的第二个学期里，学生将会学习中世纪推动高卢独立的各项官方文件以及罗马征服；第三个学期才开始研究近代史，主要涉及 14 世纪至 16 世纪的重要发明、法国的亨利四世以及西班牙的菲利普二世。第三学年，学生每周还会继续学习 3 个小时历史课。第一学期学习 1610 年至 1789 年之间的历史，第二学期学习 1789 年到 1830 年之间的历史，最后一个学期学习 1830 年到 1875 年之间的历史并对之前的内容进行复习。

除了繁重的学业外，男子师范生的课余时间也并不轻松。体操、农活和手工是课程大纲中明确规定的需要在课余时间完成的"课业"。另外，"军训课"也作为必修课纳入体操课学习。一年级军训，也被称为"没有武器的军训"。在这一年，学生将学习"基础队列队形及踢正步、前后左右转身以及军乐"。第二学年，学生将学习队列训练、解散、齐步走、整队、实弹射击（射击准备和短程射击）以及军乐。第三学年军训，也被称为"带武器的军训"，包括队形队列、军乐、1874 年步枪模型学习、目测、短程射击以及打靶。军训的目的在于培养爱国公民，由此我们可以看到 1870 年普法战争的阴影还在。

女子师范学校的课程设置也并不轻松，整体课程设置和男子师范学校趋同，只在课时上面略有不同。总体看来，女子师范生在公民品德教育这门课程上的用时仅为男子师范生的一半。这是因为在 1881 年的法国，女性还只是"理论上"的法国公民，并不享受选举权。因此，在女子师范学校的公民品德课上，教师无须赘述国家以及公民权利，品德教育将通过其他非正式的方式进行渗透，例如校长的言传身教以及各种学生聚会。

在语言、文学、历史和地理课的设置上，女子师范学校基本同男子师范学校保持一致。但是，如果说女子师范学校的算术课比重在第一学年略高于男子师范学校的话，实用科学的比重则大幅度低于男子师范学校的课程设置。以物理课为例，女子师范生在一年级不需要修习该课程，但是，物理课却占据了二年级和三年级男子师范生近乎一半的学习时间。化学课的比重也大幅缩减。家庭管理与卫生取代了农学与园艺学。从总体上看，女子师范学校的学时数稍低于男子师范学校的学时数，一年级为 29：30，二年级为 27：30，三年级为 26：28。另外，由于不需要进行军训，女子师范生在体操课上的学时也低于男子师范生。同时，采集和园艺课代替了农活，并减少了一半的学时量。每周 3 个小时的女红课也是女子师范学校的特色课程。

1881 年女子师范学校课时安排表

科　目		学时/周		
		一年级	二年级	三年级
需要预习的科目	公民品德教育	1	1	1
	教学与管理	1	1	1
	语言与法国文学	6	5	4
	历史	4	3	3
	地理	1	1	1
	算术	3	3	3
	物理	／	0.5（A）	1
	化学	／	1	0.5（B）
	自然科学	1	1	1.5（C）
	家庭管理与卫生	／	0.5（D）	1
不需要预习的科目	写作	3	1	／
	女红	3	3	3
	绘画	4	4	4
	声乐	2	2	2
总学时数		29	27	26
课余时间学习的科目	体操	2	2	2
	采集与园艺	2	2	2
选修科目	外语	2	2	2
A＝只学一个学期，每周学习 1 小时				
B＝只学一个学期，每周学习 1 小时				
C＝在一个学期中，每周学习 2 小时，另一个学期中，每周学习 1 小时				
D＝只学一个学期，每周学习 1 小时				

家庭管理与卫生课是一门女子师范学校区别于男子师范学校的课程。在学时设置上，二年级为 1 小时/周，学习期限为一个学期；三年级也为 1 小时/周，但学习期限为一年。

二年级的课程主要分为两大主题：家务与园艺。家务主题具体包括住宅结构与维护；取暖；照明；家具保养；衣物保养；衣物的漂白、清洗与熨烫；和面、面包制作、蛋糕制作；日常储备——木柴、炭火、饮用水、红酒及相关酒器设备、醋、苹果酒、啤酒、咖啡、食用油、脂肪油和糖；肉的烹饪及保存；烹饪的基本原则；火锅、肉菜汤、煎炸食物、烧烤食物；野猪肉、鱼肉的烹调；蔬菜的存放及烹饪；水果的存放；水果的放置、包装与运输；果酱制作；果啤、糖浆、利口酒；家庭财务。在园艺主题课上，学生将首先学习花园的总体结构、过道和路缘石、花园、园艺工具以及主要的园艺工作，其次要学习有关果树、菜园、花卉种植以及农场的相关知识。

三年级的课程主要分为三个主题：个人卫生（饮食、起居、日常生活、身体保养）、公共卫生（学校卫生及儿童卫生）和急救知识。这些和未来的工作紧密相关的课程内容，在某种程度上也是未来履行传统的"妻子"和"母亲"职责的需要。女红课是另一门女子师范学校权重极高的必修课（3 小时/周，持续三年），这门课的课程内容："第一学年：裁剪法——卷边、缝合、针脚、标记、鞋子标记、普通衣物修补、缎纹衣物修补等；针织法、针织品的修补及各种修补法。第二学年：简单衣物制作、内衣、男士衬衣、女士衬衣、儿童衬衣；裤子、女士塑身衣、无边软帽等。第三学年：衣物的裁剪与缝制；裤子的裁剪；女子礼服制作；巴斯克礼服制作；儿童服装制作。"

须要指出的是，尽管师范学校极大地丰富了其课程设置，大大降低了宗教课程的比例，但是从总体上看，师范学校整体的氛围仍然像是"修道院"，或者说是世俗修道院。1888 年，一名小学教师曾这样回忆自己在旺代师范学校时的场景：

5 点起床铃响。简单的几分钟洗漱过后开始学习。7 点用早餐。7 点到 8 点为活动时间。在这段时间内，每个学生都被提前安排好打扫楼道或者教室。8 点到 12 点是上课时间。一堂课接着一堂课，每堂课大概一小时，只有 10 点才有几分钟的休息时间。12 点是午餐时间。12 点到 13 点为活动时间，但是在这段时间，我们每周都要被学校监督着刷洗两次鞋子。13 点到 16 点为下午上课时间。16 点到 17 点，休息时间。在这段时间里，学校会给每个人发一小块面包，我们也会吃一些自带的食物作为下午茶。不过这段时间也并非完全属于我们。每周两次，体操课都会占用这段时间。17 点至 19 点，学习。19 点至 20 点，晚餐及休息。20 点至 21 点，学习。21 点，休息睡觉。①

　　来自第戎的一名师范生在 1900 年曾这样说："我们的校长 G 先生就是良心的化身。三年来，我每天都会看到他亲自督查早自习。对于我们的每项作业（所有的作文，在老师批改之后，他会再次查阅，之后才会发回给我们，不会疏忽任何一个逗号或句号），G 先生都会非常认真地检查。每个学期结束时，他都会亲自用红笔给我的父亲写信：'如果您的儿子存在浪费的情况，请一定告诉我。在我看来，一个月两法郎的零用钱是足够的。'"②

　　第三共和国推动了师范学校的综合改革，从意识形态上改变了师范学校制度本身。回首过往，创办师范学校的目的便在于同时培养合格的教师与合格的基督徒，第三共和国确立了教育世俗化的原则，破除了宗教对师范教育的控制，建立了崭新的世俗化教师教育模式。

三、《1880 年 7 月 13 日法令》与《1882 年 12 月 30 日法令》

　　为了确保共和国的精神能得到有效的传播，也为了确保共和国教师的质量，第三共和国开始考虑为师范学校培养一批教师。当时，师范学校的教师招聘方式非常多样化，但最常见的是直接从小学和中学招聘经验丰富的老教师。为了培养师范学校的教师和校长，也就是我们如今所说的"培训者们"，共和党人创立了圣·克劳德男子高级师范学校（《1882 年 12 月 30 日法令》）和丰特奈-玫瑰女子高级师范学校（《1880 年 7 月 13 日法令》）。

　　经历了 1870 年到 1871 年的耻辱之后，上台的共和党人决定提高师范学校入学的门槛，丰富师范学校教学大纲，希望通过教师来传播共和理念。改革后的师范学校需要一批全新的工作人员。③ 1880 年 6 月 5 日，国家立法建立两项证书：《师范学校校长和小学学监能力证书》以及《师范学校教师证》（Certificat d'aptitude à l'enseignement dans les écoles normales，CAEN）。1886 年，国家再次

---

　　①　OZOUF J. Nous les maîtres d'école, Autobiographie d'instituteurs de la Belle Époque［M］. Paris：Gallimard，1993：104-105.

　　②　OZOUF J. Nous les maîtres d'école, Autobiographie d'instituteurs de la Belle Époque［M］. Paris：Gallimard，1993：103-104.

　　③　LUC J，BARBÉ A. Histoire de l'École normale supérieure de Saint-Cloud［M］. Paris：Presse de la FNSP，1982：13.

立法将两项证书统一为一项证书：《师范学校及高等小学教师资格证》。《师范学校及高等小学教师资格证》成为入师范学校及高等小学的必备证书。

女子师范学校的增多要求政府快速增加相应的教职人员。1880 年 7 月 13 日，国家颁布法律，成立丰特奈-玫瑰女子高级师范学校，同年 12 月，该校迎来其第一批学生。

1881 年 3 月 9 日，国家颁布法令规定在塞弗勒（Sèvres）女子高级师范学校试推行为期三个月的师范教师资格证相关课程。30 位经过学监挑选的师范学校在职教师在这里接受了培训。经过培训，超过一半的教师通过了师范教师资格证考试。1881 年至 1882 年间，国家继续在此推行师范教师资格证相关课程。之后，培训地点迁至圣·克劳德（Saint-Cloud），并通过考试来选拔可以参加培训的人员。1882 年 12 月 30 日，国家正式决定成立圣·克劳德男子高级师范学校，确定了教学大纲并组织了入学考试。"这两所高级师范学校的诞生，是偶然，也是必然。她们是形势的女儿，没有 19 世纪 70 年代共和的胜利，就不会有她们。她们也是现实需要的女儿，依靠教育兴国的国家需要在自己的国土上寻求切实的途径。"① 正如让·诺艾勒（Jean-Noël Luc）同阿兰·巴贝（Alain Barbé）在关于圣克劳德的研究中所言，这两所学校是"基础教育秩序的荣耀"②，接收的是"基础教育的精英"。

在 1882 年至 1913 年间，圣·克劳德男子高级师范学校共计招收 800 名学生，其中大部分学生均来自小学师范学校。这些学生是乡镇中真正的佼佼者，是高等小学的奖学金获得者。在 1882 年至 1913 年间，圣·克劳德男子师范学校每年的报录比仅为十分之一（1906 年为七分之一，因招生人数从 20 人调整为 30 人）。"初等教育师范生中，只有极小的一部分人可以考上圣·克劳德男子高级师范学校，登上初等教育的最高峰。"③ 20 世纪初，报考圣·克劳德男子高级师范学校的学生更加多样化，其中不乏取得会考资格证的高中毕业生、大学一

① LUC J, BARBÉ A. Histoire de l'École normale supérieure de Saint-Cloud [M]. Paris：Presse de la FNSP, 1982：15.

② LUC J, BARBÉ A. Histoire de l'École normale supérieure de Saint-Cloud [M]. Paris：Presse de la FNSP, 1982：19.

③ LUC J, BARBÉ A. Histoire de l'École normale supérieure de Saint-Cloud [M]. Paris：Presse de la FNSP, 1982：20.

年级毕业生和高等学校预科班的毕业生。到 20 世纪初，备考圣·克劳德男子高级师范学校仅须备战入学考试，不必参加预科班的学习。1894 年，夏普塔尔中学举办第一届师范学校预科班。随后，预科班的学习越来越规范，师范学校决定在第三学年结束后专门开设预科学习课程。在 1882 年至 1913 年间，"在圣·克劳德男子高级师范学校就读的学生中，有一半学生都是学校的老师"①。

从学生成分的构成来看，圣·克劳德男子高级师范学校可以称得上是一所人民的学校。"农民、手工业者和小学教师，这三大群体为师范学校贡献了 75% 的生源"②，其中，小学教师子弟占据大多数。截至 1960 年，高级师范学校的学生主体依然是最优秀的小学教员们，这成为"师范大学"一张独特的名片。自 1882 年创办到 1966 年与其他专业大学院校统一招生，圣·克劳德男子高级师范学校的学生中，有 42% 来自大众阶层，45% 来自中产阶层。可以说，这是最民主的"大学校"之一。

高级师范学校的教学内容依然受到一定程度的"限制"，学生需要在两年内完成学业。在学习方向上，学生的选择非常宽泛，学校只规定了文、理两大方向。1887 年法令允许圣·克劳德男子高级师范学校的学生深入学习所教科目，圣·克劳德男子高级师范学校成为唯一有权力深入教授小学课程的学校（第 109 条）。须要注意的是，圣·克劳德男子高级师范学校并不是巴黎高等师范学校的附属物，这里培养的并不是在某一领域进行深入研究的专才，而是了解多种知识的综合人才。各省师范学校教学大纲为圣·克劳德男子高级师范学校入学考试和日常教学提供了基本框架。也就是说，学生在这里进行的是"有限的学习"③，教学应当简洁、适度，注重实用性，真正立足于人民。因此，尽管他们当中的很多人会在下午请假旁听索邦大学的课程，他们却无法正式接受高等教育。

教育学的学习也仅仅存在于两所高级师范学校内部。1887 年国家曾要求为

①　LUC J, BARBÉ A. Histoire de l'École normale supérieure de Saint-Cloud［M］. Paris：Presse de la FNSP, 1982：22.

②　LUC J, BARBÉ A. Histoire de l'École normale supérieure de Saint-Cloud［M］. Paris：Presse de la FNSP, 1982：25.

③　LUC J, BARBÉ A. Histoire de l'École normale supérieure de Saint-Cloud［M］. Paris：Presse de la FNSP, 1982：34.

这两所学校配备附属实习小学，但这项决定并没有得到落实。菲利克斯·佩高曾要求丰奈特-玫瑰女子高级师范学校的学生们进入小学进行参观学习，圣·克劳德男子高级师范学校甚至都没有安排类似的活动。师范生的专业理论学习仅限于学校开设的应用教育学心理品德课（负责该课程的教师有哲学家亨利·玛依［Henri Marion］、得勒［M Dereux］和梅里南德［D Mélinand］）和由加布里埃（Gabriel Comparé）负责的教育学历史讲座。圣·克劳德男子高级师范学校取消了教学实践课，取而代之的是停留在想象层面的模拟课堂设置。

圣·克劳德男子高级师范学校的学生毕业后即任小学师范学校教师，他们的教学能力随即便受到了人们的质疑。他们确实学到了很多知识，但是并没有学到如何去学以及如何去教学。这些久居巴黎的、在"世俗教育殿堂"[①] 中培养出来的知识"包工头们"[②] 似乎无法融入师范学校的教学当中。这种情况很容易让人联想到共和国三年成立的师范学校。

两次世界大战期间，圣·克劳德男子高级师范学校依然按照既定的方针进行招生和组织教学。从 1914 年至 1941 年，学校共计招收 738 名学生，其中 673 名（90%）[③] 学生来自师范学校。第二次世界大战改变了这一情况。维希政府取缔了师范学校，因此，为小学师范学校培养教师的圣·克劳德和丰特奈-玫瑰高级师范学校也失去了存在的基础。有志从事初等教育的学生须首先完成高中学业，获得会考文凭后直接进入实习机构接受专业培训。1941 年 8 月 15 日卡克皮诺（Carcopino）法案取消了高级师范学校，高级师范教育以"新中学"之名并入中学教育。1941 年 9 月 4 日，政府再次出台法案，赋予圣·克劳德和丰特奈-玫瑰高级师范学校新的使命——为中学培养教师，并延长学制为三年。就读于这两所高级师范学校的学生将以大学本科教育的形式接受教育，在毕业后还须通过中学教师资格证考试（CAEC），即中等教育教师资格证（CAPSE）的前身。

第二次世界大战后，法国承认了这项变革，高级小学师范教育从此并入中

---

① LUC J, BARBÉ A. Histoire de l'École normale supérieure de Saint-Cloud ［M］. Paris：Presse de la FNSP, 1982：47.

② LUC J, BARBÉ A. Histoire de l'École normale supérieure de Saint-Cloud ［M］. Paris：Presse de la FNSP, 1982：54.

③ LUC J, BARBÉ A. Histoire de l'École normale supérieure de Saint-Cloud ［M］. Paris：Presse de la FNSP, 1982：103.

学教学的范畴。1948 年 8 月 26 日，政府颁布法令统一了四种高级师范学校学生的身份。学制的延长以及大学的培养模式使得圣·克劳德男子高级师范学校越来越接近巴黎高等师范学校。

让·诺艾勒和阿兰·巴贝的研究向我们展示了圣·克劳德男子高级师范学校漫长却必然的变迁：从一所普通的师范学校到真正的精英大学，这所师范学校逐渐加强了其课程的理论部分，它的使命越来越接近巴黎高等师范学校，帮助学生通过教师资格证考试并引导学生进入研究领域。同时，学校的生源越来越丰富，除师范生外，高中毕业生和大学预科班学生日益增多。这种"开放"也向教育界提出了挑战①，造成了基础资源的枯竭②和社会阶层的固化。1963年，圣·克劳德男子高级师范学校的生源中，师范生的比例达到了 50%。这一情况在 1966 年之后明显恶化。在 1966 年至 1970 年间，该校的师范生比例下降至 14%，到 20 世纪 70 年代，这一比例继续下降至 6%。在 1966 年至 1979 年间，该校 50% 的学生都来自上层社会（教师、高级干部、工程师、自由职业者、工业家和大商人），但在 1942 年至 1955 年间，这一比例仅为 14%。

四、《1905 年改革》

20 世纪初，社会上对师范学校批评的声音越来越多。在这种背景下，教育部决定对师范学校进行改革。从圣·克劳德和丰特奈-玫瑰高级师范学校毕业的教师加强了课程内容的丰富性和科学性，但随着时间的推移，这些课程也变得越来越笼统。与此同时，针对教师的教育学专业培养却受到了忽视。于是，1905 年政府决定在师范学校内分开推进文化知识教育和教育学专业教育这两大板块，即第一、二学年，学生专注文化知识学习和备考高级小学教师资格证，第三学年则被专门用来学习教育学知识和进行教学实践。1905 年 4 月 4 日法令具体阐释了改革的主旨并重新规划了教学大纲。③ 法令第三条介绍了第三学年的

---

① LUC J, BARBÉ A. Histoire de l'École normale supérieure de Saint-Cloud［M］. Paris：Presse de la FNSP, 1982：151.

② LUC J, BARBÉ A. Histoire de l'École normale supérieure de Saint-Cloud［M］. Paris：Presse de la FNSP, 1982：170.

③ GRANDIÈRE M. La formation des maîtres en France（1792–1914）［M］. Lyon：INRP, 2006：181.

考核方式并重申了师范学校的专业性质。学生须要提交一份关于教育学相关问题的书面作业（主题由学生在考核前两月确定），随机完成一堂附属学校的授课，并回答关于课堂组织、教学大纲、教学法，尤其是学生自己提交的书面作业相关的问题。

该法令明确规定师范生须在第三学年轮流在附属学校、实践学校或小学进行教学实习。这些学校的学生数目经过了严格计算，目的是为每一位师范生提供至少两个月的教学实践时间（第十一条）。同时，师范生每周还要轮流开设一次讲座，讲座的内容要围绕"课堂设置、教学法讨论、考试讨论、教材研究、作业讲评或者解读教育学作品"（第十三条）。须要注意的是，经过改革，师范生在第一、二学年的文化知识学时基本没有变化（31小时增加至32小时），但第三学年的学时则因此而大大缩减，以便加强学生的教育学专业素养。在介绍第三学年的教学大纲时，该法令明确指出了该学年的教学方向。师范生在第三学年须接受专业的教育学教育以及一定基础文化知识教育。其中，基础文化教育的目的旨在激发学生终身学习的兴趣。基于此，学生主要通过阅读文学、历史以及伦理作品来加强自身基础文化修养，开拓思维，关注当下与人类生活相关的问题……阅读时，学生要学习做读书笔记、口头或书面概述作品，对作品进行延伸学习……基础文化课的学时安排为每周5学时（每科1小时），另加每周15学时的自习研究时间。同时，学校会安排应用数学、物理、艺术史的相关讲座和世界名曲音乐会。

改革的目的在于提高学生知识文化水平，同时尽量让学生用临阵磨枪的方式备考高级教师资格证。但改革的内容改变了师范生第三学年的学习模式。从此，师范学校第三学年的教学围绕三方面对学生进行专业化培养：第一，教育学理论及学校体制分析；第二，师范生之间，以及师范生同教师之间进行的教学实践练习；第三，在附属学校等教学实践机构进行的教学实习。

师范学校第三学年教学方向
1905年8月4日法令

第三学年，师范生正式开始师范专业教育。通过前两年的学习，师范生已经积累了一定的文化知识和方法，初步培养了教学法思维和良好的思维习惯。

正式的师范教育主要围绕三方面来展开：第一，在教师的指导下，师范生对选定的小学课程进行准备和展示；第二，师范学校校长开设讲座讲授教学法批评以及教学法，并当堂考查师范生的掌握水平；第三，师范生在学生面前进行教学实践，在实践中学习教学法知识。

1. 第三学年的学习强调了师范学习的新特点。这一次，师范学校的教师可以有效地参与师范生的专业教育。之前，师范学校也曾规定师范生须按照小学教学的惯例，或在课堂中进行实践练习，或直接在附属学校进行课堂教学练习。但是，我们不知道这些规定在多大程度上得到了落实。当然在这一点上，我们也不能责备那些为了帮助学生通过高级小学教师文凭考试而准备了丰富课程内容的教师。从今以后，师范生将有一整年的时间来进行这样的教学实践学习……这种优势不仅体现在实践层面，也体现在教育学层面。在没有学生的虚拟课堂环境下，教师可以在需要时，马上打断师范生的授课并予以纠正，要求师范生改正后重新开始授课，也可以及时和学生讨论教学策略、教学理念。当然，想要真正达到这样的效果，教师要非常了解孩子们，要能持续地和孩子们进行交流。附属学校为此提供了可能。师范学校教师需要每月参加一次到两次师范生的实践课堂。对于没有实践学校的师范学校，教师可以在附属学校校长的允许下，每月进行一次复习询问……

2. 对于教学法、课程设计的批评学习并不是新的事物。依据之前的管理条例，师范学校的校长要承担起这些课程。此次改革之后，鉴于师范生需要在实践学校进行教学实践，这类型课程的重要性将更加凸显。此外，师范学校将重启之前经常被取消的教育学讲座。同时，讲座进一步明确了讲座的目的和主题（课堂、作业批改、教学法批评、教材……）。师范学校和实践学校的结合凝聚了整个师范学校的人心，对于师范学校的教育一体化至关重要。

3. 一直以来人们总会谈到分学年向实践学校派送师范生的不便之处。在自身课业的压力之下，师范生的到课率仅为一半。为了腾出时间更好地完成文化课的学习内容，在实践学校实习时，师范生只能匆忙地誊写课程重点。对于师范生而言，一个多星期的实习只能让他们刚刚了解学生和课堂。按照规定，师范生需要一年进行四次实习，但是在许多师范学校，师范生的实习时间均不超过两星期。此次改革之后，师范生将在第三学年进行为期两个月的实习（可以分一次或两次来进行）。在这一年里，师范生将不会有任何课业的压力，可以专心进行教育学学习，和学生进行相处，进行教学法实践。最重要的是，长时间的实习可以让师范生逐渐接触了解教学和课程的难点。例如，师范生可以从最简单的、最适合自己能力的课程开始学习课程准备和课程讲授，然后逐渐递加讲授课程的难度。教师会根据师范生的能力，逐渐调整作业和练习的难度。最后，教师可以选择性地放手让师范生来解除教学的难点。在实习的过程中，教师会循序渐进、有分寸地引导师范生、点评师范生的表现。这样一来，师范生不但不会在实习的过程中丧失信心，还会慢慢积累经验并确立自己的威信。

与此同时，政府对教师资格考试也进行了相应的调整。考生须参加 3 场笔试和 5 场口试。在笔试考试上，男性考生须提交文学或伦理学相关文章一篇（3小时），包含应用算术或几何题目以及理论问题的文章一篇（女性考生须提交关于几何学问题的文章一篇）。此外，男女考生均须回答关于物理和自然科学运用到医学、工学以及农学上的一个问题（4小时）。第三门为外语笔试，男女考生须要用外语回答提出的相关问题（2小时）。5 场口语考试紧密相连。首先是关于五大学科的提问。① 接下来考生将从一个法国作家名单中随机抽取一名作者的作品进行一刻钟的准备，然后回答相关的语法、文学问题。第三门考试要求学生在一刻钟的准备时间后，用所选外语大声朗读准备的文章，并翻译成法语，再用外语回答和文章相关的内容。第四门考试为临摹绘画作品。第五门考试为听音识谱，并回答相关的理论问题（最多 20 分钟）。

1905 年改革一经推出，立即遭到主张加强师范生文化修养派的质疑。同时，改革也并没有平息激进派想要取缔师范学校的呼声。许多人都指出，改革后的师范学校在前两年的课程设置上已经失去了师范学校的意义，和高级小学或者中学的课程无异，都在加强学生的文化知识积累，以帮助学生获得更高的文化文凭。1906 年，阿尔伯特·布迪（Albert Petit）在《讨论日报》（*Journal des Débats*）上发文，重提 1904 年议员马萨的观点，表明了自己对于师范生反战倾

---

① 五大学科分别为：教育心理学与教育品德；法国历史及 1492 后的世界历史；法国地理及地理概念；算术（对于男性考生，还须考查代数和几何）；物理、化学、自然科学及应用。

向的担忧。同时，他也激烈地批判了"基础精神"和成为"社会主义温室"的师范学校本身。他再次强调，应当取消师范学校，在中学培养师范生，以此拓展师范生的知识面。

费尔迪南·比松则发声支持师范学校。他反对把师范学校并入中学教育的观点，认为这样会切断师范生同其赖以生存的日常生活的联系，中学教育不过是给师范生镀了一层资产阶级的金。1905 年至 1906 年间，关于师范学校改革的话题愈演愈烈，一直对师范学校抱有敌意的右派尤其是极右派为了自身利益，重申了批判论调，将师范学校视为民主、不爱国的学校。1906 年 2 月，《教育学》杂志发表了弗朗西斯克·瓦尔保卫师范学校的文章。[①] 在文章里，弗朗西斯克·瓦尔主要从反面反驳了以马萨为代表的反对派的观点。"按照现在的教学情况来看，让中学来培养教师是不可能的。或者，即便是有一定的可能性，你们所提出的培养方式也会令人非常恼火。我们认为，必须保留师范学校机制。这样做有历史的原因，也有财政的原因，同时是教育学学科的要求所在：如果不是因为政治的原因，又有谁会想到取缔师范学校呢？"[②] 历史因素是传承师范学校的首要因素。"师范学校不是突然出现的，也不是某个教育家或者政治家按照某种未成形的理论突然创建起来的……相反，师范学校是在现实需要的驱动下，零散地、自发地形成的……应需而生，这句话对于师范学校可谓是恰如其分。"[③]

弗朗西斯克·瓦尔还梳理了 1810 年以来的师范学校历史，并指出师范学校有深厚的基础，要慎重对待师范学校的存留问题。瓦尔指出，师范学校是共和国和大众教育的朋友。马萨的言论不过是用不同的方式，复制了当年筹备《法卢法案》时梯也尔的愤怒言论。瓦尔认为，法国高中并没有培养教师的真正优势，希望通过取缔师范学校来缓解经济压力也是不现实的。把 9 400 名师范生转移到高中，必然要修建新的校舍，培养新的教师。同时，考虑到高中教师对于初等教育一无所知，还要保留一部分师范学校的教师来负责教育学的专业教学。

---

① VIAL F. Pour les écoles normales [J]. Revue pédagogique, 1906, 48（1）：118-141.

② VIAL F. Pour les écoles normales [J]. Revue pédagogique, 1906, 48（1）：119.

③ VIAL F. Pour les écoles normales [J]. Revue pédagogique, 1906, 48（1）：119.

"马萨先生说，以后师范生将在高中附属课堂进行实习。有钱的家庭怎么会同意把自己的孩子送去给没有经验的老师来练手？这些人付钱为的是让自己的孩子接受'教授'的教育，如果给他们孩子上课的不是'教授'，他们就会把孩子送去私立学校。另外，师范生将选择哪个学习方向呢？他们不能选 A（拉丁文-希腊文）方向，也不能选 B（拉丁文-外语）方向和 C（拉丁文-科学）方向。他们只能选 D（外语-科学）方向。即便如此，和七年来一直在这个方向努力的同学们相比（每周 5 课时），他们能跟得上课程的进度吗？"

"当然，如果师范生能够跟得上课程的进度，用外语学到的科学知识，对于乡村课堂来说，又有什么用呢？中学教学只能让师范生失去现实感，降低就业率。大家觉得，以师范生身份进入高中的优秀学生，在看到毕业会考之后更大的职业选择空间，甚至接受高等教育的机会后，还愿意继续选择成为小学教师吗？在高中培养师范生只会培养起一批'野心勃勃、不满现状、报复社会的人'。接受过和有钱孩子一样的教育后，甚至他们在学校的成绩比富人的孩子更好，这些学生毕业后如何会心甘情愿回到自己的小村庄，从事薪酬卑微的工作？"

综上所述，弗朗西斯克·瓦尔认为政府应当保留师范学校。但他也承认，如果中学教育和初等教育并轨之后，师范学校的存留将会再次成为社会讨论的话题。

"总有一天，初等教育和中学教育并轨。现有的征兆也已经表明，小学、高级小学以及初中教育正在融合，中学教育将会成为初等教育的延续。到那时，我们或许可以期待师范生也去接受高中教育，师范学校将保留其职业教育的功能。但这离我们还很远。"①

五、有关取消双轨制教育体系的思想

1906 年，弗朗西斯克·瓦尔曾提出取消双轨制教育。第一次世界大战后，法国人对此的呼声日益高涨。在前线和后方，小学教师们都展示出了伟大的爱

---

① VIAL F. Pour les écoles normales [J]. Revue pédagogique, 1906, 48（1）: 140.

国精神，用实际行动击退了反对师范学校的声音，进一步促进了双轨制教育的改革。站在荣誉法国这一方的，大学教师共计259名，中学教师为460名，小学教师则为5 500名。①

割裂的法国教育体系需要一场深刻的改革。在《新大学的同行者》（*Compagnons de L'Université nouvelle*）一文中，人们呼吁结束并行的双轨制教育体系，建立统一的学校体系。建立统一的学校体系，并不是消除教会学校建立公立学校的垄断，而是以延续的精神来发展学校教育。所有的儿童都应当接受免费的小学义务教育，毕业后，学生根据自己的能力和个人意愿选择是否接受中高等教育或进入社会。

第一次世界大战前，双轨制学校体制在事实上造成了社会的阶层分化，贵族学校和平民学校没有任何联系。有钱家庭的孩子从小接受付费的小班教学，之后进入初中、高中直至大学预科班，通向高等教育，各门课程均有独立的教学大纲以及专业的教师。直到1930年至1933年间，中等教育依然是付费教育。同一时期的平民教育则自成另一套系统。《费里法案》（1881年）之后，平民教育已实现免费教育，形成了从乡镇幼儿园至小学完整的教学体系。同时，作为初等教育的补充，平民教育还设立了特殊的中等教育体制——高等初等教育（EPS）以及商科工科实践学校（EPCI）。接受过补充教育的学生可以获得高级小学文凭、基础文凭（le brevet élémentaire）和高级文凭（le brevet supérieur）。除了个别表现极为优异的平民学生，这两个世界基本处于隔绝的状态。

第一次世界大战引起了强烈的社会阶层间的融合，也带来了文化上的震荡，人们开始质疑长久以来的教育现实。双轨制教育被认为是反民主的存在。新大学的倡导者们提出进行彻底的大学教育改革，以此祭奠在战争中牺牲的数百万亡灵。

"我们需要民主教育。承认现行的教育不民主并非易事，但我们必须要正视它。真正的民主是，统一的规则指导着社会的运行，不论出身如何，人们都可以在能力范围内相互合作，完成既定的社会任务。人的贡献和能力将成为划分

---

①　BECKER J J. La Première Guerre mondiale［M］. Paris：Belin-Sup, 2003：323.

社会等级的唯一标准。所有的法国儿童都有权利接受国家能提供的最多的教育。初级教育、中等教育以及高等教育的区分将没有意义。以'区分的'教育把法国人割裂开来，这是有违常识、公正和国家利益的做法。基础教育一直被排除在整体教育之外，被当作一种独立的封闭的教育类别。但基础教育不应当是这样的角色，它应当是教育的开始、教育的起点。它的存在不是为了给人们知识，而是为了启发人们思考。这对于初等教育、中等教育和职业教育都是一样的，启迪是所有教育的开始。统一学校意味着初等教育将对所有人开放，有钱人的孩子、工人的孩子以及农民的孩子都将接受同样的义务公立基础教育。"①

从这时起，统一学校的倡导者们要求关闭高中基础班，结束穷人与富人间割裂的教学模式②，同时要求实现完全的免费教育。然而，这些建议都过于宽泛，倡导者们并没有给出行之有效的具体举措。两次世界大战期间，统一学校不断取得新的进展，但反对者的声音依然不绝于耳。③ 而且后者试图让公众认为，建立统一学校是为了消除私立学校以达成国家专制教育。

分析家安托尼·普鲁斯特（Antoine Prost）曾指出三种不同教育改革观点。首先是小学阵营的观点④。这些人要求初等教育控制所有的义务教育，并延长初等教育至 14 岁。统一学校教育就是统一的初等教育，除了传统意义上的小学外，六年级和五年级的教育也要纳入初等教育的范畴，五年级后，学生才可以正式开始中学教育。这是统一学校倡导者们的立场，也是国民初等教师工会（SNI）的立场。其次是中学阵营的观点，以一些颇具影响力的人为代表，其中包括议会委员会报告人西伯利特·杜克斯（Hippolyte Ducos）和中学教育负责人弗朗西斯克·瓦尔。他们认为统一学校是对中等教育的谋杀，作为法国荣耀基

① COMPAGNIONS L. L'Université nouvelle, Les Cahiers de Probus［M］. Paris：Fischbacher，1918：21-24.

② COMPAGNIONS L. L'Université nouvelle, Les Cahiers de Probus［M］. Paris：Fischbacher，1918：25.

③ PROST A. Histoire de l'enseignement en France de 1800 à 1967［M］. Paris：Armand Colin，1968：405-431；BARREAU J M，GARCIA J F，LEGRAND L. L'école unique（de 1914 à nos jours）［M］. Paris：PUF，1998：127；GARCIA J F. l'École unique en France［M］. Paris：PUF，1994：227.

④ PROST A. Histoire de l'enseignement en France de 1800 à 1967［M］. Paris：Armand Colin，1968：409-410.

石的人文经典将会因此倒退两年。对他们而言，统一学校是一种空洞的设想，想要协调本应该相互独立的各学科和大纲是一种不切实际的想法。很明显，该阵营的主要成员是中学教师、中学教师工会及他们在上议会中的代表，他们认为统一学校的危险性在于对浅显的基础文化的普及化。第三种观点更接近于第一种观点，但同时提出了另一种具有可操作性的解决方案：把中等教育分为两个阶段。第一阶段类似于高等初等教育（EPS）以及商科工科实践学校（EPCI），可以考虑把二者融合进同一套教学系统。提出该观点的人是基础教育负责人保尔·拉比① （Paul Lapie）。1922 年 2 月，拉比在《教育学》期刊上发表《国家教育综合改革概况》一文，呼吁把高等初等教育融入中等教育第一阶段，根据学生年龄和学习程度组织教学，建立初级中等教育模式。② 所有儿童都需要接受初等教育，获得小学文凭之后（12—15 岁），接受初级中等教育。初级中等教育分为文科、理科和工科三个方向，学生选择一个方向进行深入学习，毕业后获得初中文凭。初中毕业生（15 岁以上）根据自身定位及能力进入更具体的学科学习中。

国家选择了第三种观点。1922 年，拉比首先提出了该观点。随后，人民阵线（le Front populaire）重提该观点，把初等教育和中学教育的第一阶段融为一体，建立了初中教育（6 年级至 3 年级）。但是，在很长一段时间里，"只有极少数人接纳了初中教育的存在。各教师工会都极力维持着各自的立场，甚至设法阻止着初中教育的发展。在这期间，初中教育没有得到任何教师工会的实质性支持。对初中教育的抵制可谓暗潮汹涌。这种抵制不仅源于教师行会间的害怕，更重要的是，公共教育的结构性重组更像是教师阶层的重新洗牌"③。

然而，当时的社会情况并不适合大规模地改革教师教育的模式。第一次世界大战结束后，举国哀悼。为了填补教师空缺，1919 年 10 月 6 日，政府出台法律允许招收已经完成基本教育的学生为师范生（第四条）。当时的观点是，师范

① 作家，笔名为 André Duval（1867—1927）。
② GARCIA J F. l'École unique en France ［M］. Paris：PUF, 1994：54-63.
③ LOUBES O. L'École et la patrie：Histoire d'un désenchantement（1914-1940）［M］. Paris：Belin, 2001：113.

学校没有必要招收非常年轻的学生来进行"塑形培养"。"这意味着讲堂培养观念的终结。"① 但是，当时几乎没有人注意到这种"权宜之计"的重要性。此后，在传统的三年制师范教育以外，并行着另外一种教师培养模式：取得高级小学文凭的学生入学后，仅需要接受一年的教学实践教育即可上岗。也就是说，从此以后，师范学校可以成为单纯的职业培训机构，招收已经具备相应知识储备的学生。

1920 年 8 月 18 日法令再一次深刻重组了师范生的培养模式，废除了 1905 年以来的知识教育（前两年）和实践教育（最后一年）分开进行的培养方式，重新确定了 1881 年的培养模式，即把知识教育和实践教育贯穿在三年的教育之中。由此可以清楚地看到政府希望为师范生提供区别于高中教育的特殊教育的决心。从第一学年起，师范生就被要求必须进入相应的小学参加实习。高级小学教师文凭的考试则由第二学年末调整至第三学年末。这就是"追根溯源"。

1920 年 9 月 30 日法令试图对师范学校的教育大纲做一点微调，尝试引入社会学。然而，此举引起了轩然大波。提出该想法的是基础教育负责人保尔·拉比，他希望借此提高师范生的理论水平。只安排在第二学年（每周 1 小时）的社会学课程"道德及教育社会学概念"，招来了很多反对的声音。公共教育部部长莱昂·贝拉尔德（Léon Bérard）公开反对他倡导的提议，两人之间的关系非常紧张。② 哲学家瑞内·于贝尔（René Hubert）及法兰西公学院社会哲学系主席让·伊佐莱（Jean Izoulet）在《大杂志》③（la Grande revue）上联合发文指责巴尔·拉比的做法，认为师范生既不具备充分的知识准备，也没有成熟的批判思维，无法真正体会到社会学的精华，在毫无准备的情况下接受粗浅的社会学教育，容易把年轻人引向危险的教条主义，甚至会让学生对共和国的价值观产生怀疑。

---

① NIQUE C. L'impossible gouvernement des esprits: histoire politique des Écoles normales primaires [M]. Paris: Nathan, 1991: 170.

② GEIGER R. La sociologie dans les écoles normales primaires: histoire d'une controverse [J]. Revue française de sociologie, 1979, 20-1: 257-267.

③ HUBERT R. L'état présent de la sociologie et son enseignement dans les écoles normales [J]. La Grande Revue, 1923 (111): 287-324.

1923 年 11 月，部长委员会提议调离拉比，任命其为索邦大学教育学主席。拉比拒绝了该提议。双方的斗争僵持不下，教育部最终决定为这门课换一个名字，改为"道德实践"。1924 年 6 月 18 日至 26 日期间，利·贝格森（Henri Bergson）加入公共教育高级委员会，也在该问题上同拉比产生了很大的冲突。在对宗教问题的社会学分析上，没有经验的师范学校教师很有可能会采用一些简单的方式。从实践上来看，社会学更容易变成"概念的学习"①，特别是以道德和公民教育为名来解释主要的社会现象。

两次世界大战期间，师范学校的教育模式依然是相对封闭独立，保有自己特有的教学方式和经典的阅读材料。马克·维兰（Marc Villin）在自传中曾提到 1923 年奥泰维尔师范学校（École normale d'Auteuil）图书馆存在的问题："没有任何当代作家的作品；学生们本应该开始探究马丁·杜·加德（Martin du Gard）、特默特兰（Montherland）、柯莱特（Colette）！在这里，一切现代精神都受到怀疑……1924 年的师范学校是一片精神的贫瘠地。无论从学校内部体制来看还是从作业内容来看，这个时期的师范生和我父母当年的师范生没有什么区别。我的老师们都穿着一样的服装，讲着一样的课。我精心保存的笔记可以为我做证。费里的子孙们都啄着百年前一样好消化的食物。"②

两次世界大战期间，大众对于学校改革的意见不一，改革本身成为一个敏感的话题。针对筹备统一学校的改革缓缓地推进着。1924 年，在左翼联盟（Cartel des Gauches）的支持下，统一学校取得了最初的进展。1925 年 9 月 12 日，部长弗朗索瓦·阿尔贝特发布政令，允许小学教师在高中小课堂上授课。1926 年 2 月 12 日，政府统一了乡村小学和高中小学的课程大纲。虽然这算不上真正意义上的统一学校，但也为 1936 年让·在伊的改革奠定了基础。1927 年 12 月 27 日，政府开始发展免费中等教育。20 世纪 30 年代以来，各项财政政策为

---

① GEIGER R. La sociologie dans les écoles normales primaires：histoire d'une controverse［J］. Revue française de sociologie，1979，20-1：267.

② VILLIN M，LESAGE P. La galerie des maîtres d'école et des instituteurs（1820-1945）［M］. Paris：Plon，1987：382.

免费中等教育的发展提供了实质性的支持。①

统一学校的发展也对教师培养提出了新的课题。倘若大众同有钱阶层接受一样的教育，那么师范学校就失去了存在的意义，或者至少师范生不应继续接受某种特殊的教育。师范生也应当接受高中教育，或者从高级小学毕业后参加所需的实践教育即可。师范学校也可以就此转变为专门的职业培训学院。在这方面，政府也做出了试探性的尝试。1932年12月30日法律规定，参加师范学校入学考试时，考生须已经取得高级小学毕业证书。在这之前（1816—1932年），考生只须取得初级小学毕业证即可报名。1934年1月11日，议员莫里斯·罗伯特（Maurice Robert）向众议会提出议案，请求合并男子小学师范学校和女子小学师范学校，建立统一师范学校。② 从此，师范学校将不再教授学生具体的知识，而仅向学生提供专业培训即可。想要成为小学教师的考生需要至少获得高级小学文凭，最好已经通过了高中毕业会考。师范生的实习期为两年。在这两年中，师范生需要在所实习的小学学习实操性技巧和学校章程、心理学以及教育学。这两年的学习以实习为主，辅以了解学校所在地情况的相关课程。然而，议会并没有通过该议案。

1937年3月5日，人民阵线教育部部长让·在伊（Jean Zay）提出改革法案，进一步推动了法国教育体制改革。在这份改革方案中，年轻的教育部部长概述了第一次世界大战以来法国存在的教育问题，对教育部内部结构进行了调整。高级初等教育部并入中等教育部，成为继初中和高中后的另一分支。此后，政府要协调高级初等教育、初中教育以及高中教育教学大纲，衔接好中等教育的各个阶段。简单来说，政府要出台政策，统一各学科之间的联系。③ 1937年及1939年法令在这方面初步做出了部分尝试。这两项法令在推广分科引导以及

① HUGOT P. La gratuité de l'enseignement secondaire: L'application des premières mesures démocratiques dans l'enseignement secondaire (1918-1939) [M]. Paris: L'Harmattan, 2005: 295.

② GONTARD M. La question des écoles normales primaires de la Révolution à nos jours [M]. Toulouse: INRDP-CRDP, 1975: 119.

③ PROST A. Histoire de l'enseignement en France de 1800 à 1967 [M]. Paris: Armand Colin, 1968: 412-419.

以积极教育法①为核心的创新教育法方面（为各学科设立相应的人文目标②，建立引导性课堂娱乐及活动、正规的课堂指示等）做出了很大努力。在这种情况下，让·在伊不得不慎重考虑小学师范学校的未来，要求小学教师必须具有中学会考毕业证。换言之，师范生将和普通高中生一样在高中接受扎实的高中教育。在第一、二学年，师范学校则仅仅作为单纯的寄宿机构而存在；等到学生获得中学会考毕业证后，师范学校又会成为专业的教育培训学院。

重组初等教育和中等教育提案序言③

1937 年 3 月 5 日

让·在伊

这一刻似乎终于到了。长久以来，中等教育、高级初等教育和技术教育都在等待着这一刻。无数的经验和举措都为这一刻的到来锲而不舍地努力着。是时候给予它们统一的地位了。我们恳请您慎重考虑一下这份提案。这份提案希望把初、高、中初级课堂转为公立学校，统一为公立基础教育。初级小学文凭将不再仅仅作为初级知识结业考试凭证，它也将同时成为继续学习的能力凭证。

将高级初等教育和技术教育纳入中等教育引起了热烈的讨论。但是，教师群体在这一点上都达成了一致：中等教育只接收有能力接受中等教育的学生。初中、高中以及高级小学需要学生在入学前已经有一定的知识储备。这就是为什么要提议推行义务初级教育。但是，这个年龄段的孩子对相关学科的兴趣以及相应的能力并不稳定，过早地对他们进行分科引导对大部分人而言，可能并没有好处。因此，在中学阶段的第一学年，所有学生都将接受相同的教育。经过一学年的观察，教师对学生的基本情况有所了解后，为学生家长提供关于学生天赋能力以及未来学习就业方向方面的指导。当然，教师的意见仅供家长进行参考。对于学生而言，第一学年过后，可以选择进入三个方向进行深造学习：经典教育、现代教育和技术教育。在课程设置上，这三个方向的学习彼此相关。

---

① ORY P. La belle illusion：Culture et politique sous le signe du Front populaire（1935-1938）［M］. Paris：Plon，1994：1033；Jean-François Condette. Albert Châtelet：La République par l'École［M］. Arras：Artois Presses Université（APU），2008.

② PROST A. Les instructions de 1938［M］. Paris：Presses de Sciences Po，2003：193-208.

③ BELLIOT H. La réforme de l'enseignement［M］. Paris：Rieder，1938：123.

这样做的目的在于可以及时纠正可能存在的分科引导错误。

这样一来，我们就不得不面对中等教育师资培养的问题。中等教育第一阶段的教师必须获得高中会考毕业证。同时，师范学校将作为专业学校继续存在，教师候选人要继续在师范学校接受专业的教师岗前培训。中等教育第二阶段的教师也面临相同的问题。在高校获得相应学科的学分和文凭后，第二阶段教师候选人还须获得专业的教育学资格认证。

然而，这份提案并没有机会接受全体议员大会的审议。人民阵线内部各派系矛盾愈演愈烈，反对派的声音越来越高。与此同时，国际形势也日益严峻起来。对于国家来说，比之教育改革，最重要的是保卫国家。另外，教育界对让·在伊的提案也提出了诸多批评，来自小学阵营的批判尤其强烈。这些人认为，让·在伊的提案会让小学教师的招聘情况越来越恶化，同时会加剧教师行业的资产阶级化。"师范学校的改革，会从数量和质量上威胁到世俗教师群体的招聘。因为来自大众阶层的精英会流向更有利可图的方向。保守势力也极力反对让·在伊的提案。他们认为，犹太人让·在伊本身就是"反法国"的存在，让·在伊的提案就是为了毁灭令法国荣耀的文化。

1939 年 9 月 3 日，法国加入了第二次世界大战。在有效的小学教师培养模式上，法国上下依然争吵不休。虽然让·在伊的提案并没有获得通过，但是人们对于提高小学教师文化水平的愿望并没有随之消失。当然，对于师范学校尖刻的批评依然不绝于耳。师范精神，被认为是一种古板的、肤浅的，同时是危险的、反国家的初级文化精神。正如我们所看到的，出于政治原因，维希政权废除了师范学校，在一种完全相反的意识形态下，实践了一部分让·在伊的提案。

从 1810 年第一所师范学校——斯特拉斯堡师范学校成立至 1939 年，师范学校在法国一步步落地生根。一直以来，师范学校都在批判声中不断变革，为成千上万的法国儿童提供师范生的招生和培训（1879 年，《贝特法案》规范了女子师范生的招生和培养）。同时，这一百多年来，师范学校一直以一种"重生"① 的方式培养锻造着教师灵魂，希望培养符合教会社会政治行为要求的合格教师。无论是在复辟王朝还是自由君主制下，在师范学校成长起来的小学教师都应当清楚地明白自身所肩负着的崇高的社会使命和自我渺小的社会地位——唯其如此，小学教师才可以成功融入自己供职的市镇。从这一点来看，第三共和国（1876—1879）虽然没有显著改善小学教师的社会地位，但彻底改变了他们的精神世界。接受了世俗化教育的教师是自然道德的传播者，也是自然道德的化身，他们通过教育把共和理念传递给未来的公民。在教师教育这件事情上，教育与培养、理论与实践，永远是人们争执不下却又没有定论的话题。

---

① LAPRÉVOTE G. Splendeurs et misères de la formation des maîtres；Les écoles normales primaires en France（1789-1979）［M］. Lyon：Presses universitaires，1984：34.

第六章

大学化培养时期的教师教育思想

自第五共和国建立后，政府开始有计划地促进教师专业发展。1969 年的改革使历史悠久的师范学校成为高等教育系统的一部分。此后，法国教师教育改革的主题是不断提高大学在教师培养中的地位，并使中小学教师在培养机构、招生对象、培养规格等方面逐渐达到统一。1989 年出台的《教育方向指导法》要求建立挂靠于大学的教师教育学院逐渐取代传统的省级师范学院、地区教学中心和国家师范学校，集中开展教师教育。从此，政府将过去小学教师与中学教师分别进行培养的双轨制模式合并为一轨，开始了趋同化和大学化的教师教育发展阶段。2005 年，政府颁布《学校未来的导向与纲要法》，要求 IUFM 逐渐从具有行政性质的公共机构，转变为附属在综合性大学下的内部学院。

第一节

第五共和国时期教师教育的发展背景

一、社会环境

1958 年 9 月法国通过新宪法，成立第五共和国，同年 12 月戴高乐将军当选总统。这一时期正是法国战后在发展社会经济方面出现的"辉煌三十年"，法国的综合国力较之以往大大增强，但法国想要重新成为世界一流大国成了一个可望而不可即的目标。战后法国一直在寻求大国梦。随着世界形势的不断变化，法国在更多元化的开放格局里走上了一条特色发展的道路。

（一）"辉煌三十年"的经济腾飞与潜藏的社会危机

在戴高乐担任总统的第五共和国早期，法国通过规划（planification，或译"计划"）等手段大大增强了综合国力，使法国进入初步发展阶段，为其实现"经济起飞"奠定了良好的基础。[1] 法国著名经济学家让·富拉斯蒂埃（Jean Fourastié）将这一时期称为"辉煌的三十年"。

---

① DUBY G. Histoire de la France：des origines à nos jours［M］. Paris：PUF, 2003：882-883.

戴高乐一方面进行政治体制改革，妥善解决阿尔及利亚问题；另一方面加强国家对经济的强力干预与管理，积极改善法国的财政状况，如大量发行公债，紧缩行政机构的办公费用和推迟增加公职人员的薪金，降低小麦价格和多种商品的零售价，提高商业税，对公司企业和奢侈品征收附加税，提高汽油售价，减少或暂停支付部分建筑和装配工程已经核定的用款。这些措施减缓了由通货膨胀引起的物价上涨，限制了国内消费，并使对外贸易状况出现好转的势头。[①]到1968年，法国国有化企业资本已占全部资本的33.5%。国家垄断资本控制80%以上的行业有电力、通信、煤、天然气和煤气等，控制40%—80%的行业有航空、汽车、军火、矿业、运输、焦炭和自动化设备等。在对企业实行国有化的基础上，政府大力推行资本主义的计划管理，同时大力发展民族经济，尽量摆脱美国资本的控制，依靠共同市场，实行自由贸易，并扩大对外贸易，通过竞争使法国在经济领域内重新恢复国际地位。法国在20世纪60年代的出口运动，使其对外贸易的出口额有了较大的增长。随着法国出口贸易量在世界出口贸易中的比重日渐上升，法国成为资本主义世界第四贸易大国。

此外，政府积极加强科学研究和技术引进，提高劳动生产效率。法国此次经济起飞的一个重要动因是科技革命的兴起。就此而言，这一时期的法国政府在注重科学技术的研究和引进，大力推进法国科学研究事业的长足发展方面有诸多可圈可点之处。从1959年至1969年，政府拨出的科研与发展经费从30亿法郎增加到138.6亿法郎，国家科研机构的研究人员从1958年的1.2万人增加到1968年的4万多人。政府大力鼓励法国科研人员积极与国外同行合作，参与国外实验室的尖端科学研究。[②] 有多位法国科学家在此期间获得诺贝尔奖。新兴科学技术的发展和运用大大提高了工农业生产的效率，进一步促进法国经济的迅速发展。

在社会结构方面，服务行业的发展、国家职能的扩大及其对经济、社会生活干预的加强，刺激了这一新兴阶级人数的膨胀。新中产阶级不占有生产资料，靠出卖脑力劳动和领取工资谋生。但是，他们生活比较富裕，职业比较稳定，

---

① 戴高乐. 希望回忆录 [M]. 上海：上海人民出版社，1973：144.
② 吕一民，等. 法国教育战略研究 [M]. 杭州：浙江教育出版社，2014：17.

文化水平较高，在法国社会阶级结构中的地位日益显要，并成为法国政治生活中举足轻重的力量。同时，工人阶级内部结构也发生了重大变化。战后，尤其是从 20 世纪 50 年代末开始，由于石油化工、电学、航天、核能、信息、生物工程等新兴工业部门的迅速崛起，加之对传统工业的大规模技术改造，使法国工业的生产组织和劳动力结构均发生了很大变化。其中最为引人瞩目的变化之一就是与传统工人有所不同的新工人的人数迅速增加。新工人按技术水平、文化程度和工作性质的高低不同分为新型熟练工人和专门工人。法国工人阶级内部结构的多层次化和复杂化给法国政治生活和工人运动带来了深刻的影响。高踞于社会宝塔尖顶的法国资产阶级的内部结构也同样发生了显著的变化。科技革命促进了资本和财富的积累和集中。两百家族中的一部分老牌垄断巨头和一些新近爆发的新垄断巨头成为法国的超级富豪，占有了法国一半以上的公司和企业。① 此外，法国曾经的海外殖民地纷纷独立，阿拉伯移民群体也越来越多地进入法国社会。伴随社会阶级结构的多元化，法国社会的两极分化问题逐渐凸显，成为潜藏在发展背后的不安定因素。

法国社会经济的迅速腾飞随着 20 世纪 70 年代的世界石油危机的爆发戛然而止，通货膨胀、经济滞胀、失业率居高不下和公共服务效率不高等问题凸显。与此同时，法国财政开始捉襟见肘，贸易自由化与国际化致使法国某些产业出现"空心化"，市场竞争力有限，社会矛盾日趋激化。特别是 20 世纪 90 年代，新自由主义在欧洲不断上升，法国政府认识到，只有适应国家现代化、地方民主化和公共行政管理高效率的发展需求，才能更好地缓解经济危机和社会不满，应对经济全球化带来的冲击。这一时期，法国一方面正视自己在"硬国力"方面与美国和统一后德国等国家的差距，另一方面也更加强调所谓的"软国力"及其优势。②

（二）地方分权改革的新思路

20 世纪 80—90 年代，社会党出身的总统弗朗索瓦·密特朗执政后，在经济上重视加强国家对经济生活的干预，改革经济结构，主张企业国有化，积极扩

---

① 吕一民. 法国通史 ［M］. 上海：上海社会科学院出版社，2019：368-369.
② 吕一民，等. 法国教育战略研究 ［M］. 杭州：浙江教育出版社，2014：21.

大就业，增加社会福利等；在政治上推行以地方分权（décentralisation）为中心的体制改革，充分发挥地方民主，提高行政效率，以逐步改变法国传统的中央集权体制，并在1982—1985年推出了声势浩大的分权改革。[①]

法国行政区按照大区（régions）、省（départements）、区（arrondissements）、选区（cantons）和市镇（communes）划分。地方分权是与公共服务集权管理相对的概念，其意是指政府"有针对性地向各地方进行分权，在市镇、省、大区和国家之间建立新的职能分配"[②]。1982年，法国政府颁布《关于市镇、省、大区权力与自由法》（又称《德菲尔法》），开启了中央集权向地方分权和国土整治规划（aménagement du territoire）。改革旨在促进法国人口合理分布和地区经济均衡发展，调动落后地区的积极性，促进落后地区经济发展，扭转经济僵局。此后，政府相继出台新的权限分配法，地方政府则在本地区经济发展、社会服务、医疗卫生和文化教育等领域扮演越来越重要的角色。

2015年，法国为进一步削减公共开支、提高公共行政效率，开始对法国地理区域的行政划分进行改革，并于8月7日颁布《共和国地理区域新划分法》。自2016年1月1日起，法国本土22个大区被合并成13个大区。改革还取消了9个地区行政长官和地区卫生管理局总局长职务、63个部直属地区厅长及其幕僚职务。每个大区只有一位行政长官、一位大学区区长、一名地区卫生管理局总局长，每个部级机关只有一名地区直属局长。大区是最大的行政划分区，由大区议会（conseil régional）管理。大区议会每六年由直接普选产生，议会参与经济和社会领域的大多数事务的管理和财政拨款。地方分权改革影响了法国的教育治理。

（三）欧洲一体化改革的推进

第二次世界大战后，欧洲政治格局趋于稳定，"永不再战"成为各国的共同愿景；美国则逐渐开始在国际政治和经济舞台上争演主角，并提出了旨在重建欧洲经济的马歇尔计划。在美国的敦促下，欧洲国家成立了欧洲经济合

---

① 上官莉娜，李黎. 法国中央与地方的分权模式及其路径依赖［J］. 法国研究，2010（4）：83-87.

② SIMON J，SZYMANKIEWICZ C，et al. Organisation et Gestion de l'éducation Nationale［M］. Paris：Berger Levrault，2014：249.

作组织，以协调欧洲各国经济政策，努力实现成员国之间的自由贸易。随后，20世纪50年代的"欧洲煤钢共同体"、60年代的"欧洲共同体"、80年代的"欧洲统一市场"、90年代的"欧洲联盟"，使欧盟一体化进程从经济、政治一体化逐渐向社会深层次发展轨迹不断前行。欧洲教育一体化作为欧洲政治、经济一体化功能性的外溢效应，在整个欧洲社会整合的过程中发挥着重要的作用。

1976年欧共体理事会通过对医学博士等文凭予以暂时性的双边认可，刺激了欧洲专业人员的交流。1983年欧洲法院提出赞成欧洲公民在另一成员国学习。1986年《单一欧洲法令》(*The Single Euorpe Aet*)的颁布为教育一体化的推进开辟了广泛的道路。1987年欧洲法院授权对教育合作活动予以资助，"伊拉斯谟计划"成为获得欧共体资助的首个欧洲跨境教育交流合作项目。从此，欧共体12个成员国将职业培训项目合作从经济和专业领域扩大到社会、道德、公民和政治等各个方面。1993年的《马斯特里赫特条约》进一步确立了欧共体所有成员国教育家对教育合作的积极支持，教育交流的设施和条件也获得改善。20世纪90年代初期，欧洲教育合作的创举主要集中在高等教育合作与交流、实现机会均等教育合作，以及公民教育与培养三个领域。[①] 而进入21世纪，欧盟推出的"博洛尼亚进程"将欧洲一体化在教育领域的发展推向高潮。

欧洲一体化改革对法国来说无疑是一个难得的战略机遇。欧洲一体化发端伊始，被誉为"欧洲之父"的让·莫内和罗伯特·舒曼就以欧洲一体化设计师的形象为一个联合的欧洲蓝图铺就了第一层阶梯。戴高乐总统在任时审时度势，及时而坚定地抓住了这个机会。他认为，把法兰西的"伟大"发扬光大是恢复法国人的自信心、自豪感所必需的，也是团结全体法国人的凝聚剂。[②] 戴高乐后历届总统和政府也都积极致力于欧洲一体化改革。法国精英的政治理念在驱动一体化进程中发挥着不可替代的政治作用，同时欧洲一体化也是法国振兴经济、提升国际话语权的精神支柱。

---

① 杨明. 欧洲教育一体化初探 [J]. 比较教育研究，2004 (6)：76-80.
② 沈孝泉. 法国梦开启"光辉的30年"[J]. 时事报告，2013 (6)：52-53.

二、教育发展状况

第五共和国时期，法国进行了多次教育改革，在贯彻教育的民主化、现代化原则上取得相当的成绩。例如，1959 年 1 月颁布的《教育改革法》规定，6—11 岁为初等教育，所有儿童都应接受同样的初等教育；初等教育结束后学生都可进入中等教育第一阶段，即两年的观察期教育（11—13 岁）；两年后，学生进入中等教育第二阶段（13—16 岁）。在该改革法案下，法国已经实现了小学的统一。1975 年，法国又通过《哈比法案》，建立了一种完全统一的并向所有学生开放的综合性教育机构——中学。至此，延续百年的双轨制教育体制基本解体。①

（一）教育方面已取得的成绩

首先，延长义务教育年限，推动了教育在量方面的民主化。1959 年政府将义务教育年限从 6—13 年延长至 6—16 年；2019 年，政府又决定将 3 岁儿童进入母育学校接受免费教育也纳入义务教育阶段。因此，法国目前的义务教育年限为 3—16 岁。人们普遍认为，尽早入学母育学校让儿童接受认知、社会关系、思维和语言等方面的培养，有利于缩小儿童个体在词汇量、思维和表达能力等方面的差异，进而使其将来更好地接受学校，实现"让每个孩子都能成功"的目标。正如安托万·普罗斯特（Antoine Prost）指出的，量的民主化虽不能消除教育的不平等，但可以取代不平等。②

其次，减少社会出身对学生受教育权的影响，实现了教育在质方面的民主化。政府在 20 世纪 70 年代强调"民主化教育"，并通过统一学校的改革将不同阶层融合于一轨制的中等教育体系中。20 世纪 80 年代政府推出"教育优先区"改革，随后通过"教育优先网络""强化教育优先网络"等系列性政策，使教育落后地区及学校获得更多、更适合的教育资源，促进了教育的均衡发展。21 世纪初，政府鼓励精英"大学校"提高对家庭社会经济地位处境

---

① 王长纯，等.教师教育思想史研究：上、下册 [M].长春：东北师范大学出版社，2016：344.

② 义务教育的学制包括 3 年的学前教育、5 年的小学教育、4 年的初中教育和 3 年的高中教育。小学学制从低到高分为小学预备班、小学基础 1 班、基础 2 班、中级 1 班、中级 2 班；初中学制分为六年级、五年级、四年级、三年级、二年级；高中学制分为三年级、二年级和毕业班。

不利学生的招生比例，并向优秀学生提供奖学金、增加补贴，使这些学生摆脱了社会出身的束缚。特别是在2008—2018年，工业、农业、手工业、商人和普通雇员家庭出身的子女，进入"大学校"预备班的比例不断上升。

再次，利用各种手段，努力让每位学生享受高质量的教育。在母育学校和小学阶段，政府积极推进小班化教学，使母育学校的生师比达到24.3∶1，小学班级的生师比为22.7∶1。在初中、职业高中和普通技术高中的生师比分别为25.4∶1、18.3∶1和29.1∶1，使教师可以为学生提供个性化教学，并更好地保障了教育质量。同时，政府积极推广数字化教学，在国民教育（初等和中等教育）领域推行"数字化校园"，在高等教育领域发展"数字大学"，促进国家级MOOC平台面向全球开放，拓宽学生的学习渠道，使学生获得丰富多样的知识。此外，政府积极推动全纳教育，确保残疾儿童等特殊学生群体享有适合的正规教育，而且能够回归学校与集体。

最后，学生在各级各类升学考试中的通过率不断提高。自20世纪70年代以来，伴随第一、第二教育阶段课程大纲的不断完善，法国在制定学生"必不可少的共同基础"和"知识、文化和能力的共同基础"上，明确了教学目标和人才培养的方式，并将发展学生的核心素养理念贯穿于各个教育环节，促进学生在智力、能力和公民性方面的发展。因此，各级各类升学考试中学生的通过率不断提高。如，2018年初中毕业考试的通过率为87.2%，通过率相比20世纪90年代提升了近10个百分点。高中会考总体通过率则从1995年的74.9%，提升至2018年的88.2%。其中普通会考的通过率从1995年的75.1%，提高到2018年的91.0%；技术会考通过率从75.5%提高到88.8%；职业会考通过率从72.7%提高到82.8%。可以说，法国学生学业的总体表现较以往有明显提升。

（二）传统教师培养制度面临的挑战

法国过去实行的是"封闭"和"开放"相结合的"混合型"体制培养，即由专门的省立师范学校（école normale）培养"多能型"的学前和小学教师，综合大学和相关高等教育机构负责培养各类专门型的中学教师。过去实行双轨制培养，学前和小学教师由省立师范学校进行培训；中学教师由第二次世界大战后确立的5所国立师范学校进行培养，其中最知名的就是位于巴黎于尔姆街的高等师范学校。

进入 20 世纪 60 年代，法国的出生人口大幅增长，各级各类学校的入学人数随之激增。政府为解决师资不足问题便降低了教师录取的标准，结果造成教师社会地位的下降。[①] 在此背景下，省立师范学校开展的百科性中等教育与小学需要的实用性初等教育之间的矛盾日益尖锐，教师教育的教学内容和方法落后，管理方式陈旧，越来越多的青年选择接受高等教育，特别是高中文化水平和有限的职业教育难以使师范学校的毕业生胜任好未来的教师工作，因此师范学校面临巨大的发展危机。在"五月风暴"的推动下，法国开始改革师范学校。政府决定师范学校开始招收高中毕业生，并对其进行为期两年的职业培训。这样，大学第一次进入师范学校，为学生开设语言和数学等课程。师范学校的性质从以普通教育为主的中等教育机构转变为以职业教育为主的中等后教育机构。[②]

然而不久之后，人们发现教师教育中普通教育和职业教育水平的不足依然没有得到解决，延长教育学制也并未转变师范教育在大众心目中的印象。因此政府在 1979 年不得不考虑进一步改善师范教育的处境，提高教师专业水平，进而提升其职业的社会地位。如，将各省的师范学校合并为每省一所，男女合校；学校招收高中毕业生，学制 3 年；1/3 的学业要在大学完成；教育方式采取教学单元制（相当于大学的学分制），学生个人可以安排自己的学习计划，提高选修课比重。此外，毕业生可以参加大学和师范学校的双重考试，通过后可被授予大学第一阶段文凭和初等教育教师证书。从此，法国学前和小学教师有机会获得高等教育学历。

在高等师范学校接受中学教师专业培养的学生，由于 1985 年法国决定以"大学校"和大学合作的形式设立硕士学位（magistère），便开始倾向于借助这一途径接受更高层次的教育，进而从事科学研究。因此，选择参加教师资格考试的高师学生越来越少。也是在这一时期，几所高师学校中有些虽然保留了师范的名称，但培养目标已经发生了变化，培养中学教师被置于很次要

① 王晓宁，张梦琦. 法国基础教育 [M]. 上海：同济大学出版社，2015：132.
② 苏真. 比较师范教育 [M]. 北京：北京师范大学出版社，1991：97-98.

的地位（巴黎高等师范学校便是如此）。

随着教育民主化运动不断深入，教育科学的不断发展，新思想新学科在教育领域的丰富，法国教师教育主要由分散在各地的教育机构完成，教师培养体系过于分散，无序化问题严重。除了教师教育系统本身存在的问题，法国其他各个社会公共部门的发展也对学校教育提出了新要求。这些社会公共系统涉及未来法国社会、经济、文化的发展趋势，而教师作为学校教育的重要参与者，亟须转变角色以应对社会的新需求。因此，政府必须正视各级教师培养的断层问题，整合过于分散的教师教育资源，建立统一有序的教师培养制度，推进教师的专业化发展。

（三）教师教育模式和职业发展困难重重

首先，法国的教师教育模式受到诟病。如，世界经济合作与发展组织曾在巴黎召开过一次名为"教书，一份自我提升的职业"的国际会议，专门探讨教师教育与教育质量间的相关性。会议中有学者指出，法国教师教育处于落后地位。当前的教师"培训"已发展到一个新阶段。新职业化培训的目的是培养教师，以应对"公立学校不断增多"的现状。世界经济合作与发展组织提出国家未来的教师教育发展将从"连续模式"（modèle consécutif）过渡到"同时模式"（modèle simultané）。"同时模式"主要包括教师教育的大学化（l'universitarisation de l'enseignement），注重理论学习和实践的同时发展，为青年教师提供教学支持（如辅导等方式）以及与研究相关的终身教育培训等。在当今竞争激烈的经济环境下，人力资本的作用越来越大。加强教师教育也有助于建立一个真正的"民主社会"。而法国教师培养模式是一种以课程为中心的学院模式，但课程与实际工作联系较少，专业化的教师教育在法国模式中所占比重也并不大。这显然落后于先进的教师教育模式。[1]

其次，法国对在职教师教育的关注并不到位。由于经费有限和包括国家及教师本身在内的各方面重视不够，法国对教师在职培训工作很长时间内没有建立完整的制度，历史上曾经出现过的种种有意义的建议和尝试都没有能够得以实现或坚持下来。这一局面直到20世纪70年代才有明显变化。随着

---

① 王晓宁，张梦琦. 法国基础教育［M］. 上海：同济大学出版社，2015：136-137.

终身教育思想的提出和广泛传播，教师的在职培训（或称继续教育）问题也被提上议事日程。如 1972 年，法国教育部和全国初等教育教师工会共同发表了《关于初等教育教师终身教育基本方针的宣言》，明确指出教师培养是一个整体概念，它由职前和在职培养两部分组成。随后，教育部对初等教育阶段（学前和小学）教师的继续教育做出相应规定。进入 20 世纪 80 年代，新技术革命的飞速发展和学生"学业失败"问题的突出对中小学教师的职前和在职培养都提出了更高的要求，这促使法国进一步完善教师的在职培训。

最后，人们对教师职业的发展失去信心。近年来，法国在各级各类教育领域推行了诸多改革，但面对教师岗位被削减、教育预算缩水、教师在职培训难以有效推进等问题，改革或多或少地为教师带来一些负面影响。尤其是一些政策呆板桎梏，缺乏对一线工作者诉求的考虑，更像是一种政治游戏；政策的执行者不了解改革的真正含义，只是简单地落实。这让本应和教育管理者一起参与改革的广大教师失去信心，甚至走向街头举行罢工以示不满。同时，教师中还蔓延着一种不幸福感。法国官方报告中称，很多教师在工作中都有痛苦体验，即对自己的职业和社会地位感到失望。特别是近年来，随着法国教职岗位数量的减少，报考教师资格考试的人数在逐年下滑。但事实上，教师的空缺岗位比例却不断上升：1999 年为 7.6%，2010 年为 4.1%，2011 年为 2.6%，2012 年则高达 15%。教育职业信仰危机由此可见一斑。

上述问题不仅与教师教育和教师发展相关，更与社会变革紧密相连。当面对信息网络和数字技术大到引领着世界产业变革、带动经济增长，小到扩大学生知识获取的途径和丰富教育教学的方式时，法国和其他国家一样，对教师的期望越来越高。因此，法国唯有通过促进教师的专业化发展，才能进一步加强教师队伍建设，维护教师社会地位，使教师获得职业安全感和自豪感，才能为培养掌握核心素养的社会公民提供重要的师资保障，促进教育的高质量发展以及应对日趋激烈的全球竞争。

第二节

大学化培养时期的教师教育

在法国，传统的观念认为小学教师不需要什么知识，只要能照顾好小学生就行了，当小学教师是贫穷学生的唯一出路；而中学教师应该受到较好的教育，具有丰富的知识背景，只有出身良好的学生才能进入中等师范学校并最终成为中学教师。这样，小学教师与中学教师被一条鸿沟深深隔绝开来，他们过不同的生活，受不同的教育，拿不一样的薪水。[①] 正如埃德蒙·金所言："小学教师与比较倾向'学术性'的中学教师之间工作利益的明显分裂以及有'证书'的初中教师与面向大学的高级中学高年级教师之间工作利益的明显分裂所造成的后果，远远超出了其他教育系统中存在的淡淡的嫉妒思想和敌对情绪。"[②] 不过这种双轨制的教师教育格局在第五共和国时期终于得到突破。此后，法国从重建教师教育机构到丰富教师教育模式，从提出教师职业能力要求到完善教师职业晋升与管理制度，通过历次教育改革逐步建立起教师专业化发展体系。

一、教师教育走向趋同发展

20 世纪 50 年代到 70 年代是法国科学技术和经济高速发展的黄金时期，教育领域也发生了诸多变革，现代化、民主化、职业化成为教育变革的主旋律。教师教育在经历 1946 年的重建后虽然有了一定的进步，但由于学制安排不合理，给师范生的学习带来了较大挑战。因此，师范学校逐渐出现将"2+2"改为"3+1"模式的尝试。但这一做法又削弱了职业培训。

1968 年的"五月风暴"引发了师范生们的普遍关注，政府在 1969 年改革高等教育的同时，也决定改革师范学校，即招收高中毕业生，进行两年的职

---

① 肖甦. 比较教师教育 [M]. 南京：江苏教育出版社，2010：71.
② 埃德蒙·金. 别国的学校和我们的学校：今日比较教育 [M]. 王承绪，等译. 北京：人民教育出版社，2001：164.

业培训。可见，高中文化水平加一年职业培训不足以使师范生胜任未来工作的观点已经占统治地位并且被政府当局正式接受，法国师范学校的性质发生了自建立以来的第一次根本性变化。从此，它由以普通教育为主的中等教育机构，变成了以职业教育为主的中学后教育机构。改革的直接结果中，至少有两点是积极的：大学第一次介入初等教育师资的培养工作，为师范学校开设了高于高中水平的数学和语言学课；职业培训在总课时中占的比例大大提高，还开设了选修课。[1] 这一改革的意义很大，它使历史悠久的师范学校成为高等教育系统的一部分，并使中小学教师在培养机构、招生对象、培养规格等方面逐渐达到统一。

1969 年的改革使人们兴奋一时，不久人们就发现，普通教育和职业教育两方面的不足并没有得到很好的克服，学制的延长也没有改变人们对师范学校的看法，因而也无助于初等教育教师地位低这一问题的解决。为了改变教师教育的处境，提高教师水平，从而提高教师地位，扩大大学对初等教育师资培养的参与，法国于 1979 年再次对师范学校进行改革。1979 年的改革实际上确立了法国较为独特的"混合型"教师教育体制，与由普通高等学校来承担教师培养职能的"开放型"体制以及由专门的教师教育机构承担教师培养职能的"封闭型"体制不同，"混合型"教师教育体制实现了普通高等学校与专门的教师教育机构在教师培养上的分工与合作。[2]

在落实 1979 年改革的过程中，人们发现有两个问题没有解决好，即大学和师范学校在教学中配合欠佳，理论教学和实际训练不够协调。同时，为了适应和满足初、中等教育的发展需要，解决师资不足问题，20 世纪 80 年代法国采取了一些改革措施，完善教师教育，这些措施大致可以归结为五个方面：一是提高各级各类教师的学术水平和职业素养。如 1986 年改革规定，帅范学校只招收至少受过两年高等教育且获得相应文凭者，学制两年，培训主要为职业性。二是提高教师的地位和待遇，稳定教师队伍。这类措施主要针对地位、待遇最低的几类教师，包括初等教育教师、初中普通课教师、职业高中

① 邢克超. 战后法国教育研究 [M]. 南昌：江西教育出版社，1993：307.
② 王长纯，等. 教师教育思想史研究：上、下册 [M]. 长春：东北师范大学出版社，2016：367-368.

教师和技术高中技术课教师。三是采取多种办法，扩大师资来源，为准备参加师范学校入学考试或中等教育能力考试的学生提供补助津贴，同时放宽了招聘教师的一些条件，如取消年龄限制，降低入学考试中体育和音乐的要求等。四是加强在职进修，使之与职前培养有机结合，从终身教育的理论高度上强调继续教育的重要性，并为教师安排数量更多、内容更丰富、形式更活泼的进修活动。五是鼓励高等教育机构更多地参与到初等和中等教育教师的培养中，如吸收高等学校教师参加教师职前和在职培养的教学工作，鼓励大学更多地开设实用的教育课程，尤其是教学法课程等。[①]

通过1986年的改革，法国的职前教师教育已经成为四年制的学士学位教育，其采用的"2+2"模式是当时流行的学士后教师教育（先读两年本科，再读两年教师教育专业课），即"4+2"模式的早期版本。改革将法国小学教师的培养提升到大学本科层次。到1989年改革前，法国的教师教育已经形成完整的体系，各种类型的师资培养机构尽管具有的功能不同，但都已经提升到高等教育层次。具体来说，共有三类师资培养机构。一类是培养本省学前和小学阶段教育的教师初等师范学校（ENI）。每省1所，不分男女，其招生对象有两种：第一种是年龄在16—22岁持有高中毕业会考证书者，经过笔试和口试，择优录取（称外部考试）；第二种是年龄在30岁以下，有一年教学实践和高中学历的小学代课教师，经过口试录取（称内部考试）。第二类是中等教育师资培养机构。它们原来是高等师范学校，在经历了200余年的流变后，在专业设置、培养目标上有了一些新的变化。首先是四所高等师范学校：巴黎男子高等师范学校、巴黎女子高等师范学校、圣·克劳德男子高级师范学校、丰德奈-玫瑰女子高级师范学校。根据1985年7月颁布的法令，高师每年招生数量由教育部决定，报考者须持有相应等级的文凭并且符合年龄规定。根据法国有关法令规定，高师的任务是为中等教育、"大学校"预科和高等教育培养师资，为研究机构培养研究人员，对他们进行本科培训并承担继续培训的任务；为国家各部门、各公共机构及企业培养干部做出贡献。由此可见，法国高师的培养目标极为广泛。实际上，这四所学校主要开展的是精

---

① 肖甦. 比较教师教育［M］. 南京：江苏教育出版社，2010：68-69.

英教育。为适应科学技术飞速发展和知识快速更新的时代特征，未来的教师须学识渊博并具有高度应变能力。高师的专业设置面广，在与中学教学改革中不断革新的课程设置和教学内容相适应的同时，采取灵活的教学方法，提倡充分尊重个性，自由发展。学生最后要通过高级教师的国家考试，检验是否达到国家要求的标准。法国高师重学术水平，对教育学的训练不足。随着大学开放教师教育，研修高级教师证书的教育和心理学科课程，多在大学开设；高师虽然拥有阵容强大的实验室、研究中心，但它们与教育学科的研究并无太大的关系。而且巴黎男子高等师范学校、巴黎女子高等师范学校的学生毕业后去中学任教的越来越少，绝大部分都进入了国家机关、企业和科研机构，担任高级教学、科研或管理职务。相比之下，圣·克劳德男子高级师范学校、丰德奈-玫瑰女子高级师范学校的毕业生去中学任教的更多一些。随着高师开展师范教育的目标导向越来越模糊，它们已不是法国培养教师的"主力学校"。其次是目前法国成立的高师集团（ENS-group），是由法国仅有的四所国立高等师范学校（École Normale Supérieure）——巴黎萨克雷高等师范学校（原名为卡尚高等师范学院）、里昂高等师范学校、雷恩高等师范学校与巴黎高等师范学校组成的联合体。

　　第三类是地区教育中心。政府于1952年决定在每个学区设立一所地区教育中心，专门负责中等教育教师任职前的教育培训。地区教育中心并不是具有独立教学设施和独立性质的学校，而仅仅是一种实习指导教师和师范实习生的集合中心，既没有专门的教师，也没有专门的校舍，而是利用实习学校以及大学各学院现成的设施组织成立。地区教育中心由大学区区长管辖，实习指导教师则每年遴选国立中学的优秀教师担任。培训的内容既包括教育的制度、理论、方法、手段、对象，又涉及实习生的专业。培训方法包括教学、讨论、调查、研究、实习等。在接受一年的培训后，会考教师由教育部部长任命，并且要经过公开课和与考试委员会的谈话。地区教育中心虽然是一种名副其实的无形学校，但是真正属于中等教育教师职前培训机构。①

　　①　成有信. 十国师范教育和教师［M］. 北京：人民教育出版社，1990：52-61.

二、促进教师专业化发展的相关政策

1989 年，以鲁昂学区区长邦塞尔为首的改革委员会向教育部部长递交了题为《创建教师教育新动力》的报告。这成为 1989 年《教育方向指导法》的蓝本，也开启了法国教师教育领域的重大改革。① 也是从 1989 年政府正式提出建立教育的专业学院起，法国的教师教育逐步走向专业化。

1989 年，政府颁布《教育方向指导法》并提出，由国民教育部建立统一的、专门化的大学层次教师教育机构——教师培训大学级学院（IUFM），法国的每个行政学区都必须建立一所，以取代此前的传统师范学院、地区教师培训中心、国家师范学习学校。格勒诺布尔、里尔和兰斯三个学区率先设立 IUFM。IUFM 学院设在大学内，招收完成三年高等教育并获得学士学位的毕业生，对其进行初级职业培养和继续培训。至此，法国结束了过去的初等教育教师与中等教育教师单独培训的双轨制模式，进入教师教育集中、统一发展的阶段。

IUFM 的成立与当时的教师群体现状有关。据相关学者研究，从 1989 年到 2000 年以前，有 35 万名教师退休。② 政府希望利用这一时期推广新形式的中小学教师培训，培养一批合格的新教师，为教师队伍注入新鲜血液。在改革之前，法国的教师资格证书层次化差异较大，教师群体内部不平等现象明显。比如，改革前的教师资格证书分为四个层次——会考教师、初中普通教师、职业教师、证书教师，不同教师群体的地位与待遇差距较大。另外，1990 年前的法国教师培养体系过于分散，无序化程度严重。因此，该时期下的法国亟须整合过于分散的教师教育资源，建立统一有序的教师培养机制，来积极应对法国社会各方面的发展需求。自 1989 年，法国政府正式提出建立 IUFM 开始，法国的教师教育主要经历了三个阶段，逐步奠定了硕士化的教师培养模式。第一阶段是 IUFM 的成立阶段，标志着教师培养一体化的形成；第二阶段从 2005 年到 2012 年，硕士化的教师培养模式正式确立；第三阶段为

---

① 王晓宁，张梦琦. 法国基础教育［M］. 上海：同济大学出版社，2015：132.

② GUGLIELMI J. Naissance et e'volution d'un IUFM［J］. Revue internationale d'éducation de Se'vres, 1998（12）：91-105.

2013 年至 2019 年，硕士化教师培养模式进一步改革。

在 IUFM 成立之前，教师教育分别由多个不同的地方性教育机构独立完成。比如，传统师范学校主要培养小学教师，学生毕业后被分配到学区内任意一所学校任教。而初高中教师培养主要由当地的教学中心来完成，学生完成学业后需要通过考试，才能成为教师。IUFM 的建立本质上是为了把之前分散的不同层次的教师教育机构全部整合起来，建设一个集儿童教育、小学教育、初中教育于一体化的教师培养体系。《教育方向指导法》同样规范了教师培训学院的教育内容。一是负责培养师范生，集中帮助师范生通过教师资格考试；二是负责培养已通过教师资格考试的师范生，进行公务员性质的带薪教育实习工作；三是负责对已经参加工作的教师进行在职培训工作。值得注意的是，学生在大学完成三年制的学习后才能进入 IUFM。入校第一年，学生的主要任务是备考教师资格考试；入校第二年，学生在通过教师资格考试后，再进行公务员性质的带薪教育实习工作。IUFM 一方面保持着其机构独立性，另一方面，为了明确高等教育机构拥有干预与指导 IUFM 发展的责任，IUFM 名义上必须附属于至少一所综合性公立大学。因此，IUFM 受国家教育部与当地大学的共同监管。

第三节

教育家的教师教育思想

一、朗西埃的教师教育思想

哲学家雅克·朗西埃（Jacques Rancière）是解放教育学（La pédagogieé mancipatrice）的代表，他对教育中的自我管理、自主权、创造精神、平等等问题进行了探究。其教育思想的渊源可以追溯到 19 世纪末，法国无政府主义工人运动的活动分子主张，在知识方面脱离与教会的垂直继承关系，从科学实验方法中汲取灵感以推动理性教育学的发展。第一次世界大战后，法国成立启发教育学委员会，允许平民子女获得自我管理工厂的能力。同时，自由经济的支持者也支持教育变革，如赫伯特·斯宾塞（Herbert Spencer）和爱德蒙·德莫林斯（Edmond Demolins）等人希望通过教育变革培养明天的企业家精英。劳工运动和自由经济将传统和保守的教育视为共同的敌人，要求更加重视学生的自主权和创造精神。20世纪60年代，皮埃尔·布迪厄（Pierre Bourdieu）揭示了传统教育依靠由社会主导阶级子女掌握的隐性内容来再生产的社会不平等。这股批判教育学的潮流延续至20世纪80年代，保罗·弗莱雷（Paulo Freire）是这一时期的重要代表人物。弗莱雷认为，教育学必须重新审视阶级、性别和种族等方面的社会不平等。在这一背景下，解放教育学从"解放"概念中生发出来。"解放"的最早含义是指古罗马时期奴隶摆脱奴隶主的控制，孩子和妻子摆脱父亲或丈夫的控制。在16世纪，"解放"一词被用于摆脱宗教关系的束缚；在17世纪，"解放"一词在启蒙运动中被用于对理性的推崇；到了20世纪，"解放"一词被用于新教育运动和进步主义教育运动，意味着教育要尊重孩子的天性；第二次世界大战之后，"解放"一词指向了权力关系，意味着如何使人们挣脱权力关系的制约，成为独立、平等的人。① 朗西埃的解放教育理论是在批判当时教育理论的基础上，对如何实现人的解放提出的新观点。这些观点集中体现在《无知的教师：关于智力解放的五个忠告》（Le maître ignorant：cinq leçons sur l'émancipation intellectuelle）一书中。该书同时反映了朗西埃关于教师教育的理念。

首先，朗西埃批判了传统教育和传统解放理论。传统教育主张教师的教和学生的学，教师是知识的占有者，学生是知识的匮乏者，通过教育使学生成为民主、独立的人。至于传统解放理论，一般将教师视为解放者，将学生视为被解放者。而朗西埃认为，解放者与被解放者的划分意味着不平等关系，依靠不平等关系来建立平等关系，本身就存在着逻辑悖论。所以，朗西埃提出了智力平等（l'intelligence égale）一说，也就是所有人具有平等的智力，坚持这一原则的教育就是普遍教育（enseignement universel）②。

---

① BIESTA G. A new logic of emancipation：The methodology of Jacques Rancière ［J］. Educational theory，2010，60（1）：39-59.

② RANCIERE J. Le maître ignorant：cinq leçons sur l'émancipation intellectuelle ［M］. Mesnil-sur-l'Estrée：Firmin Didot，2004：34.

所谓智力平等，意味着人人都拥有运用智力的可能性。教师能够运用智力，学生也能如此，这是解放教育的大前提。解放教育不是要树立有知者与无知者的区别，而是要打破这一固有的二分法，将人人置于智力平等的前提之下。这样，教育并不意味着教师的教，而是教师为学生提供支持，帮助学生独立自主地学习与思考。具体来说，包括两个层面：一是教师向学生提问，促使学生思考，这种提问并不是为了将学生引导到教师预设的答案上，而是要激发学生思考问题的积极性；二是要确认学生是否专注地运用智力，学生不是随便地回答问题，而是要不断地去思考"我看到了什么""我是怎么考虑的""我会怎么做"①。

朗西埃所谓的"无知的教师"（Le maître ignorant），其实包括两个层面的含义："无知的教师"要对不平等保持无知，也就是忽视不平等现象，不将学生划分为三六九等；"无知的教师"还需要不无知，他不是教学生知识，而是要使知识摆脱他的控制，让学生自己到森林去冒险，汇报其所见和所思，并对其进行确认。② 这样，学生就不是教学活动的看客，而是积极的参与者。朗西埃曾使用剧院这一隐喻，学生不参与教学活动，便如同在剧院里看戏，观众所能看的甚少，而实际发生的甚多，这其实也是一种不平等关系。

其次，解放并不是借助解放者来完成，而是由自我完成，朗西埃称之为"自我解放"（soi-même émancipé）③。"自我解放"这一说法打破了解放者与被解放者之间的区隔，将个体视为解放的推动者和实现者。对于政党、政府、学校等组织和机构，朗西埃称其为不平等关系的戏剧化和具体化，因为这些机构天然地假设存在解放者和被解放者，这样的划分始终难以实现真正的解放。解放不能依靠外来力量来实现，因为这样做存在诸多风险：外部力量会预设不平等关系，将被解放者视为无知者；外部力量并不比个体更了解自己；外部力量所谓的一致性是不存在的，而分歧与逾越才是常态。朗西埃甚至认

---

① RANCIERE J. Le maître ignorant：cinq leçons sur l'émancipation intellectuelle［M］. Mesnil-sur-l'Estrée：Firmin Didot，2004：42.

② RANCIERE J. The emancipated spectator［J］. Artforum International，2007，45（7）：270-281.

③ RANCIERE J. Le maître ignorant：cinq leçons sur l'émancipation intellectuelle［M］. Mesnil-sur-l'Estrée：Firmin Didot，2004：58.

为，只有个体才是真实的，因为只有个体才拥有意志和智力，而使个体遵从人类族群、社会法规和各种权威的全部秩序仅仅是一种想象。①

朗西埃的解放教育理论与布迪厄的批判教育理论存在直接联系，可以说是对布迪厄理论的新发展。布迪厄看到了权力关系和阶级关系的代际传递，但是如何打破这种代际传递始终是一个难题。朗西埃提出的解放理论恰恰为该难题提供了一种方案，以智力平等假设为前提实现对不平等关系的改造。但是，朗西埃的解放教育理论过于夸大了个体运用智力的能力，忽视了个体并不能免受社会关系的影响和制约，其主张的"自我解放"往往是"自以为"的自我解放，背后的权力关系并不会因此而消失。

二、梅里厄的教师教育理念

菲利普·梅里厄于1949年出生在法国南部加尔省的阿莱斯，高中毕业会考获得文学业士文凭后，开始在巴黎学习哲学和文学，获得硕士学位后在凡尔赛地区一所私立高中担任哲学教师，后来又在里昂的一所私立初中担任法语教师，并在里昂发起了一场名为"教育差异化"的教育实验，主张各个学科应由学生选择授课时数和学习方式。1985年，梅里厄成为里昂第二大学的教师，先后担任了里昂第二大学教育培训科学与实践研究所所长、国家教育研究所主任、里昂第二大学教师培训学院院长等职务。在整个职业生涯中，他一直致力于研究教育教学问题，目前仍是里昂第二大学的教育科学荣誉教授。

根据菲利普·梅里厄的看法，差异化教育学最早萌芽于德拉萨勒（J. B. de la SALLE）。德拉萨勒在1706年管理学校时，强调监控学生个体情况的重要性，并要求通过仔细检查每个学生的学习进度和提供严格适应学生所能达到水平的个性化建议，补偿班内分组带来的同质化效果。20世纪60年代后，在弗雷内批判城市学校"军营化"的基础上，费尔南·乌利（Fernand Oury）建立了弗雷内技术（分析教育环境的物质主义维度）与两个差异化维度（主

---

① RANCIERE J. Le maître ignorant：cinq leçons sur l'émancipation intellectuelle ［M］. Mesnil-sur-l'Estrée：Firmin Didot，2004：136.

体维度，与精神分析学说有关；团体维度，与团体动力学有关）的衔接。该教学法一开始并未得到足够重视，直到 1970 年以后，法国经济和社会背景的演变需要提高人口的整体职业水平，并且对学校民主化的要求愈加强烈。差异化教育学由于回应了阶级的异质性，并提出了对抗学业失败的方法，因此从这一时期开始被大量采纳。同时，学校的使命也被确定为帮助学生获得不同的职业资格水平，以实现教育公平。① 1973 年，路易斯·勒格朗（Louis Legrand）正式提出差异化教育学。梅里厄本人则是差异化教育学实验的反思者和有力的推动者。

那么什么是差异化教育学？罗纳德·富赫斯那（Ronald Fresne）认为，差异化教育学对应于一种教学实践——差异化教学，它强调教学不仅应承认人与人之间的差异，而且要在组织学习活动时考虑到每个人。② 梅里厄认为，教师应该寻找来自主体的支点，甚至是微不足道的一个支点，这个支点可以是学生的贡献，也可以是设置杠杆，以帮助主体成长。③

梅里厄对差异化教学提出了非常具体的设计和安排，主要体现在他于 1985 年发表的文章《学校，使用方式》（L'école, mode d'emploi）和 1995 年出版的专著《学校使用方式：从活动法到差异化教学》（L'école mode d'emploi：des methods actives à la pédagogie différenciée）。前者提纲挈领，后者颇为翔实。教育学方法是什么？梅里厄给出的定义是：管理方式，在给定的范围内，培训者、学习者和知识的关系。这是从相关要素角度来论述。教育学方法也可以分为学习场景和学习工具的集合。而学习场景分为非积极的集体场景、个体化场景和互动场景，学习工具分为语言、写作、行动、图像、技术、材料等。非积极的集体场景是指向一个群体呈现知识，每个成员自行吸收；个体化场景是指设置学习者和学习项目之间的对话，学习项目会向学生提问、指导和带领学生实现预定的目标；互动场景很少出现在学校，真正的互动意味着要设置社会认知冲突，身处其中的学生要直面自己和同伴对认知冲突的描

① ROBBES B. La pédagogie différenciée：historique，problématique，cadre conceptuel et méthodologie de mise en œuvre［J］. La pédagogie différenciée，2009（1）：2-5.
② FRESNE R. Pédagogie différenciée：mode d'emploi［M］. Paris：Nathan，1994：4.
③ MEIRIEU P. Apprendre，... oui，mais comment［M］. Paris：ESF，2002：42.

述，并在认知上达成更公平的描述。梅里厄还从目标和场景的角度分析了学习过程，包括目标定位、目标把控、目标转换和目标表达四个阶段。目标定位对应非积极的集体场景，目标把控对应互动场景，目标转换对应个体化场景，而目标表达对应学习者构建的不确定性场景。

差异化可以分为连续差异化（La différenciation successive）和共时差异化（La différenciation simultanée）。结合差异化的类型，梅里厄又将学习过程（全体教育活动、在数小时的课程中展开、指向预定目标）分为四个阶段，分别是发现、整合、评估和补救。其中，发现阶段存在连续的差异化，使用多样的工具和场景以实现概念的标记和显露；整合阶段是共时的差异化，学生根据自身的学习节奏选择差异化的路径和方案，如转化策略、所要学习的知识或内容；在评估阶段，检查学习情况，使用不同的评估工具，将所要学习的知识标准化；在补救阶段，使用不同的补救方式，进行补充练习，复习已学概念，阐明错误的根源，提供新方案。

差异化也体现在分组方面，可以分为科目水平分组（Groupes de niveau-matière）和需求分组（Groupes de besoin）。科目水平分组是根据学科知识进行划分，以保障学习的线性发展，但存在的问题是学生远离社会互动，应该与一些混编班级的学习活动交替进行。需求分组是水平分组的一种替代方案，其分组标准是多样化的，这与分析和响应学生的需要有关。此外，差异化教育学的风险在于弱化教师的作用，所以梅里厄提出了教育契约（Le contrat pédagogique）这一教学手段。教育契约是一份以学生为中心而设置的学习计划，其特征有师生共同参与、散发契约、契约期限灵活、寻找支持因素、目标具体、方法协商和第三方评估。

三、阿尔戴的教师教育思想

20世纪80年代以来，法国的教学情境变得相当复杂，学生的异质化也很严重。教师的职业模式已经不再类似传教者或技师，而是成为深思熟虑的实践者，成为自主的教师。基于这种变化，法国有些教育研究人员和教师把目光聚焦在教师这一职业的特殊性及其所要求的能力素养等方面，阿尔戴（M.

Altet）即是其中一位。①

阿尔戴认为，教师职业特殊性产生的原因在于教学活动包括两个不同但又相互依存的领域——教学与教育。其中，教学领域包括教师对信息、知识的管理和结构化，以及学生对它们的掌握；而在教育领域，教师通过（教师与学生、学生与学生之间）关系性的实践和行动建立恰当的学习条件，处理信息，并使它们成为学生的知识。"会分析"被阿尔戴视为教师职业的元能力，即它凌驾于一切知识和能力之上。会分析至少可以在两个维度发生作用：其一，教学知识更多的是经验性的，它源于教师的实践活动。在教学知识的实践—理论—实践的过程中，如何使实践明晰化，使经验形式化，从而上升到理论高度，是构筑教师职业性的关键，这里就涉及教师要会对实践进行分析的问题；其二，现在的教学情境日益不定，变化多端，教师在具体的职业活动中对每时每刻出现的问题，应能够对情境中的多种因素进行尽可能详尽的分析、把握，然后采取恰当的对策。教师教育的最终目标无疑是培养教师对各种情境的适应能力，而这以对问题的分析为前提。

阿尔戴的思想实际是对长期主导法国教师教育的科学主义、实证主义的一种反动。毋庸置疑，教师教育的一项很重要的工作就是为师范生确立明晰的、概括化的行动规则。然而，人的行为很难被概括化，尤其是与人的精神层面打交道的那类活动，如果说其间也存在着所谓的规则原理一类的东西的话，那么它也仅仅是具有指导性质而不是科学预言性质的。规则可以有很多，但人在形成决策时，最终还是要对是否运用规则、怎样运用规则做出分析和判断，这正如一个医生在医治病人时，常常要考虑病人的血液检查的"科学"结果，但医生最终的治疗决策要有更为广泛的考虑，包括病人的病状、病史，病人的生活和经济状况，以及可能提供的医疗手段等。对于教师而言，最重要的不是储存大量的规则，而是能够结合实际的教学情境进行缜密的分析，做出恰切的判断，采取正确的行动。在阿尔戴看来，这才是最为重要的教师素养。②

---

① 王长纯，等. 教师教育思想史研究：上、下册［M］. 长春：东北师范大学出版社，2016：377-378.

② 李其龙，陈永明. 教师教育课程的国际比较［M］. 北京：教育科学出版社，2002：103.

四、黎成魁的教师教育理念

法国越南裔的比较教育学者黎成魁（Lê Thành Khôi）在研究和比较世界各国的教育制度时，也对教师教育予以了关注。因此，他的教师教育观点很多都与教师所处的职业和社会环境息息相关。他在《比较教育》一书中曾对教师的作用进行了分析。在看到法国社会不同类别教师之间的差距明显后，黎成魁对教师群体的结构性分化进行了批判："关于正式和非正式教师的等级制度，源于一种观念，即等级越高，教师的培训时间就越长，工资也就越高。因此，小学教师、社区（学院）教师、高等教育的教师，每一类都有不同的工会，有时在同一级别（特别是在高等教育中）。造成这种等级制度的原因是待遇的差异，从1（初级教师）到5（杰出的大学教授），这可能是工业化国家的最高比率，以及教学声望的差异。这些政治分歧在一定程度上解释了教育改革面临的困难。"[1]

在反思教师的过程中，他道破了法国虽然积极改革教师教育制度，但仍未能在教育结果上令民众满意的原因："成功不仅取决于教师的能力，还取决于所提供的资源以及学院、项目团队、地方政府、师范学校和家长的积极态度。"

在比较其他国家的教师发展经验时，他认为：

最深刻地改变教师角色的是从传授知识的教学转变为组织学习行为的教学。教师必须对自己现在和将来的学习负起真正的责任，不仅是智力知识，而且是社会和个人技能的发展。因此，根据OECD的报告，教师的作用将朝着以下方向发展：（1）在学习环境的结构中，根据学生分配不同的工作，工作时间灵活，注重与儿童的平等和合作关系，最后的评估较少依赖于考试，而更多地依赖于连续工作。（2）在所使用的方法中，更熟悉广泛的知识领域，不是为了展示知识，而是为了指导学生更好地掌握获取知识和研究的方法，而不是知识本身；设定目标，激励学生和欣赏个人工作，而不是在课堂上实践课程；接受媒体和社区获得知识的新方法；能够与家长、各种顾问和社会

---

① LE T K. L'éducation comparée［M］. Paris：Armand Colin，1981：59.

工作者密切合作，克服障碍，激发动机。（3）在教师的态度中，有必要了解儿童的发展过程，了解儿童的社会环境和教师的行为对其结果的影响；接受儿童和同事的观察和可能的批评。①

因此，教师需要从内容认同方面减少其传统权威的能力，同时负责任地参与学校内部的决策过程，并与教学研究和发展活动保持联系。

黎成魁承认所有这些变化都可能引起教师的抵抗。这似乎与教师的传统形象有关。为了克服这种阻力，必须使学校结构做好接受创新的准备，要求教师在实施创新方面发挥作用，并建议雇主、家长和高等教育机构接受新的教育实践，在在职培训中扮演先锋角色；教师初级培训的重点必须放在新的能力上，诸如如何适应群体的动态性、教育环境的组织状况、教育资源的管理、对社会环境和文化多样性的敏感性，以及对儿童智力和情感的敏感性。②

第四节

教育改革中关于教师教育的主流思想

一、教师教育机构课程改革中的新思想

（一）注重理论与实践的结合与培养的节奏

1979 年的改革将师范学校的学制从两年延长为三年，原来按大纲和课表上课的传统教学方式被"单元制"取代，每单元约 70 学时，三年共安排 30 个单元。"单元制"的特点是使知识学习与职业能力训练相结合，理论和实践密切联系，便于因地制宜，符合当地特点和需要。完成一个单元即意味着得到一种能力、一种职业资格。30 个单元中有 23 个为必修，称"基础单元"，是作为未来的教师必须具备的业务知识和职业能力；另 7 个为选修，称"深入单元"，是学生在主修课方面的深造。每一单元结束时对学生的知识和能力

---

① LE T K. L'éducation comparée［M］. Paris：Armand Colin, 1981：59.
② LE T K. L'éducation comparée［M］. Paris：Armand Colin, 1981：59-60.

两方面进行考核。培训过程中，师范学校与大学密切协作，双方共同确定各个单元的教学内容、方式及其他活动的准备工作。新计划规定：在大学应完成 10 个单元，其中 6 个为必修单元，4 个为选修单元；在师范学校完成 20 个单元，其中 17 个为必修单元，3 个为选修单元。具体而言，学校将培训内容的基础教育单元分为启蒙活动（包括法语语言文学、数学—工艺学、历史与地理、实验科学、音乐、艺术造型、手工和体育）、教学论（涵盖各阶段教育）、通识类（与学生心理发展、教育学原理、学校管理与国家文化相关）三部分模块；选修单元的培训内容以补充和深化各学科与学科教学法为主要内容。这些教学内容的重新调整，体现了对未来教师专业能力和综合能力的培养。

同时，1979 年的改革所确立的课程方案提高了大学对教师培养工作的介入程度。大学在学术研究上具有优势，因此由大学来承担那些对学术水平要求较高的课程是适宜的。"单元制"的确立很显然受到了当时流行的能力本位教师教育思想的影响，即预先为学习者提供清晰的目标，确定教师必须具备的各项能力，然后有针对性地设置课程单元，完成所有课程单元的学习即可具备从事教师职业所需的各项能力。而将课程单元划分为必修和选修的做法，一方面可以确保教师所需的基本能力得以落实，另一方面又增加了课程的弹性，使师范生有机会根据自己的兴趣更深入地学习某一内容。由于师范学校的学制延长为三年，因而 1979 年的课程方案较以往更为饱满，学科专业课程和教育专业课程的课时数均有所增加，这无疑提高了教师的专业地位。[①]

（二）加强教师教育的大学化

1986 年的改革实际确立的是"2+2"两阶段培养模式，也就是 2 年大学教育继之以 2 年师范学校的专业培养，这意味着小学教师必须接受 4 年的高等教育，而师范学校成为以专业教育为主的机构，普通教育主要由大学完成。1986 年确立的师范学校课程方案力图实现理论学习与现场实践的统一，仅不同的实习就占总课时的 25% 以上。这一课程方案高度重视学科教学法课程的地位，着力提高师范生实际教学能力的意图非常明显，师范生必须全面学习

---

① 王长纯，等. 教师教育思想史研究：上、下册 [M]. 长春：东北师范大学出版社，2016：380.

小学各学科教学法。该课程方案还将残疾儿童教育、外籍儿童就学、教师职业道德、学校与周围环境的关系、成人教育等列入必修课程，这一安排反映出法国教师教育对社会变革的适应。

1988 年 5 月法国社会党政府的"教育优先"政策出台，提出了建设 21 世纪学校的教育发展目标。次年，法国公布了新的教育改革法案，名为《教育方向指导法》。该法案第十七条规定：开设大学教师学院 IUFM，解散现有的师范学校、教育培训中心等机构。这个重要改革方案为发展教师教育所采取的重大措施，在 1990—1991 学年度即开始实施。这个方案的出台与实施标志着法国师范教育进入以教师专业化理念为标志的新时期。

同时，《教育方向指导法》提出："实现中小学教师教育，包括职前培训、职后培训在机构上的同一化；大学教师学院不仅承担中小学教师的职前培养，还负责在职教师的培训任务，承担教育研究、教师录用考试的应试指导等工作……不论是培养小学教师还是中学教师，大学师范学院都只招收持有 Bac+3，即业士（业士指通过高中会考并获得文凭后的学位）加 3 年（学士）学历者。"这既统一了招生对象条件，又进一步提高了入学要求，即比小学教师职前培养招生对象从业士加 2 年大学文凭又提高了一步，与中学教师职前培养要求相一致。这一规范同时把过去中学教师培养的 1 年职业训练延长到 2 年，表明了教育改革与发展对中学教师的职业知识与能力也提出了很高的要求。"所有的报考大学师范学院者都必须拥有大学学士证书或同等文凭。"这成为参加教师培养的最低标准。这些规定主要是针对基本学业资格而言的。师范教育生源的一致则从一个重要方面保证了教师职业的同一标准，推动了教师作为一个职业的整体发展，也使中小学教师职前培养中的教育职业训练年限统一。"凡大学师范学院毕业者均获得相当于学士的学位。"过去多层次、多规格的，由不同师范教育机关颁发的文凭、证书，双轨制的不同师范教育的重要界限从此便消失了。中小学教师教育在学历水平上的完全一致为提高初等教育教师在政治、经济、学术上的地位，为实现法国进步人士近百年的理想，进而为法国教育进入 21 世纪创造了有利的条件。

二、有关促进教师职业发展的若干理念

（一）落实终身学习思想

从广义的角度来看，师范教育通常应包括普通教育、专业学科、充足的心理学知识（包括教育心理学、娴熟的教学法和教学技巧）等方面。这些组成部分飞速地向前发展，同时向我们指出，四五年的大学课程是不能学完这么多东西的。所以，当今的初级师范教育必须与继续教育直接挂钩，一起考虑。[1] 20 世纪 60 年代后，由于"知识爆炸"以及受终身教育思潮的影响，法国不断完善各项制度和政策，为教师终身专业发展提供支持。这是法国教师专业化政策的重要一环。

为此，法国相继出台有关教师职业发展的宣言和教师支持组织，以帮助其更好地践行继续教育和终身学习理念。1972 年 3 月，法国教育部和全国初等教育教师工会共同发表了《关于初等教育教师终身教育基本方针的宣言》，明确指出教师培养是一个整体概念，它由职前培养和在职培训两部分组成。从此，法国初等教育教师的在职进修开始制度化并不断完善。每个初等教育教师，从工作的第五年起到退休前 5 年止，有权带工资接受累计时间为 1 学年（36 周）的继续教育，培训分长期（4—12 个月）、中期（1—2 个月）和短期（1 个月以内）三种。[2]

（二）建立教师专业能力标准的思想

自从 1989 年《教育方向指导法》颁布以来，作为中央集权一部分的法国教育当局高度重视教师能力标准的制定和实施。法国中小学专业能力标准制定的主导理念是"知识、知做、知存"的教师专业成长理念和"教师应成为深思熟虑的实践者"的思想。

在小学教师能力标准方面，法国国民教育部于 1994 年 11 月 16 日颁布第 94—271 号通报（note de service），对小学教师的专业能力参照元素进行了表述，认为"小学教师是一种综合性的职业，教师应该有能力教授各个学科"。

---

[1] 胡森 T. 国际教育百科全书：第 9 卷 [M]. 贵阳：贵州教育出版社，1991：19.
[2] 王长纯，等. 教师教育思想史研究：上、下册 [M]. 长春：东北师范大学出版社，2016：388.

文件十分强调准教师们除了掌握学科的专业知识以外，还要具备展开教学的技巧和能力。小学教师的专业能力包括掌握所教的学科知识，能够组织、分析教学情境，能够控制课堂行为以及了解学生差异，具有职业道德等四个方面。

在中学教师方面，法国国民教育部颁发 1997 年 5 月 23 日第 97—123 号通函，明确了中学、普通技术学校或职业高中教师的一般职业技能。这些技能需要在初级培训中加以培养，其中包括教师的任务是教育委托给他的年轻人，为他们的教育做出贡献，并为他们的社会和职业融合提供培训。通函的目的是为开展教师教育的不同合作伙伴提供共同的参考，以帮助每个人采取的行动的趋同和协调。

通函指出，初中和普通技术高中以及职业高中的教师作为国家的公务人员，同时具有一般身份和其所从属的教师团体的特殊身份。这两种身份确定了教师的权利和义务，要求教师传递法兰西共和国的价值观念，排斥任何性别歧视、文化歧视或宗教歧视。文件要求：中学教师应该参与到教育的公共服务之中；要按照教育大纲和文件要求所确定的水平让学生获得知识和技能，帮助他们获得能力和能力倾向的发展；要帮助学生发展批判精神、建构自主性以及制定个人的规划。教师也要让学生们懂得作为制度基础的那些价值观的意义和含义，让他们做好准备去充分履行自己的公民职责。

通函对教师在初步培训结束时应具备的能力进行了汇总。教师首先应当了解自己的权利和义务。他能够将其行动置于公共教育服务的法定任务范围内，促进教育系统的运作和发展；意识到教育活动的连续性对学生的重要性，并参与促进不同教育周期之间过渡的行动。其次，为了能够根据其地位教授一个或多个学科或专业，教师要了解自己的学科，知道如何构建教学情境，知道如何驾驭课程。再次，在学校和公共环境中，教师应当尊重校长的领导；参与一个或多个教学和教育团队并愿意参与团队工作；了解协商和决策机构，参与学校政策的制定。

总之，为了能够完成其任务，即教育、促进教育以及受托人的社会和职业融合，教师必须在其任务的三个方面接受培训并获得技能。然而，全面掌握这种复杂和多样化的技能需要时间，而且必须是一个长期的职业生涯的一部分，这将使个人风格在工作中得到逐步的肯定。为此目的，教师在完成初步培训后，必须具备分析其专业实践和背景的能力。他必须意识到，根据条例，他可能被赋予的任务性质在其职业生涯中可能有所不同，也要注意到对成人继续培训、教师培训、学校适应和融合以及交替培训的不同贡献；他还必须能够考虑到不断变化的教育环境和教育政策所带来的职业发展。

第七章

硕士化培养时期的教师教育思想

从 21 世纪初期开始，教师教育延伸至硕士阶段。教师资格考试的报名条件由原来的学士学位（Bac+3）提升到硕士学位（Bac+5）。2013 年，法国通过《重建共和国基础教育规划法案》，提出由教师与教育高等学校（Ecole supérieure du professorat et de l'éducation，ESPE）取代 IUFM。ESPE 成为法国培养教师的新摇篮。但 2019 年的《值得信任的学校法》又提出建立国家高等教师与教育研究院（L'institut national supérieur du professorat et de l'éducation，INSPÉ）以取代 ESPE。随着改革的深入，政府不仅逐步完善教师职前培养，还对各级各类教师的职业能力和晋升标准进行了系统规定，以提升教师的整体素养。

第一节

21 世纪以来教师教育的发展背景

一、社会环境

1995 年，雅克·希拉克当选法国新一届总统。作为第五共和国在位时间最长的总统，他一方面实行简政放权，发挥地方在经济发展中的作用，另一方面鼓励地方参与欧洲一体化进程，扩大欧盟国家间的地区合作与竞争，希望帮助法国摆脱经济发展乏力、公共财政负担严重的境况。尽管如此，法国在进入 21 世纪后，依然面临经济发展疲软、社会矛盾和冲突不断等问题。

（一）经济全球化对法国社会的冲击

经济全球化促使世界各国经济联系不断增强，资源在全球范围内实现配置。20 世纪 80 年代，经济全球化进入大发展阶段：信息技术革命推动经济结构发生变化，降低了国际贸易、投资和融资的成本；新自由主义思潮促使发达国家采取放松或取消市场管制、削减福利开支等措施，发展中国家的市场更加自由化，对外开放等成为其政策主流；跨国公司的发展，进一步推动资

源的全球流动和配置等。同时，经济全球化也导致人民收入差距加大、传统
产业就业机会减少、公有领域私有化以及收入分配和市场不平等风险。特别
是全球性的经济、金融危机加重了国家与民生发展的负担，使社会动荡不安。
在此背景下，法国"并没有足够的能力来给经济重新注入活力；不能改变贫
富差距；不能控制金融投机带来的不平等现象"，社会增长缓慢、高失业率、
贫穷问题、移民问题、郊区骚乱、新的内部斗争、安全问题和弱势群体等问
题不断。①

在知识经济时代，科学技术与知识创新已成为社会发展所不可忽视的重
要引擎之一，人力资源更为各国参与全球竞争提供有力保障。法国一直以来
积极主张文化多样性，关注和保护自身文化。20 世纪 80 年代，当美国文化产
品入侵欧洲，危及法国文化产业生存之际，法国在 1993 年正式提出"文化例
外论"。此后法国又高举"文化多样性"大旗，强调"文化是人类社会的基
本特征，对某种文化的认同感和归属感是一群人区别于另一群人的主要标
志"。随着人才全球竞争的加剧，促进教育国际化成为世界各国不得不面临的
课题。法国也亟待回应教育国际化、民主化和现代化的发展需求，在全球教
育市场的激烈竞争中提高自身竞争力，重振国家活力。

（二）各届政府的执政情况

2007 年，代表传统右翼势力的尼古拉·萨科齐当选新一届总统。他支持
自由市场经济，力主降低企业社会福利、税收负担，改革现行的劳工制度；
鼓励劳动者延长工作时间以增加收入，进而刺激经济发展，降低失业率；同
时积极主张重振法国在欧洲乃至全球的竞争力，重振法国的科技与文化。

2012 年，社会党出身的弗朗索瓦·奥朗德在竞选中打败萨科齐，成为法
国新一任总统。奥朗德的政治主张带有传统的左翼色彩，但也渗透着一定的
自由主义精神，如全面启动金融改革，大刀阔斧实行减赤计划，改变社保制
度碎片化现状等。奥朗德同样力图重塑法国经济竞争力，但在经济危机和欧
债危机的后续冲击下，法国经济增长乏力，社会状况持续恶化，危机阴影笼
罩，各种矛盾反而不断上升和激化。2013 年 3 月和 2015 年末法国两次反对新

---

① 齐建华. 全球化与法国经济政治文化的转型 [J]. 科学社会主义, 2007 (2)：156-160.

就业议案的大罢工严重影响了法国民众的生产和生活；几次连续的恐怖袭击事件和移民问题导致政府将更多精力投注于维护社会稳定中。因此总体上，奥朗德执政时期的改革效果并不理想，法国的社会问题并未得到改善。

2017 年，奥朗德执政时期曾任法国经济、工业和数字事务部部长的埃马努埃尔·马克龙赢得总统选举，成为法国历史上最年轻的总统。他奉行"无论政治派别、任人唯贤"的中间派思想，反对保护法国的一些中低端工作职位，主张应该顺应经济的发展规律，支持"全球化"，并坚持法国在欧洲一体化进程中继续扮演重要角色。两届总统在教育、文化等领域的改革政策，一方面在一定程度上保持了与上届政府的连续性，另一方面通过新的方式对法国教育发展进行集权式的宏观引导。下面将从各阶段教育的改革分别介绍几位总统执政时期的相关政策。

二、21 世纪以来的主要教育改革

（一）迎接教育的世纪性转折

在教育领域，希拉克强调对教育的宏观指导，继续推动地方分权，扩大高校的办学自主权，加强教育对外开放，参与国际合作，促进竞争文化在法国的形成，从而迎接即将到来的 21 世纪。1997 年 6 月，新任总理若斯潘在宣布政府的施政纲领时指出："学校是共和国的摇篮。学校不仅要完成教育使命，还应当对公民进行道德教育，使每个人自童年开始，就产生并不断保持共和国价值高于一切的深刻感情，诸如世俗观念、爱护公物、强烈的公民责任感等。"若斯潘还特别强调教育平等，提出要给予处于不利环境中的学校更多支持，他许诺学校补贴将由 420 法郎提高至 1 600 法郎，并表示"对于知识获得方面的平等权利，也是决定性的。教育优先的原则近四年来曾被放弃，重新将教育置于优先地位，是国家的义务"①。此后，政府的改革进入"白热化"阶段。

为适应 21 世纪基础教育发展的新形势，政府组建"学校未来全国讨论委

---

① 中华人民共和国教育部国际合作与交流司. 国外基础教育调研报告 [M]. 北京：首都师范大学出版社，2001：54-55.

员会"，对法国学校未来发展进行了全国大讨论。2004 年，法国出台《为了全体学生成功》的最终报告，2005 年正式发布《学校未来的导向与纲要法》，以保证基础教育阶段所有学生获得由知识、能力和行为准则构成的共同基础。这是继《教育方向指导法》之后，对革新法国教育的又一总体纲领。《学校未来的导向与纲要法》主要提出三大精神，即为了一个更公正的学校——可信任的学校；为了一个更有效率的学校——高质量的学校；为了一个更开放的学校——倾听全国之声的学校。为贯彻三大精神，《学校未来的导向与纲要法》提出"必不可少的共同基础"这一概念，并对其内涵进行了界定：义务教育至少应当保证每个学生获得共同基础的必要途径，共同基础是由知识和能力构成的，掌握共同基础对于学校教育、后续培养，建构个人和支持职业未来，以及社会生活等的成功都是必不可少的。

总体上，希拉克时代的教育改革具有承前启后的重要意义。它在延续上一任政府以地方分权为出发点的教育改革基础上，对改进人才培养方式、提升学校教育质量等方面都提出了创新性政策。其中，"必不可少的共同基础"对规范和统一基础教育阶段学生应掌握的核心素养进行了总体设计；高等教育领域的学制改革思路也影响了欧盟高等教育的走向。同时，这一阶段进一步打开了法国相对封闭的高等教育体制。加之欧盟一体化、教育全球化的影响，特别是大学国际排名等的冲击，使政府意识到建立更加开放和卓越的教育已然势在必行。

（二）从追求教育卓越到重建共和国学校

萨科齐曾在 2006 年竞选总统时表达了他在教育领域的改革方针、理念和改革的决心与部分措施。他指出基础教育改革：一方面应使学生尽可能多地接受高质量教育，从而实现优质发展；另一方面要以公共知识与共同基础为目的，明确最迫切需要解决的问题，通过为学生提供个别辅导、制订个性化教学计划，实现教育机会均等。因此，法国首先对"教育优先区"政策进行重新审视。彼时，法国虽然设立了 700 多个教育优先区，以解决落后地区的教育问题，但事实上优先区内的学生和其他学校学生的学业水平差异与日俱增，而且困难街区的青少年在职业融入方面也面临很大的困难。"教育优先区"似乎变成了"教学隔离区"，甚至使教育不平等现象更加突出。因此，政府提出了扩大学校多样性，更加关注每个学生的学业情况和差异的要求。2010 年政府发布第 2010—096 号通函（Circulaire n° 2010-096 du 7 juillet 2010），决定由教育优先网络代替"教育优先区"，并将教育优先资助群体进行分类，在中学推行"雄心、创新与成功"（l'Ambition，l'Innovation et la Réussite）计划。2011 年，小学也被纳入这一计划中。

其次，国民教育部启动了新一轮高中教育改革方案，以扭转 20 世纪末高中课程改革效果不明显，学生的学业失败依然严重的局面。2010 年，政府发布《面向 2010 年的新高中》报告，重申"建立使每个学生获得成功的高中教育"。报告建议通过采取向学生提供更多信息、灵活学生专业方向选择等方式，更好地为学生未来接受高等教育做准备；增设探索性课程，为学生提供个性化辅导；加强外语学习，帮助学生为学习和生活做准备，以及促进学生接触文化生活等措施，让每一位高中生获得"更好的定向、更多的辅导和更多的准备"。

2012 年，奥朗德政府上台后提出"重建共和国学校"的口号。奥朗德强调基础教育改革应不断完善和明确课程目标，注重塑造和培养学生的能力，强调学生应该在课程学习的基础上达到所规定的能力标准，从而促进学生的自身发展，并逐步与世界教育发展相接轨。2013 年，法国参议院通过了《重建共和国学校方向与规划法》，其基本目标是建设公正、高质量和包容的学校，以促进教育平等，使无文凭学生的人数减少一半，使 80% 以上的学生获得高中毕业会考文凭，使 50% 的学生获得高等教育文凭。同时，法律提出让所有学生的知识和能力都得到提高，并规定了学生应掌握的知识、文化与能力的新"共同基础"，以期减少学生辍学，提升教育质量。同时，《重建共和国学校方向与规划法》要求学校进入数字时代，为学生提供适当的辅导，使他们更加有效地利用数字化手段学习。其具体包括实施数字教育、创建数字教学的公共服务、扩大教学领域和明确国家与地方政府的责任分工等措施。此外，政府针对小学课时问题进行了调整，包括初等教育阶段的学校每天教学时间不超过 5 小时，学生午休时间不少于 1.5 小时，学生每天 16：30（或 17：00）前不应离校等。同时报告还主张恢复 2008 年之前每周四天半的课时制度，并尝试延长一至两周的教学时间，从而使得小学生每天的在校时间缩短、学期的周数增多。①

　　在《重建共和国学校方向与规划法》的框架下，政府于 2015 年着力推进初中教育改革。在发布的《中学教育组织法令》（Décret n°2015–544 du 19 mai 2015 relatif à l'organisation des enseignements au collège）中，政府提出四大改革方向：在理论联系实际的前提下，加强对基础学科（法语、数学、历史等）的教育；加强培养每个学生的特长，挖掘学生的潜在优势；为适应世界形势发展加强外语教育；注重培养学生的潜在能力，加强学生的公民意识，注重将个人行为与集体活动相结合。法令要求，到 2016 年，法国所有初中全面实施新课程教学大纲，将改革重点放在法语、数学和历史—地理三门科目上，同时赋予初中更大自主权，鼓励初中进行创新和跨科目教学实践。改革同时明确了学生在 16 岁须掌握的能力，以更好地适应未来世界的需求。不过初中课改引起了法国社会的争议。反对者认为，要实现学校有 20% 的自由时间及每周 4 小时用于做小组作业、开展个性化辅导、跨学科学习等要求无法适应所有的教学情况。一些教师工会、家长联合会等组织举行游行抗议活动。

　　2017 年，马克龙总统就任后，针对法国学生学业表现不佳、教育资源不平持续加重等问题，意欲重新建立民众对学校的信任。为打造"信任校园"，建立亲师文化、师生间的信任关系及教职人员对教育部的信赖，教育部部长布朗盖（Jean-Michel Blanque）提出了未来教育发展的重点方向。2019 年《值得信任的学校法案》正式发布，从保证学生掌握基础素养，制定与地方教育发展相宜的创新举措，完善教育系统，简化行政体系，改善人力资源管理和创新教育共同体等方面提出相应举措。

　　总体上，奥朗德和马克龙两届政府在教育改革和发展上，更加强调学生能力获得的平等、重建共和国学校和民众对学校的信任。特别是在社会不安定因素突显的情况下，继续推动政教分离和加强共和国价值观教育，均是两届政府十分关注的教育改革问题。

---

　　① 张梦琦，王晓辉. 浅析法国小学新课时改革［J］. 外国教育研究，2014（3）：58-64.

三、法国当前的教育体制

法国在教育行政管理方面依照中央集权的管理体制而建，即中央（教育部）①、大学区与学区（académie）、省（département）和市镇（commune）的四级教育行政管理体制。中央通过学区、省和市镇教育委员会三级管理层下达教育指令，负责管理部分属于教育部的高等教育与研究机构。学区教育委员会是中央派驻地方进行教育行政管理的直辖机构。省级教育相关部门直接归学区领导，是地方基层教育行政管理机构。市镇则负责小学和母育学校的管理工作。学校是法国教育管理体制中的最基本单位，小学从属于市镇，初中从属于省，高中由大区管理。具体情况如下：

首先，教育部的根本任务包括确定方针和制度，进行统一的领导和管理。具体包括确定整个国民教育及其各个组成部分的结构、文凭、学制、专业、课程、布局，明确国家的教育发展战略，决定教育的组织与实施；根据国内外和教育内外的形势发展来调整有关政策和制度，组织和检查所有原则的落实情况；设定各级教育行政人员和教师的招聘标准，负责发放教职人员的工资等。② 此外，教育部还设有咨询机构和国民教育督导机构。前者负责向教育部部长上报教育、教学和人事管理方面的情况并提出建议，主要咨询机构有最高教育理事会、全国教学大纲委员会、混合代表委员会和专业咨询委员会；后者则负责对各级各类教育政策的执行与教育实践进行评估和督导，包括国民教育总督导、国民教育行政管理与科研总督导、图书馆事务总督导和青年体育事务总督导四个部门。

其次，大学区的主要功能是对新形成的地方大区内的教育政策进行统筹，其下设的学区一级则主要负责与地方政府进行沟通和协调，确保中央政府的指令能够在地方政府各级部门得到完整和统一的贯彻实施。大学区可自行制定公立中等教育规划纲要，负责学区内的职业教育和学徒教育、高等教育与

---

① 法国教育部在不同的历史时期由历任政府确定的称谓均有所不同。有时政府将基础教育和高等教育阶段进行划分，则出现两个教育部门；有时则合二为一。目前，法国教育部的全称为"法国国民教育、高等教育和科研部"。本文均以"教育部"这一称谓代之。

② 陈永明. 教育经费的国际比较 [M]. 天津：天津教育出版社，2006：65.

研究相关事务，减少学生辍学，以及教育数字化公共服务等。学区主要负责执行上级主管部门的政策决议；代表教育部行使相关权力，如组织考试、信息通告、就业辅导等；管理除房地产之外的教育资源（如教师管理等）。此外，学区还承担对大学进行行政和财政监督、教育统计等工作。以巴黎大区为例，巴黎大区内设有巴黎、凡尔赛和克雷泰伊三个学区。在大学区设立之前，三个学区虽然都属于巴黎大区，但在对外关系、地区教育发展上各行其是。设立大学区之后，巴黎学区长成为巴黎大区的大学区长，可对巴黎大学区的对外教育交流合作政策进行统筹、导向。学区还设有学区督学—地区教学督学。学区督学—地区教学督学是国民教育的高级管理人员，他们的职责使命与国民督学类似（详见下文介绍），但更侧重中等教育阶段（初、高中）。此外，他们根据学科或专业单独或以多人形式承担学区工作计划方面的职责。学区督学—地区教学督学接受学区长的领导，并同国民教育总督导联络。

省级教育相关部门主要负责学校交通组织与运行，初中的专项补助发放办法、投入、维修与建设，为教师提供资料和信息服务。省国民教育委员会就有关本省公共教学机构的组织和运转方面的问题提出意见，如市镇小学、儿童园费用的分配，教师职位分配，初中教学结构和经费，以及教师住房补助等问题。此外，省级教育相关部门还设有学生职业教育与社会发展委员会、省行政代表委员会等咨询机构。① 省一级同时设有负责地方教育督导事务的督学，即国民教育督学（原为省级国民教育督学）。国民教育督学也是国民教育的高级管理人员，其职责主要围绕监督与评估展开，侧重参与初等教育（儿童园和小学阶段）阶段公立学校和私立合同学校的教育活动，从而保证教育政策和教学任务在地方的顺利开展。国民教育督学负责保证教育政策在课堂、初等教育学校和教育机构的贯彻实施；对教师的工作进行评估，对小学和中学进行指导，协助评估课程教学、教学单位，并对教育政策的执行情况和结果进行评估；对教师的工作、小学和中学的指导进行监测并给出建议，保证其在各教育阶段遵守国民教育培训目标与大纲；与同大学相关联的国民教育

---

① 王晓宁，张梦琦. 法国基础教育［M］. 上海：同济大学出版社，2015：57.

工作人员交替式参与初级培训和继续教育中的教学工作；省级或者学区层面，可负责由学区长在一定时期内所委托的特殊任务；在学区长的要求下，向学校校长提出建议；确保不同领域内各项鉴定任务的进行，如学生定向（orientation）、考试，教职人员的管理，教学设备的选择，尤其是参与由总督导或中央行政部门所领导的专家团队工作。

市镇一级教育行政管理机构对小学及学前教育负责，包括学校校舍建设、修缮、扩建，教学设备和公用设施的购置及日常运转费用，比如商议不同市镇之间的学生流动、接收与交通运费分配等问题。

目前，法国借鉴地方分权制国家的教育治理经验，逐步将部分权力下放给地方，希望地方根据自身教育状况，在尊重中央政府统一制度的要求上，灵活制定教育发展方针。

第二节

硕士化培养时期的教师教育

一、硕士化教师培养模式的正式确立

2005 年法国教育部颁布的《学校未来的导向与纲要法》进一步调整了 IUFM 的地位，使其正式变成大学的附属院系。自此开始，所有的 IUFM 不再保留其独立的机构身份，一些 IUFM 在此过程中被关闭。在 OECD 国家劳动学历要求提升的大背景下，2008 年萨科齐政府宣布全国教师资格考试只对硕士学位（Bac+5）考生开放。经过两年的过渡期，直至 2010 年，硕士化的教师培养模式才在法国全面建立，学生必须完成硕士学业后才有机会成为正式教师。该改革使得之前 IUFM 的培养计划被改变。IUFM 的第二年教育带薪实习被取消，变更成硕士阶段在校学习，学生直到第二年末获得硕士学位后，才能参加教师资格考试。这意味着，师范生们将在没有任何实习经验的前提下，一毕业就要正式走上讲堂进行授课。该改革方案遭到了一部分 IUFM 师生的抵制，为回应反对呼声，部分学区的 IUFM 最终选择在第二年硕士学习完成之

后，再增加一年公务员性质的带薪教育实习。自此，IUFM 的培养模式变成了 3 年学士培养加上 2 年硕士培养再加 1 年教育实习的"3+2+1"模式。

这一阶段，IUFM 的硕士化教育培养体系的目标主要有五点：一是培养学生为教师资格考试做好准备；二是为学生提供教师职业专业化课程；三是为学生提供学科专业课程，针对性培养学术性研究人才；四是培养学生获得教师语言能力证书（Certificat de compétences en langues de l'enseignement supérieur，简称 CLES）、教师信息技术能力与课堂教学用语证书（Certificat Informatique et Internet niveau 2 - Enseignant，简称 C2i2e）；五是为没有通过教师资格考试的学生提供针对性课程。

然而，这一阶段的教师培养也暴露出许多问题。譬如，70% 的 IUFM 毕业生在走上讲台前，教学实践经验几乎为零。尽管部分学区会组织实习，但师范生通常会直接承担所在实习学校的教学任务，而不是根据 IUFM 的教学培训内容展开实践。许多教育专家认为该实习模式撕裂了教学理论与教学实践，无法真正达到实习的预期效果。另外，硕士第二年，学生们既要忙碌于获得硕士学位，又要准备报考教师资格考试，这导致了学生课业压力较大。在 2009 年 11 月 19 日举行的大学校长会议上，该法令被批评为"无法令人接受"，而且是与一体化教师培养模式相悖的"断裂的培养计划"。该法令最终引发了教师资格考试人数的大幅度缩减，2011 年注册教师资格考试的人数与 2010 年相比下降了 39%。

二、硕士化教师培养模式的进一步改革

OECD 组织的国际学生能力评估测试（PISA）显示，近年来法国学生的学习成绩表现并不理想。2013 年，法国高等教育部部长菲奥拉佐（Geneviève FIORASO）指出，法国学生的成绩不断下降与法国师资有很大程度的关联，因此，改革教师教育十分必要。同时，由于上一阶段的改革结果并不乐观，每年的新教师注册人数呈下降趋势，教师职业的吸引力降低。因此，法国教育部于 2013 年颁布了《重建共和国学校法》。该法直接推动了教师教育高等

学校（ESPE）的建立，取代了之前的 IUFM。[①]

目前，法国共有 32 所 ESPE 分布在法国各个学区，ESPE 的性质与之前的 IUFM 类似。在地位上，该学院附属于大学，属于大学内部的院系机构。在管理架构方面，ESPE 由一名院长与多名校理事会成员直接管理，同时受到科学与教学规划理事会（Le conseil d'orientation scientifique et pédagogique）的管理。关于学院经费，在政府拨给每所大学的经费之中都包含 ESPE 的专有经费。院长对学院的收支情况负总责任。学院的经费申请需要通过其所附属的综合性大学管理层的同意，如果该笔经费申请没有取得学院理事会的意见或投票未通过，综合性大学有权拒绝批准。

该学院承担的主要任务包括：在国家定义的标准框架下，负责开展师范生教育；组织针对已入职的新教师进行在职培训；参与教学科研人员与高等教师职业的相关培训；为其他培训机构或教育机构提供相关职业培训的资格；开展科研学术研究，以及参与国际合作项目等。

ESPE 的职前教师培养仍然沿用"3+2"模式，即师范生需要取得为期三年的学士学位后，才能进入 ESPE 学习两年。在进入该学院学习时，学生要从四项不同的硕士专业中，选择一类专业攻读。这四项专业分别为幼儿与小学教师教育、中学教师教育、职业学校教师教育、教育培训师专业。入学第一年，学生主要集中学习教育教学理论与课程知识，并在第一年第二学期参加教师资格考试。学生只有先通过教师资格考试，才能在第二学年的学习之后获得硕士学位。第二学年，学生参加带薪教育实习，实习期间同样在 ESPE 进行理论学习，理论学习与教育实习交替进行。在两年的学习框架下，通过考核的学生最后被授予名为"教学、教育与培训硕士"文凭（Métiers de l'Enseignement，de l'Éducation et de la Formation，简称 MEEF）。

在 ESPE，两年职前教师教育的总课时一共达到 800 小时左右，其中第一年学生须修满 450—550 课时，而第二年须修满 250—300 课时。学生学习的课程主要分为公共课程、专业课程、综合实践课程三大板块。其中公共课程总学时一共占 120 小时左右，主要课程包括学生学习过程研究、多元化社会

① 王晓宁，张梦琦. 法国基础教育［M］. 上海：同济大学出版社，2015：137–138.

文化理解、正确对待残疾学生、针对不同学生群体的差异化教学方案、学生定位、学生测评、反对社会歧视、支持男女平等、反对校园暴力等。在专业课程方面，ESPE 为不同专业的学生提供针对性的专业课。这些专业课或是由培训与研究中心（Unités de formation et de recherche）提供，或是直接由该学院提供。这些专业课一方面包括以教授讲课为主的理论学习，另一方面是针对理论学习安排的教学实践。以英语学科师范生为例，学生既要在培训与研究中心学习英语世界文学与文化文明，又要在 ESPE 学习语言教学方面的专业课。

　　法国当前的职前教师教育以其高度融合理论学习与课堂实践的特色而闻名。ESPE 的教育实习主要分为观察实习、陪同实习与全责实习三大类。这三类实习贯穿学生两年的学习生涯。其中，观察实习是指学生主要以观察身份进入实习学校中某位引导教师的课堂，观察学校环境、课堂环境，最重要的是观摩指导教师的课堂教学。陪同实习是指学生在一名指导教师的陪同下，在指导教师的课堂上参与开展教学实践工作。全责实习主要在第二学年进行，第二学年成功通过教师资格考试的学生，将会进入实习与学习交替进行的阶段，实习期间，学生再次回到学校进行理论知识学习，并对教学实践过程中发生的一系列问题进行讨论、分析、总结，将理论与实践反复结合，逐渐提升自己的专业化能力。在此期间，实习学生享受国家准公务员待遇，其在学校的授课量相当于全职教师的一半，但是其工资待遇与全职教师无异。

三、最新的教师资格考试制度

　　在法国，学生必须通过教师资格考试，具备相应的教师资格证书才能有资格任教。参与教师资格考试的人员主要是来自 ESPE 攻读硕士专业的学生，也对具有同等学力程度（Bac+5）的其他专业人员开放。针对不同的考生群体，教师资格考试总共有三种不同类别。第一类是报名人数最多的外部竞考（Concours externes），该考试针对没有公务员身份但满足考试要求学历的考生。第二类是内部竞考（Concours internes），针对已经有公务员身份且在公务员系统中工作经验的考生。最后一类被称为第三类考试（Troisième concours），针对没有达到考试要求学历但在私立教育机构中具有至少 5 年职业经验的考生群体。除此之外，教师资格考试根据职业方向，分为小学教师资格考试和中学教师资格考试。

首先，立志在幼儿园与小学任教的教师须参加小学教师资格考试，通过该资格考试的教师可教授学生的年龄范围是 2—11 岁。小学教师资格考试由法国各学区组织。外部竞考参与者必须拥有至少硕士一年级的对应学历。参加外部竞考的人员在公务员系统工作应不超过 3 年以上且须具有大学学士学位。在 2018 学年，报名外部竞考的总人数有 71 375 人，而各学区总共开放 10 536 个中小学教师职位，最终有 9 950 名考生被录取。与实际参考人数相比，2018 年小学教师资格考试的最终录取率是 38.75%。

小学教师考试的目标是考评候选人的专业学科知识、教学科学素养、教师职业素养与课堂表现能力这几大方面的综合素养。考试内容由两个阶段组成。第一阶段是"可录取考试"，该阶段主要是笔试考试，考试科目为法语和数学，考试内容主要建立在小学大纲基础之上，考评候选人是否具备教授对应小学课程的所需素养。其中，法语考试总时长为 4 个小时，分为问答题、语言知识题、分析题三个方面，总分共计 40 分，总分低于 10 分者将被淘汰。数学考试的时长也是 4 个小时，具体考试内容也分为三个方面：第一方面主要考查候选人查找、处理、组织信息的能力；第二方面是独立练习以及第一方面的延伸内容；第三方面主要是案例题，要求考生们对给出的案例进行分析。与法语考试相同，数学考试总分共计 40 分，总分低于 10 分者将在"可录取考试"阶段被淘汰。

通过"可录取考试"的考生才能进入下一阶段的"录取考试"。录取考试由两轮口语考试组成，评委将考查候选人的口才表达能力，以及与其教授科目相关的科学、数学、哲学、文化以及社会问题的批判性反思能力等。第一轮口语考试主要考查学科专业知识。考生首先向评审提交其准备本次展示的论文，论文主要展示与学科相关的专业知识，同时还须讲述相关的教学方法。随后，是长约 20 分钟的口语展示时间，总得分 20 分。最后，是长约 40 分钟的评审问答环节，总得分 40 分。第一轮口语考试总分共计 60 分。第二轮口语考试为考生提供 3 小时准备时间，1 小时 15 分钟考试时间。考试内容主要分为体育健康知识和对法国教育系统的认识这两大部分。其中每部分中，考生自我表述时间约 15 分钟，评审问答时间约 30 分钟。第三轮口语考试的总分共计 60 分。

其次，如果希望在初中与高中任教，考生须通过中学教师资格考试。根据具体职业方向的不同，该教师资格考试分为五类：中等教师资格（CRPES），持证者可在中学或高中任教；体育教师资格（CAPEPS），持证者可在中学或高中教授体育类相关学科；技术教师资格（CAPET），持证者可在中学或高中教授技术类课程；职业高中教师资格（CAPLP），持证者可在职业高等学校任教；中等教师最高资格（l'Agrégation），该类竞考只允许具备硕士二年级学历的学生报考，持证者除了可在高中任教外，还可以在精英大学预科班或是公立大学任教。与小学教师资格考试流程类似，这五类中学教师资格考试分为"可录取考试"与"录取考试"两个部分，在这两大部分中都安排了笔试与面试环节。

在法国社会，获得前四种教师资格证书的教师通常被称为"证书教师"（professeurs certifiés），大约有 60% 与 36% 的"证书教师"分别在初中与高中执教。而通过中等教师最高资格考试的教师通常被称为"会试教师"（professeur agrégé），具有很高的社会声望。在 2018 年的中等教师最高资格考试中，开放的岗位名额共有 2 585 个，而实际参加考试的人数共计 19 631 人，最终有 2 466 人被录取，录取比率为 12.56%。参加中等教师资格考试（CRPES）的人数通常超过其余类别的中学教师资格类考试人数，在 2018 年共有 24 219 人参考，最终录取率为 27.32%。

四、关注教师发展的支持性措施

在促进教师专业能力提升的过程中，法国也关注教师的工作环境和职业发展，并通过各种措施提升教师待遇，提高教师的社会地位，希望以此吸引更多的青年选择教师作为终身职业。但由于近年来法国社会各种冲突、危机不断，教师群体在发展过程中出现诸多问题。特别是萨科齐政府在提出"硕士化录用标准"后，缩减了教育经费，取消了师范生作为实习教师的工资补贴。此后，法国中小学教师人数便出现下降。同时，法国《劳动法》改革也使教师更加关注政府如何使其职业更有保障，发展更有前景。

鉴于上述问题，法国不断推出支持性措施，为教师的专业化发展保驾护航。如政府在 2013 年出台的《重建共和国基础教育法》中重申国家应当培养一批成熟的、高素质的教师，并恢复了之前被取消的实习教师薪资待遇。不仅如此，实习教师的经历也被计入正式工龄。再如，法国为维护教师队伍的稳定性，提升青年从事教师职业的热忱，进一步完善教师薪酬福利制度。尤其是马克龙政府上台后，教师的薪酬制度迎来了大幅度调整，包括上调包括实习教师在内的总体教师的薪资指数；缩短新教师晋升年限；取消传统年限计算方式，由政府统一晋升年限等激励措施。此外，法国越来越重视对教师的陪伴，希望通过为教师营造共享、友好又相互区别的工作环境，以多样化方式关注教职工的个人专业发展需求，以及加强对教师的分类培训与管理等手段，真正实现让教师重归社会的中心，为当今越发技术化的社会增添人文涵养与价值。

第三节

教育家的教师教育思想

一、莫兰的教师教育思想

埃德加·莫兰（Edgar Morin）是法国当代著名思想家、法国社会科学院名誉研究员、法国教育部顾问。他在近五十年的研究生涯中关注了人文和自然科学的诸多领域，在人类学、社会学、历史和哲学等方面均有重要著述问世。他渊博的知识和深邃的思想使之给予自然科学以人文关怀，并将二者有机地结合，提出了"复杂思维范式"。他在 2014 年出版的《学会生活》一书中，对教师和教师教育有过精彩的论述。

（一）理解教师与教育伦理

莫兰认为教师要理解教育的整体性危机，辨识出这一危机当中的特殊要素，理解组成部分和整体之间、整体与组成部分之间的关系，尤其是要理解全息原则体现的事实，即不仅每一部分存在于整体当中，整体在某种程度上也存在于各个组成部分的内部。教育的整体性危机以一种特殊的形式存在于校园暴力当中，而文明的整体性危机也以一种特殊的形式存在于教育危机当中。我们不仅要去理解，也应该先要促成一种理解的伦理学的诞生。理解的伦理学如同是一剂消除教育弊端的良药，应该使教师和受教育者以不同的方式将其掌握。

20 世纪初的小学教师是启蒙运动的传承者，其教育者和教化者的角色与第三共和国诞生有所关联，而他们掀起的反宗教垄断的战争就是现代化思想所发起的战争。小学教师的信仰就是非宗教性的三联式的信仰：理性—科学—进步。在这三联式的信仰当中，任何一个要素的发展都将会引起另外两个因素的发展。今天，宗教丧失了其原有地位，科学体现着其深刻的两面性，理性应当怀疑唯理主义，而进步也并非确定无疑。① 因此，教师应当进行并教授一种对话的伦理学，倡导发生口角的学生之间、教师与学生之间进行对话。以教学著作闻名的丹尼尔·法弗尔曾经研究过侵略性产生的生物条件和社会条件，并建议"将学生的暴力转化成冲突"这一观点。话语冲突和观点冲突使对话成为可能，并会由此成为一种对民主的学习。民主的学习需要观点的冲突来避免日趋衰亡，而前提是这些冲突不会产生肢体暴力。因此，找到一些预防暴力行为产生的方法就显得至关重要。

这就要求教师拥有一种特殊的美德来缓解暴力和躁动，即仁爱。"仁爱是孔子要求掌权者具备的一种美德。当教师的权威受损，仁爱也会受到威胁。教师真正的权威是道德的权威，体现在一股到场的力量当中，彰显着一种莫名的魅力。每当其言语能够引起他人的注意和兴趣时，其权威就能在无意识中树立起来。还应当补充一点，对人类的复杂性的意识敦促我们不能将目光只聚焦到个人的负面行为上，而是要看到他的所有方面，而这将有助于消除敌意。超越仁爱、赞颂仁慈或许是正确的。另外，仁爱、仁慈与 Éros② 息息相关，而 Éros 是教师的最高美德。仁爱教师安德烈·德·佩雷蒂的一切教育学著作都是沿着最伟大的理解这一方向所完成的。"③

① MORIN E. Enseigner à vivre：manifeste pour changer l'éducation［M］. Paris：Actes Sud, 2014：63.
② Éros 本义为性爱、情欲，在此可译为"引导灵魂走向美的道路，性灵之爱"。
③ MORIN E. Enseigner à vivre：manifeste pour changer l'éducation［M］. Paris：Actes Sud, 2014：64.

莫兰同时认为，教师应该学会激发学生对所有现存内容的兴趣，特别建议教师将引入教育当中的内容恰好能够激发学生的兴趣，这样他们的兴趣将会更加强烈。这一观点与布里奇特·普罗特的"与学习欲望为伴"不谋而合。为了激发兴趣，教师将一切让位于社会心理教育是必要的。

另外，对学业失败和辍学现象的预防是构成对教师教育反思的一个关键因素。为了将不同的问题进行整体性思考，国民教育部在近期发布的一项通告中进一步完善了"校园环境"这一整体性概念，提出了"教学的和教育的"策略，要求保证学校—家庭联系、学校—合作者之间的联系。许多教育科学界的专家都认识到了复杂性问题和教育问题的复杂性，因此，教育应当依靠警觉的或处于戒备状态的教师所获得的经验，将各个拼块连接起来形成拼图，最终呈现一个整体性的改革面貌。

（二）社会冲突下的教师与受教育者

莫兰指出了存在于班级当中的两个阶级——青少年受教育者和成年教师。这二者之间经常存在冲突。冲突的潜在性总会出现在那些拥有权威和惩罚权的人与那些忍受着冲突的潜在性的人中间。除此之外，在同一个班级当中，两个阶级之间还会存在年龄、习俗和不同文化等方面的冲突的潜在性。因此，一种特殊的阶级冲突就可能在他们中间形成并得到发展。

莫兰回顾在第二次世界大战前，他在高中阶段见过发生在学生和教师权威之间的小型的、暗中的阶级冲突。这种冲突表现为多种形式的弄虚作假，如考试时抄袭同桌的答案、传抄小纸条；提问时让别人提示答案；邻座之间交头接耳；针对不同的教师，出现不同形式的躁动，把一些教师当成嘲笑对象。它同样会出现在那些分心、走神儿、懒惰、考试成绩差的后进生身上。而发生在莫兰自己身上的是，从高中的倒数第二年开始，他会在那些不感兴趣的课上看小说——把小说放在腿上，不让它露出桌面。就这样，他阅读了巴尔扎克和左拉的作品。这些学生还有一套暗语，而且会给教师和学监起戏弄人的外号。每当拒不告发时，学生总会体会到一种相对于"他们"，属于"我们"的团结精神。

但莫兰认为，如今所有这一切都遭到了严重破坏。"青少年获得了一种社会的生物阶级的自主性，通过电视和后来的互联网，掌握了一种在我们那个时代所没有的文化。来自移民家庭的年轻人——也包括第二代和第三代人——都会在文化适应上遭遇诸多困难，而这些人不能适应的并非青年文化，而是使他们遭受排斥或蔑视的法国社会。"这是因为，莫兰少时年代的整合要素已经变成了瓦解要素。因此，莫兰建议教师应当转变对法国历史的教授方法。"历史教学如果能教授统一和多元文化的法国所形成的历史，就能彰显出其自身所具有的整合作用。我们在这儿能联想到的依然是教学大纲。"如此，对于移民后代而言，现阶段的历史教学才不会成为瓦解器。

学业失败、辍学、暴力行为不仅是移民后代或青年团伙身上所体现出的事实，还有可能是民族间的现象，而且有可能会体现在遭遇社会困难或深陷家庭不幸（夫妻吵架、酗酒、家暴、离异）的孩子身上。当权威衰退、不公平现象出现或湍流成为气旋时，这些现象还会出现在各个阶级的学生身上。人们有时会感到恐惧：被武装暴力压迫的恐惧，由驱逐和惩罚造成的恐惧。此外，学生之间还蔓延着另一种恐惧。这种恐惧不仅会出现在学生之间发生的、使他人成为替罪羊的恶作剧中，还会出现在放学后的敲诈勒索中。因此，这些更加激进的阶段斗争会产生三重的侮辱——侮辱教师的学生、侮辱学生的教师、侮辱同伴的学生都会受到侮辱。三重的痛苦，三重的不理解。那么，如何才能对抗疾病，消除弊端？

莫兰赞同柏拉图所说的，教育需要 Éros，即教育需要爱。教师对其使命、职责、学生所展现出的激情产生了一种可能是解救式的影响，激发了存在于学生身上的数学家、科学家、文学家的天赋。

古往今来，一直都有很多教师满怀教学 Éros。特别是 20 世纪上半叶的小学乡村教师展现出来的激情，他们是非宗教性的教士，在神甫的蒙昧主义面前传递着理性之光；众多中学教师也展现出了激情，他们能够意识到自己扮演的不可替代的文化角色，并且为此感到幸福。时至今日，许多教师的身上仍然还体现着这种激情。但面对着家庭的监督，面对着在青少年阶级扩展开来的媒体文化和网络文化，面对着由一部分年轻的受教育者挑起的阶级斗争，中学教师群体在威望受损、地位下降的情况下深感沮丧。沮丧会导致封闭、屈服、公务员化、Éros 的缺失。

而在大学，作为权势集团的教师故步自封。一些大学教师遭受着谷歌化学生（即学生通过搜索谷歌获取知识）的挑战，并且会在进教室前先吞下一片镇静剂。他们越来越感受到了威胁和不信任，而威胁和不信任来源于历任教育部部长企图强加在他们身上的一些无关紧要的改革。

事实上更严重的是，第二条战线已经向他们敞开了怀抱。我之前已经提到过，在政客和企业家身上占主导地位的技术经济思想趋向于将效率标准、盈利标准和竞争力标准强加到中学教师系统和大学教师系统当中。把依据分数进行评估的方法用在文学和哲学学科上可能会显得专断，但它并没有被评估化的动机取代，而是被植入了一个庞大的量化评估系统当中。量化评估系统在整个社会得到了普及，评估者自身会受到上级评估者的评估，而上级的评估者从来都不知道要进行自我评估，而且不会对其评估提出任何质疑。①

对此，莫兰揭示道："计算（统计、民意测验、增长、国内生产总值）占领了一切。数量化将质量化赶尽杀绝。在技术经济的驱使下，人文主义式微。"他同时提出了改进的方向："很显然，我们应当成为某种文化的捍卫者和推动者——一种要求超越自然科学和人文科学之间的分离的文化，从而对抗经济专家治国论思想和技术专家治国论思想的压力。我们应当维护或重新发现一种不可替代的使命，即亲自到场，建立人与人之间的关系，通过与学生对话来传递'圣火'、相互澄清误解。个人使命能承认学生身上的人类特质，向学生展现出仁爱和关注，不排斥愚笨和低能者。个人使命还通过教授，使学生懂得班级中理解的即时必要性，在班级中展现出其理解力，并理应能够得到其他同学相应的理解。个人使命能意识到最大的恶就是侮辱他人，并且能将这一意识传递给学生，因为在人类关系中，最糟糕的就是相互侮辱。"同时，他还提出另一条可行的道路：避免陷入侮辱行为的恶性循环，寻找一种充满着相互认可的良性循环。②

（三）思想的改革和教育的改革

莫兰认为，为了能使改革带来一场真正的范式转换，我们对于改革的思

---

① MORIN E. Enseigner à vivre：manifeste pour changer l'éducation［M］. Paris：Actes Sud，2014：67-68.

② MORIN E. Enseigner à vivre：manifeste pour changer l'éducation［M］. Paris：Actes Sud，2014：69.

考就不应该只停留在大学层面，而是应该并且已经涉及小学教育。困难在于教育教育者，这也是马克思在一篇关于费尔巴哈的著名论文中提出的问题——"谁来教教育者？"这一问题已经有了答案，即他们要在受教育者的帮助下进行自我教育。

一方面，广大哲学教师、历史教师、社会学教师如果能够唤醒自身的兴趣和激情（Éros），就能拓宽其文化面，并且能与其他学科的教师建立起有机联系，完成共同教育。另一方面，教师教育机构的革新能够使教师将新的知识引入他们的教学当中，并且使新的知识得到进一步发展。为了使学生形成这种精神方法，教师应当被引导到一种新类型的科学当中：生态学、地球科学和宇宙学。尽管视频、Skype 等网络工具实现了各种形式的通信交流，但互联网依然无法将教育者物理的、肉体的、精神的、活跃的、反应的和反馈的存在摆在人们面前。教育者充当的并不是助手一角，而是乐团指挥，因为他能够帮助人们进行思考、批判，有序地组织网络知识。革命的普及取决于教师，而教师应当在其中加入一种乐团指挥的，即教师或教授的 Éros。乐团指挥，即教师或教授们能够也应当来引领这场有关认识和思维的教学革命。除了他们，谁还有可能与学生进行持久性对话，具体地指出由错误、幻觉、还原或残缺的认识所构成的陷阱？谁还有可能在理解性的交流中教授人文理解？谁还有可能通过鼓励和激励，切实地引导学生去迎战那些不确定性？谁还有可能以其热忱的人道主义，唤起自身的人类性？谁还有可能依靠对统一的、多样性的法国的爱，帮助学生去理解我们国家的多样文化本性，在国家范围内继续推动法兰西化，使民众认同自己属于法兰西民族的实现？

这一乐团指挥的概念颠覆了课堂本身。教师不再把向学生传递知识当作首要任务。一旦作业或口头提问的题目被确定，学生就能从互联网、书本、杂志和一切有用的文件中获得关于作业或提问内容的材料，并将他们了解到的知识介绍给教师。而作为真正的乐团指挥，教师要做的就是纠正、评论、评价学生所掌握的内容，与学生进行对话，帮助学生就有关题目完成一个真正的反思性综合。

除了当下的中小教育和高等教育以外，成人的终身教育也应当追求这一共生现象。人们无法想象每个公民都能像从前服兵役那样，能够每年服 28 天的学习役，进行复习、更新知识和有关自我审查的精神训练。

综上，莫兰认为，教育改革的最终目的是使每个人，尤其是使教育者和受教育者都能够"明智地生活"，而为了达到这一目的，他们双方都须重新唤起自身的Éros。这是有可能会实现的，毕竟，这一Éros本身就潜藏在他们的身上。对于那些深感教书育人之使命的人来说，他们的Éros凝结在了对其传授的知识的崇敬当中，体现在了对其所教的青年人的热爱当中。对于儿童和青年来说，无论他们对待事物的好奇心有多么强烈，他们也依然会经常地对教育感到失望，因为后者总会将世界的真实面貌切成分离的碎片，而在符号化的时代，就连文学都变得那么令人厌恶。好奇心或许会在求知欲中再次萌发，但这不仅仅需要依靠满怀Éros的教师，还需要依靠一种能让人心潮澎湃的教学内容，比如文明开化教育的内容。

当然，教师只有引入并且教授一种存在于课堂两个阶级之间的相互理解，更大范围上教授给新生代人一种对他人的普遍化理解，使他们既能认可自己的同类，又能认可异于自己的人，这一切才有可能会变成现实。①

二、吉拉尔·谢的教师教育思想

吉拉尔·谢（Gérald Chaix）是法国知名的历史学家、图尔大学名誉教授，曾担任南特和斯特拉斯堡学区区长。他长期关注法国的教师培养情况，对教师培养所面临的现实挑战和问题有切实的体会，也进行了一定的研究。以下是他关于教师教育的论述。

（一）对教师职业和教师教育的认识

首先，教师职业需要团队性。教师的孤立性是法国体制的特点之一。但教师教育应当尝试结束这种情况。无论是资历深厚的老教师还是新手教师，他们都希望在团队合作方面得到更好的培训。这必须是初级培训的目标之一，并且要将其转化为实践，包括在教师资格认证和招聘程序中得以体现。因此，教师教育学校首先要保证培训课程的组织和建立真正的可持续培训，从而配

---

① MORIN E. Enseigner à vivre：manifeste pour changer l'éducation［M］. Paris：Actes Sud，2014：69-70.

合新手教师尽快融入教师职业。换句话说，教师要作为团队的一部分，而不仅仅是与自己的导师一起。为了满足这一需求，教师教育学校可以动员学校校长和督学（对他们来说，这可以是列入学术工作计划的一项任务），以促进学校内部、学校和社区间教育团体和地方公共教育机构的团队合作。其次，培训学校还可以找到一种方法来加强"基础网络"（包括学校和学院）内和"中学网络"（一方面涉及普通、技术和职业学科的教师以及所有教育工作者，另一方面涉及中学教师和高等教育教师）内的团队合作。最后，培训学校必须找到一个锚点，使他们能够预测、欢迎和克服"数字海啸"，这场数字化教育的海啸正在动摇教育传统的基准（参照物）——班级、上课时间、教学大纲的安排，但同样也要能够精确地重视数字工作区（ENT）中的团队合作。

其次，吉拉尔·谢认为教师的培训属于一种交替型硕士培养模式。法国决定每个学区设立一个教师与教育高等学校（ESPE）的做法说明了大学和学区对培训学校开展共同管理的必要性，并且学区长可以直接参与到教师与教育高等学校的管理中。因此，吉拉尔·谢强调，如果没有学区，就无法实现将教师和教育工作者培养成"反思的实践者"或更好的"探究的实践者"的愿望，其基础是（大学意义上的）学术培训和（一线教学的）实地培训。这不仅是因为学区有责任和义务去寻找培训实习地点和学生导师，也因为这种做法成为教师教育中的一个杠杆。这个杠杆的作用是可以加强大学（也许更多的是各种学校网络）作为"学习型学校"的功能作用（这值得在学校项目和适当的目标合同中加以考虑），并同教师与教育高等学校一起加强学区在培训领域（培训师、检查员）的作用，从而将学区发展项目纳入大学教师与教育高等学校和国家签订的目标合同中。

由此，国家主张通过交替培养的方式建立真正的教育和培训硕士学位（MEEF），这不仅在教学上，而且在法律上（在硕士学位的两年内具有学徒身份的学生）可以成为未来教师和教育工作者专业化培养的首选途径。作为未来的雇主，国家也会证明其对这种培训模式的认可，并赞扬这种模式的优点。它将相关规定写入硕士一年级的申请流程，根据每个学区提供的合同数量进行选择。由于培训是由学区和教师与教育高等学校联合开发和组织的，它将有效地使被选中的学生为他们希望从事的职业做好准备，并得到与其专业项目直接相关的支持——财政支持（作为学徒）和教学支持。这一硕士学位虽然不是排他性的，但它将有助于改变教师资格考试的功能、组织和地点。对于已经完成硕士学位的学生，其未来的雇主很清楚，他们也要共同负责对学生的培训。由此，吉拉尔·谢指出，硕士学位的成功推广将意味着进入培训学校的学生有资格参加职业培训结束时（在硕士二年级末）举行的国家竞考。

（二）关于教师与教育高等学校作用的认识

首先，教师与教育高等学校应注重培养未来教师对应学生异质性的反应能力。在法国，教师教育目前存在一种批评之声，即无论是新手教师还是资历深厚的教师，他们几乎一致谴责所接受的培训。2013 年的教师教学国际调查项目（TALIS）显示，法国教师一方面称赞自己所接受的特定科目的培训（90% 的人认为自己受过良好甚至非常好的培训），一方面也有 40% 的人承认自己根本没有为这项工作的教学层面做好准备。这一比例在世界经济合作与发展组织的 34 个国家中是最高的。而对于这一情况，各国的平均比例为10%。这些教师感到自己无力应对学生的异质性，并发现很难通过差异化的教学方法来应对这一问题，只有 22% 的受访者表示他们在实行差异化的教学方法（在丹麦这一比例高达 74%），但他们也不认为自己已经准备好在课堂上应对"社会的干扰"，尽管学校和来自弱势背景的学生（和家长）之间的差距似乎正在扩大。吉拉尔·谢认为，法国提供的培训过于学术化，没有真正实现职业化。这种职业化应该同时被纳入培训中，而不是推迟到招聘后，作为继续培训的一部分。对于当时的教师与教育高等学校和大学里的教育学院来说，这是要应对的第一个挑战。

其次，法国不同阶段设立的教师教育学院在不同层面确立了自身的教育原则，但同时有待改进之处。例如，自大学教师培训学院（IUFM）成立以来，在其近 25 年的发展过程中，已经在全球范围内确立了三项原则，即教学是一种自学的职业；培训必须在大学环境中进行，以研究为基础，通过研究进行培训（特别是现在要求的硕士学位）；它必须是职业化的。但它同时有两种作用须加强：一是初级培训的同时必须进行应对学生特色的教学技巧培训，而不是把它放在后续培训中进行；二是继续培训与初始培训同样重要，甚至更重要，其目的是培养能够分析实践成效并明确培训需求的"专业人员"。而对当时新建立的教师与教育高等学校（ESPE），吉拉尔·谢初步分析认为，有三个问题须要解决：一是"掌握"知识不应妨碍其他形式的融合，而应考虑到职业教育的特殊要求；二是新的"教育和培训硕士"（MEEF）必须在四个学期内提供一致的培训（不受另一种招聘竞争逻辑的干扰），同时不应忽视国际层面的需求，并考虑到与专业化项目相关的研究维度；三是由于要求新教师必须获得"硕士学位"，而导致其延长学习时间，不应成为希望走上教师这条道路的学生们的额外障碍。

再次，教师与教育高等学校应注重培养教师的共同价值观。吉拉尔·谢认为，学区应当愿意为未来的教师和各级教育工作者提供联合性的培训，倡导从基层网络到高等教育都参与其中。而这种参与更需要让学区内的小学、初中、高中的教师与指导顾问，以及高等教育与研究领域的教师共同合作，构建一个"基层网络"。在这里，他们能够确认和分享共和国价值观，以及学校和公共服务的价值观。它也有助于建立一种以学生和学生的成功为基础的共同文化，这种文化与学区的介入程度、各参与学校的具体任务和不同学科教师的特殊性等毫不矛盾。①

（三）关于教师教育发展过程中面临的挑战

吉拉尔·谢总结了教师与教育高等学校和各学区面临的五大挑战。他认为，法国当前的教师教育一是应当使学生取得成功，二是建立一个连贯和可被识别的培训课程，三是成功地进行教师交替培训，且这种培训应当是综合性的，四是更好地利用研究使培训学校成为一个综合性的机构，即取得学术和实践层面的双重成功，五是知道如何发展教师与教育高等学校（即成为一个"有活力的实体"）。因此，各个教师与教育高等学校和学区之间必须存在平衡和信任合作的基础。它涉及学生和教师的参与，所以培训学校不仅应该以创始文本规定的形式进行组织，而且对工作人员来说，要参与社会对话，从而在培训项目的支持下为教师职业生涯的起步和发展提供动力。此外，培训学校还应当认识到直接参与教育和教学任务的地方和区域当局的作用，并

---

① CHAIX G. La formation des enseignants：enjeux et dfis pour les acadmies［J］. Administration & Éducation，2014，144（4）：73-78.

充分利用好这些资源。

吉拉尔·谢还特别指出，要使教师教育成为职业生涯的支柱，这意味着教师与教育高等学校面临的任务紧迫且重要："彻底革新教师和教育工作者的职业，以使他们具有反思能力、责任感和团队精神。这是教师教育行动复兴的关键之一。这也是获得国家承认的条件之一。即表现出定期审查的专业精神，将教师培养工作构建为一种对教学和教育任务的反思性参与（在国家层面定义，在区域和地方层面实施），将学生的成功作为自己行动的'试金石'，将学校置于有助于教师培训和教育的网络核心，并在不断发展的过程中，加强培训学校作为《共和国契约》基石的作用。"①

三、布朗盖的教师教育理念

法国教育部部长让·米歇尔·布朗盖（Jean-Michel Blanquer）在 2017 年担任教育部部长后，开启了法国建立"信任学校"的新改革计划。早在 2016 年，布朗盖就曾出版《未来的学校：基础教育革新建议》（*L'École de demain：Propositions pour une Éducation nationale rénovée*）一书，在书中对法国的教育发展提出了自己的思考，他还专门用一章描绘了心目中的教育职业。

首先，在布朗盖看来，一名好教师身上往往聚集了三种品质。第一，"一名好教师是一门学科或者几门学科的专家。在教学中，他能够熟练运用法语，具有扎实广博的文化知识，就教育程度而言，具有很好的学术水平"。他赞成夏尔勒·佩吉（Charles Peguy）强调的教师的文化素养，认为教师不应是政府或者某一个群体的代言人，而应代表全人类。第二，"一名好教师懂得因材施教。作为教育者，教师热衷于知识和情感的传递，从而促进每个学生的成长。好教师严于律己，也严格要求学生。他懂得鼓励和激励学生超越自我，展现才能，表达个性。同样，他也能够发现学生的不足，并帮助他们克服困难"。第三，"一名好教师充分了解自己的职业环境。他知晓国民教育体系的运转、部门角色和任务。为了能够满足学生发展需求，好教师能够与同事、

---

① CHAIX G. La formation des enseignants：enjeux et dfis pour les acadmies［J］. Administration & Éducation，2014，144（4）：73-78.

校长包括所有教职人员协同合作。他与教育共同体中的不同主体——从学生家长到其他学段的教师——长期维持联系。通过这种联系，教师可以保证学生学习的连贯性，并陪伴指导学生做出学业发展规划"。①

其次，他认为教育的工作环境欠佳，并从几个方面分析了教师面临的困境及其对教育质量产生的影响。通过资格考试选拔后，青年教师被分配到最困难的中小学校。教师的分配机制从预算和人口标准出发，这两项可能都不符合当地实际需求，甚至是矛盾的。对于教师而言，这种分配机制使缺乏经验的年轻教师被分配到情况最复杂的环境中。"这些年轻教师在教育优先区所付出的辛劳和投入往往又得不到认可，因为现行的晋升体制更看重资历，而非个人能力或岗位的特殊性。最主要的后果就是不断有年轻教师离职，从而影响到教师队伍的稳定性，最终波及学生的学业。教师分配机制对学生也造成了诸多不利影响，因为分配并不考虑教师能力与地方、学校或者学生的特殊需求是否匹配。换句话说，教师的流动不会因为学生的满意度而设置附加值，自然也不会对学生的学业表现产生影响。法国教育体系的另一个特点就是教师'孤军奋战'，缺乏团队合作文化。"②

在此基础上，布朗盖提出了改善教师职业生涯的关键对策。具体内容如下：

1. 参照医生培养的模式，为志愿从教的学生建立一种逐渐浸入、陪伴的培养方式，让学生了解教育系统，同时可以获得教学经验。

2. 依靠在校实习的学生为临时缺席的教师代课。年度工作时间管理制度，甚至是多年的工作时间管理制度都是解决这一问题的捷径。

3. 巩固高级教师资格认证，改进初中教师资格和小学教师资格认证，既要注重学科专业也要重视教学能力，特别是要关注实习经历。

4. 将在同一所学校工作的普通年限设定为五年。五年任期也可以推广到国民教育部各行政岗位（校长、学区长），个别情况下可连任一次。

①　BLANQUER J M. L'Ecole de demain：Propositions pour une Éducation nationale rénovée［M］. Paris：Odile Jacob，2016：84.

②　BLANQUER J M. L'Ecole de demain：Propositions pour une Éducation nationale rénovée［M］. Paris：Odile Jacob，2016：87-88.

5. 鼓励以校长为中心组建团队，让教师有机会进入年级和学科负责人的岗位。

6. 允许校长保留少量本职学科教学任务。

7. 允许小学教师分配到中学任教，反过来，中学教师也可进入小学授课。

8. 鼓励教师承担行政职务，打破体制界限：为教师进入督学队伍建立通道，组建地区教学督导—校长的特殊队伍。

9. 普及由校长负责的唯贤聘任制度。

10. 反思国民教育部的继续教育，借助数字技术，聚焦教育系统的优先问题：语言与基础知识学习。

11. 从特别优先教育区到教育优先区，现有班额一分为二。改善教师的居住和生活条件，提高教师薪资待遇。

12. 逐步建立教师年度工作时间管理制度，更好地反映教师真实多样的工作内容。

13. 建立教师绩效制度，与教师生涯发展和津贴挂钩。

14. 鼓励教师发展第二职业生涯，建立教育领域人力资源进出机制。①

对布朗盖而言，教师传授的知识不是一成不变的。随着科学技术的发展，知识也在日新月异。因此，他认为对教师开展在职培训是必不可少的。而且国际研究也表明，教师在其职业生涯中保持终身学习是促进先进的教育体制不断向前发展的关键因素。

第四节

教育改革中关于教师教育的主流思想

随着改革的深入，法国通过改进教师教育和在职培训、完善教师职业能力标准等制度措施，来提升教师专业化和教师队伍的整体素质，因此，促进教师专业化发展成为教育改革中的主流思想。

---

① BLANQUER J M. L'Ecole de demain：Propositions pour une Éducation nationale rénovée［M］. Paris：Odile Jacob，2016：117-118.

一、教师教育的新模式

首先，法国实行的是"3+2"教师教育模式，即学生首先需要在大学取得为期三年的学士学位，之后进入 ESPE 进行为期两年的学习（等同于大学的两年硕士阶段）。

其次，法国的在职培训更加规范。法国教师在职培训作为教师继续教育的核心，在1971年就通过政府颁布的《继续教育组织法》予以明确。该法规定，继续教育是教师的权利，每位教师每年有权享受学习进修假两周，教师职业生涯总计有两年的带薪学习进修假期。[①] 目前，随着教师继续教育内容的丰富、形式的多样化，在职培训也完全实现了按需参与。从教育时间来看，教师可以选择参加短期培训（1个月以内）、中期培训（1—2个月）和长期培训（4—12个月）；从形式来看，教师可以参加脱产、半脱产和在职进修等；从学习方式来看，有系统学习、专题讨论、自学、小组研讨、调查访问等。形式上的灵活多样满足了教师的多种需求，内容上则以菜单式选择，切合教师的实际需要。在开展培训前，培训单位首先会对培训教师进行咨询或调研，根据教师提出的实际问题制定培训目标，研究培训内容和方案，再对教师开展相应的培训。以这样的方式确定的培训方案既能使培训机构做到有的放矢、目标明确，又能切合教师的真实需求，更能够激发他们的参与热情与积极性。[②]

为了能够更好地保障教师继续教育的发展，法国政府不断加大经费的投入，教师继续教育方面的预算经费约为全国普通教育经费的1/6。[③] 除此之外，部分企业依法承担的继续教育投入也成为教师继续教育发展经费的重要保障。因为得到了国家投入的强力保障和社会组织的有效供给，法国中小学教师在职培训获得了充分的资金支持和保障。这些经费不仅可以用于教师教

① 戚锦阳. 欧洲发达国家中小学教师继续教育考察培训的若干启示 [J]. 宁波大学学报（教育科学版），2005（6）：61-64.
② 马艳芬，曲铁华. 法国教师继续教育制度对我国的启示 [J]. 外国教育研究，2009（5）：84-87.
③ 姚琳，彭泽平. 当前法国中小学教师继续教育的特点 [J]. 继续教育，2004（3）：53-54.

育的日常开支和相关团体的补助、教育机构的设备投入，同时保障了教师的带薪进修，免除了个人的经济负担，解除了教师参与培训的后顾之忧。[①]

二、教师职业能力标准的完善

1994 年，法国教育部的一份官方文件公布了"小学教师的能力特征参考"，作为小学教师初始培训的基本目标和考试标准。1997 年 5 月 23 日，法国教育部以通报的方式，确定了中学教师的使命。2007 年，法国教育部颁布的《教师培训大学学院的培训手册》中明确提出教师十大职业能力。此后，政府于 2010 年将教师十大职业能力加以完善。[②] 每项职业能力分为知识、技能和态度三个层面，并被编入《教育法典》的附录中。具体内容包括以国家公务员身份工作，恪守职业伦理，认真负责；掌握法语，以便教学和交流；掌握学科知识并具备良好的普通文化；能够设计并实施教学；组织班级教学；照顾学生的多样性；评估学生；掌握信息与通信技术；能够团队工作，并与家长和社会人士合作；自我学习与创新。

2013 年法国教育部又出台了《教师共同能力标准》（*Compétences communes à tous les professeurs*），并强调教师应在教学团队中陪伴学生，以帮助学生形成自己的成长路径。为了使教学能够促进和确保学生获得知识、专门技能和态度，教师应关注与儿童和青少年发展相关的基本概念、学习机制，以及这些领域的一些研究成果。教师在法律所承认的教育自由范围内，遵照国民教育部提出的教学大纲和要求，接受教育督导和管理部门的建议和监管，在学校或教育机构框架内履行职责。教师掌握所要教授的知识并拥有坚实的文化基础是其开展教学活动的必要条件。针对教学方面提出的共同能力要求教师发展多重专有技能，对学习拥有全方位的了解，以促进教学活动的协调性、一致性和连续性。具体而言，"教师共同能力"指标将教师分为两种角

---

① 王晓宁，张梦琦. 法国基础教育 [M]. 上海：同济大学出版社，2015：140.
② 北京师范大学国际与比较教育研究院. 国际教育政策与发展趋势年度报告（2014）[M]. 北京：北京师范大学出版社，2016：111.

色，即作为知识和文化的传播者与作为教学活动的专业实践者。前一种角色要求教师掌握学科知识和学科教学法，以及教学框架下的法语语言；后一种角色要求教师在考虑学生多样性的基础上，有能力组织、开展并推动教学与学习方式，能够组织并保证团队运转模式，以促进学生的学习和社会化发展，并评估学生的进步和习得。

三、教师管理的相关理念

为更好地促进教师的专业发展，法国在近年的教育改革中将教师群体的需求考虑在内，加强对教师的专业化管理，以进一步提升教师职业的社会吸引力和教师职业的发展前景。

首先，调整薪资制度。2016 年，法国推出"公共职务的薪酬、职业和专业职业生涯"协议（Parcours Professionnels，Carrières et Rémunérations，PPCR），其中提出推进教师职业现代化和提高教师职业价值的新措施。2017年 1 月，法国投入 10 亿欧元，开始实施教师薪资政策。该政策要求，通过对教师进行督导，为教师职业发展提供合适的建议、支持以及在职培训，从而帮助教师重新认识他们的职业生涯和他们为共和国学校奉献以及自我提升的价值所在。值得一提的是，新的薪资制度对公共教育系统中的教师（具有公务员身份）和合同制下的教师（编外人员）均适用。

其次，优化教师职业发展评估。法国通过教育督导系统对教师职业发展进行评估，评估的结果与教师晋升相挂钩，同样与教师的薪资水平相关。2017 年，法国在教师职业能力标准框架基础上对评估教师职业发展的方式进行了改革。教育部提出实施"职业约见"（rendez-vous de carrière），即对正式教师专业发展的关键时期及其专业发展前景进行评估。"职业约见"包括三个阶段：第一阶段针对有 2 年工作经验以上的 6—7 级（普通级别）教师进行，第二阶段针对 18—30 个月以上的 8—9 级教师进行，第三阶段针对即将升入超级别等级的教师进行。同时，教育部设立评估代理人一职，在学校、学区层面专门负责开展与协调教师职业发展评估相关的工作。

教师职业（发展）评价量表

鉴定维度	鉴定层级				评估人员
	有待巩固	令人满意	特别令人满意	优异	
能够追踪学生个人和集体的教学/教育					地方教育督学
能够参与制定学校教育政策，协调执行和追踪学校的教育计划					
使用明确并适于教育情境的语言，将学生掌握的交流规则融入教学活动					
理解、构建和开展教育教学并兼顾学生的多样性					
对参与性公民身份的培养做出贡献					
在教学框架下，与教育共同体的所有行动者和学校伙伴开展合作					校长
和其他人员一起，为遵守学校日常规则和法律做出贡献					
保证日常教学团队活力并组织活动					
创设和支持学生的生活环境与高质量的校园环境					地方教育督学
为人师表，按道德原则行事					
在课程培训和个人发展中陪伴学生					
融入个人和集体职业发展					

　　《教师职业（发展）评价量表》以"所有教师的共同能力"为基础，提出了评价教师职业发展和晋升的具体鉴定维度。评价表分为教学情况、团队合作情况、教育系统融入情况三大板块，不同的评估人员分别对不同板块进行评估。教师表现分为四个等级，评估人员根据其实际情况进行评判。填写评分表后，学区督学—地方教学督学和校长还要对每位参评教师的表现撰写不低于10行的整体评语，评估代理人也要完成观察评语，学区将对评估教师给出最终评语。

四、"重建教师教育"的若干理念

教师教育重建（La refondation de la formation des enseignants）是当前法国的一项重大任务。法国政府曾委托教师地位委员会（la commission sur la condition enseignante）对教师的社会地位状况进行诊断，并勾勒出未来十年教师职能和地位的演变趋势。委员会通过听取教师、最具代表性的工会组织、法国和外国专家、学生家长、地方当局代表以及校方等利益相关者和观察家的意见并调查认为：在法国，与欧洲和世界其他地区一样，教师教育是使学校更有效和更公平的关键杠杆之一。地方教师的培养问题尤其不容忽视。因为在过去，地方的师范学校由学区一级建立，他们虽然开展初级师范培训课程，但难以同继续教育培训和教师职业生涯培训相衔接，进而形成更高一级的师范教育并与大学培训有效融合。进入 21 世纪，在经济合作与发展组织等国际组织强调"教师的关键作用"（2005 年）、"培养和培训 21 世纪学校的教师和领导人"（2012 年）的必要性的背景下，法国积极响应这一呼吁和义务，于 2008 年提出提高教师招聘的准入门槛，2013 年建立教师和教育学院（2013 年实施），并在大学环境下，以专业化的方式重组教师和教育。但国家调查和国际比较表明，法国教师对他们的培训、工作条件、期待和"感到受剥削"不满意；法国参议院和监察长的报告都对政府匆忙建立 ESPE 的后果，以及它所面临的短期和结构性挑战产生质疑。他们认为，教师教育是教育项目的核心，如果没有所有参与者之间的共同愿景，就无法思考和实施教师教育。①

同时，法国越来越注重培养教师的国际意识，希望教师将全球视野带入课堂。法国教育部规定了所有教师必须具备的基本能力，其中一项要求教师必须熟练掌握至少一门外语并达到欧洲语言共同参考框架下的 B2 水平，了解不同国家的文化与习俗，具备民主价值观，能够培养学生跨文化沟通交际的能力。当前，国民教育部规定，获得正式教师资格的教师工作满 3 年后即可申请赴海外工作。教师申请赴海外工作的途径很多，例如，法国海外教育署

---

① CHAIX G. La formation des enseignants：enjeux et dfis pour les acadmies ［J］. Administration&ducation，2014，144（4）：73-78.

定期选派教师赴法国海外学校工作。法国海外教育署在世界 137 个国家建立了 492 所法国海外学校（覆盖幼儿园至高中），从法国本土或当地招聘教师。法国与其他国家建立的政府间合作项目也招聘法国教师赴海外任教。比如，中法两国教育部设立有"中国法文课程班"项目，每年法国国民教育部和地方学区选派 10 余名中小学教师赴中国任教；2019—2020 法德小学和幼儿园教师交流计划，法国教师可申请赴德任教，项目旨在促进两国初等教育阶段的外语教学，以及校际国际交流等。

第八章

法国教师教育思想的特点、演进逻辑与未来发展法国的教师教育发展与其社会变革、文化传承有着密切的联系，而教师教育思想也在教育的不断革新中孕育、成熟并趋向多样化。下文将对法国教师教育思想的特点、演进逻辑进行总结，并尝试梳理其未来的发展方向。

第一节

法国教师教育思想的特点

有学者总结了当代教师教育的一些重要基本特征，包括在社会和经济发展中的意义、作用的全局性、发展措施上的法规性、目标的全面性、学术性与师范性在更高水平上的均衡性、课程的广博性、终身性、培养机构规格的趋同性。[①] 这些发展趋向特征在法国的教师教育中都有着一定程度的体现。此外，法国的教师教育还反映出一些其他特色，如综合大学加教育学院的培养模式、教师教育的公立性、教师的公务员终身聘任制、严格的教师资格证书制度等。在教师教育的不同发展阶段，教师教育的思想也呈现出多样化的特征。

一、从中世纪到第二帝国时期教师教育思想的主要特点

法国教师教育开始于中世纪的神学讲堂。拉萨尔及其创建的"兄弟会"在填补法国小学教师教育空白的同时，也为其确立了天主教传统。法国大革命重创了教会的力量，新世界希望通过普及学校教育，培养符合共和国精神的新一代法国公民。在与教会漫长的拉锯中，国家先后颁布了一系列法律法规，逐渐从教会手中夺回了教师培养的权力，并确立了教师教育世俗化的原则，奠定了当代法国教师教育的基调。从某种程度上讲，法国教师教育的改革承载着法国社会"打破旧世界，创建新世界"的希冀。但我们必须看到的是，法国教师教育的发展并没有与历史彻底割裂，而是受到了历史和传统的

[①] 王长纯. 简论当代教师教育发展的基本特征 [J]. 外国教育研究, 1996 (6): 1-6.

影响。这些影响主要反映出教师教育思想的两个特点。

第一，重视对教师的道德教育。"兄弟会"教师讲习所的创始人拉萨尔在其所著《小学指南》中，就教师应当具备的品质有过详细的论述。在此后历次教师教育改革的过程中，教师道德始终被放在法国教师教育的重要位置。当然，旧制度下的教师道德强调的主要是宗教道德。在《小学指南》中，拉萨尔不断提及教育的终极意义："在宗教和慈悲中教育孩子，借助孩子向家长传递圣洁的印记，传播耶稣基督的芬芳。"基佐在《致小学教师书》中也曾提道："作为一名小学教师，如果只能看到眼前利益或只顾及自己的利益，那么在这份注定单调，有时甚至会招致不公、愚昧、忘恩负义中伤的使命面前，将很容易受伤和退缩。唯有深深热爱着这份事业，明白这份事业所承载的品德分量，能够从真诚的奉献中汲取庄严快乐的人，才能担当起这份责任。因为他明白，信仰才是对自己的奖赏。他的荣耀是艰苦朴素，是鞠躬尽瘁，是静心等待上帝的恩泽。"

第二，关注对教师教学和教学方法的培养。在教师教育的具体实践中，除了安排专门的教学法课程外，法国教师教育特别关注"实习"的作用。如七月王朝时期的《基佐法案》，在重视学科理论教育及宗教教育之外，还对专业教学实践提出了一些要求。一些师范学校还成立了附属实习学校。例如：第二帝国时期的《关于师范学校重组的法令》，明确规定了师范生需要在师范学校附属学校实习；第三共和国时期《师范学校改革令》规定每所师范学校均须配备一所供师范生教学实践的小学，女子师范学校还须另外配备一所幼儿园；《1905年改革法》中则明确规定，师范生在第三学年须轮流在附属学校、实践学校或小学进行教学实习。

须要指出的是，法国的教师教育在发展过程中不可避免地受到了传统宗教教育的影响，但从启蒙运动开始，国家逐渐取代教会成为推行教师教育的主体，确立了小学教师资格证制度，为培养能够传播共和思想的教师群体奠定了制度基础。特别是从践行自由精神的角度来看，法国涌现了一批以孔多塞、爱尔维修、卢梭等为代表的反对教会教师教育的思想家。在《论教师》一文中，孔多塞曾提到，"一个把教士当作教师的民族不会是一个自由的民族，这样的民族会在无意中陷入唯一的专政，这个专政可能是主教或是任何其他宗教领袖……我们须要培养的是人，我们并不须要创造天使"①。

二、第三共和国到第五共和国初期教师教育思想的主要特点

第三共和国成立后，法国确立了以"世俗教育"为基础的国家教育，在教师教育的培养上体现出全新的特点。一方面，"世俗道德"彻底取代"宗教道德"，成为教师道德培养的核心；另一方面，继续践行大革命以来的"平等思想"，大力推广女子教师教育，同时不断提高教师教育的办学层次。具体来说，这一时期的教师教育思想主要体现在以下三个方面。

第一，法国教师教育的主体思想是以"爱国主义"为核心的世俗教师教育，从而使教师教育成为共和国教育最坚固的"护城河"。1882 年，政府在充分考虑社会政治变化的基础上，重新修订了教师教育的内容。从此，师范学校培养的不再是天主教的忠实信徒，而是怀有爱国情怀、明确自身权利和义务的公民。国家以"世俗宗教"的名义把教理课和天主教宗教课清理出课堂，师范学校成为真正意义上的世俗爱国讲堂，传播的是建立在意志教育基础之上的自然品德观。历史学家弗雷（François Furet）在为法国革命标定起止时期时，提出一个"长程革命"版本，内中深意是 18 世纪 70 年代杜尔阁担任财政总监推行改革时，就已经为 1789 年的法国革命埋下种子，而这场革命最终结束，则要一直持续到 19 世纪 80 年代第三共和国站稳脚跟，尤其是时任教育部部长的于勒·费里于 1881—1882 年推动通过相关法律，规定公立中小学实行免费教育，并且率先在学校中确立政教分离原则。从此，法国的中小学成为共和主义的堡垒，通过一代代教师的教书育人，消解了残存的保王和教权观念，奠定了革命的最终胜利。可以说，具有共和指向的法国革命，最终既不是决胜于街垒，也不是决胜于拿破仑横扫欧洲，而是决胜于分布在城乡的大大小小的学校，这就是中小学被称为"共和国的熔炉"的原因。

第二，沿袭法国大革命以来的平等思想，重视女子教师教育的发展。在这一方面，国家女子教师教育的发展便是践行这一思想的生动体现。从落实

---

① CONDORCET J A N. Cinq mémoires sur l'instruction Publique-Premier mémoire：Nature et objet de l'instruction publique（1791）［M］. Paris：Carnier Flammarion，1994：151-154.

公共教师教育政策层面上讲，"基佐时刻"具有非常重要的意义。《基佐法案》颁布后，法国出现了越来越多的男子师范学校，为国家培养了一批又一批新一代教师。但同一时期的女子师范教育情况并不乐观。政府完全无视女子教师教育问题，放任"天主教姐妹们"继续培养合格的"姐妹"、恭顺的妻子以及高效的母亲。女性受教育水平低、入学率低，女性教育依然掌握在教会手中的现状引起了第三共和国的注意。1879 年，于勒·费里曾提道：只有女子师范学校才能创造女教师群体，才能团结女教师，才能用统一的教育学指导女教师。1879 年 8 月 9 日，法国通过了《贝特法案》，要求各省在成立男子师范学校的同时，必须成立相应的女子师范学校。1881 年 8 月 3 日，在教育部颁发的师范学校课程大纲中，整体课程设置和男子师范学校趋同，只在课时上面略有不同。

　　第三，促进教师教育从双轨制走向一体化发展。法国将小学教师教育并入中等教育并最终成为职业教育的历程是法国教师教育践行平等原则的又一体现。第一次世界大战前，法国一直延续着"双轨制教育体系"，贵族学校和平民学校没有任何联系。有钱家庭的孩子从小接受付费的小班教学，之后进入中学直至大学预科班，通向高等教育。同一时期的平民教育则自成另一套系统。《费里法案》之后，平民教育实现免费教育，形成了从乡镇幼儿园至小学的完整的教学体系。也就是说，国家小学教师教育的目的在于为普通法国儿童提供基本的知识和能力教育，师范生的课程内容受到严格的限制，并且没有继续深入学习的机会。第一次世界大战后双轨制教育被认为是反民主的存在，并逐步被废除。在这种背景下，法国的教师教育经历了从双轨制到一体化的变革。法国的民主派人士始终把初等教育的发展、初等教育教师的政治与学术地位的提高与争取社会进步、政治民主的变革运动联系在一起，并为之进行了不懈的努力，从而推动了法国教师教育一体化的进程。①

三、20 世纪末以来教师教育思想的主要特点

　　从 20 世纪末期开始，法国在促进教师专业化发展的过程中，主要体现出

---

① 肖甦. 比较教师教育［M］. 南京：江苏教育出版社，2010：72.

从大学化走向硕士化，以培养高学历、高水平教师为追求的教师教育思想。这一时期的法国教师教育思想主要体现为四个方面。

第一，明确教师的学历要求，推动教师培养硕士化。法国自设立 IUFM 到建立 ESPE，标志着"教师团队研修"式教师成长方式的转变①，实现了对教师培养的硕士化升级。2010 年，法国教育部要求参加教师资格考试的考生必须具有硕士学历。教师教育因此进入了更高的发展阶段。硕士标准的准入门槛奠定了新教师未来职业发展的高起点。同时，教师资格考试选拔因为严格的录取率和高门槛的准入资格，从侧面肯定了教师职业的含金量。在培养教师的过程中，学校通过教育理论、学科教育和实习不断提升对他们的教育教学知识和技能的专业化培养，发展多样化培训方式。教育理论不仅保留其"根据实际需要讲授、结合实际问题研究"②的传统，而且注重理论的系统性和学术性，同时将带有普遍性的社会问题和与学校密切相关的问题列入教学、考试中，从而使学生对职业及其环境有更深入、全面的了解，及早适应职业特点，从整体上提升法国的师资力量水平。

第二，加强教师继续培训的差异性。随着教师继续培训制度的完善，ESPE 除为一线教师提供多样化、全方位的在职培训内容外，还不断丰富培训形式，形成"全景立体"式的多样化培训过程。特别是它从实际问题出发，考虑不同教师的需求与想法，从内容、形式、时段和结构上为一线教师提供了灵活多样的培训设置，充分反映其培训的针对性、广泛性和实效性。③ ESPE 推出教师教育调查表，并根据调查确定对教师的具体培训方式及内容。例如：法国对新入职和专业知识欠缺的教师，主要进行基础性学科知识的培训；为处于"瓶颈"期的初任教师，进行联系实际的教学方法和教学技巧的补充性培训；为了使教师适应教育教学工作、更好地完成任务而进行入职培训等。④这种注重"差异性"的继续培训模式，能更有效地帮助教师提升专业能力。

① 范士龙，孙扬. 法国教师"培训—研修"模式转变研究 [J]. 比较教育研究，2019（5）：69-77.
② 苏真. 比较师范教育 [M]. 北京：北京师范大学出版社，1991：138.
③ 马艳芬，曲铁华. 法国教师继续教育制度对我国的启示 [J]. 外国教育研究，2009（5）：84-87.
④ 范士龙，孙扬. 法国教师"培训—研修"模式转变研究 [J]. 比较教育研究，2019（5）：69-77.

第三，体现以教师专业标准为依托的培养目标，以职前、职后相结合，"教师共同体"为核心的教育体系，和以能力与实践为发展框架的教育基本模式。法国教师证书制的逐步完善和扩大始于法国大革命，进入 20 世纪后达到高潮。从 20 世纪 80 年代开始，所有教育教学人员都由专门的公立机构培养，由国家统一确定招收数量和条件、培训计划和大纲、认可标准与程序，授予相应的证书。这种做法有利于统一标准、严格要求，按质按量地培养教师，对保证法国教育的发展起了重要作用。同时，标准和要求由国家掌握，也利于宏观调节，每年国家公布的招考条件、大纲、培训计划、考核要求乃至在职进修重点，可以起到调节作用，引导未来的和现任的教师适应国家的要求，适应发展的形势。在近 40 年的发展过程中，法国为进一步保证高素质的教师队伍，提出并不断完善教师专业能力标准，再通过权威方式对教师的资格与能力进行认定。在教师的教学实践过程中，法国还特别重视教师团队的合作，将"教师共同体"作为教师能力提升的补充模式，通过同行分享与交流，进一步提升教师的教学能力和师生沟通能力。

当前，法国形成了以能力与实践为发展框架的教师教育基本模式。一方面，法国依据教师职业能力标准、"所有教师的共同能力"，以及"教师和其他教育从业人员专业能力参考"等制度文本，对教师在培养、入职、开展教学、班级管理和晋升考核中的表现进行全面、客观、有效的评估；另一方面，这些能力要求也为教师如何通过团队教学陪伴好学生发展，如何通过发展多种专门技能促进学生更好地获得"共同基础"等提出了明确的行动方向。如"共同能力"中的每一项教师能力维度均包含基本的专业标准和按教育层级（幼儿园/小学、初中、普通及技术高中）划分的相关标准，使教师在对职业能力形成全方位了解的基础上，将教学活动的阶段性、协调性、一致性和连续性与能力要求相挂钩，从而使教师真正成为知识、文化的传播者和教学活动的专业实践者。

第二节

法国教师教育思想发展的演进逻辑

结合法国教师教育改革和学者、思想家的相关论述，法国教师教育思想的发展从教师教育的价值取向、教师教育的制度设计、教师教育的培养模式和教师教育的性别认同四个方面可分别概括出四重演进逻辑：首先，教师教育从以宗教教师教育为核心到以自然道德代替宗教道德，完成了教师教育的世俗化；其次，将教师教育先后同中等教育、高等教育并轨，打通了教师教育与普通教育之间的通道，推动了教师教育的一体化；再次，从经验教育到倡导理论与实践相结合的教育，彰显了教师教育的专业化；最后，从以培养男性教师为主的教师教育到开展培养女性教师，实现了教师教育的性别平等化。

一、从宗教化到世俗化

法国教师教育思想演进过程是一个去宗教化的过程。法国教师教育起源于教会，在旧制度下主要受教会的控制。法国大革命摧毁了旧制度，也为教师教育思想的世俗化进程创造了契机。从 17 世纪以宗教教育为核心的课程设置到 18 世纪启蒙思想家强调教师教育的去宗教化，再到 19 世纪教师教育改革要求以公民道德代替宗教道德，把宗教教育剥离出教师教育的教师教育改革，法国教师教育一步步脱离了宗教的影响，最终确立了教师教育世俗化的原则。具体来说，法国教师教育思想从宗教教师教育到世俗教师教育的演进经历了三个阶段。

首先是 17 世纪的教师教育。天主教控制着法国精神领域的各个方面，天主教神学院成为诞生法国教师教育思想的摇篮。作为最早的教师培养机构，天主教神学院的教师培养模式具有浓厚的宗教色彩，宗教教育是这一时期教师教育培养的核心。德米伽撰写的《里昂市及所属教区学校守则》以及拉萨尔所著的《小学指南》都把宗教教育作为教师教育的重中之重。

其次是 18 世纪的教师教育。这时的法国处于一个剧烈变革的时代。随着资本主义的发展，新兴资产阶级不仅在政治上要求与贵族享有同等的权利，而且要求享受同等的教育权利，废除封建制度下的教会教育，建立民主社会需要的公民教育。启蒙思想家拉·夏洛泰极力批判教会教育，强调以国家为主体推动国民教育。孔多塞不仅指出了公共教育的性质和目的，还进一步探讨了教师教育以及教师招聘程序。[①] 在教育改革方面，1793 年，制宪议会通过了成立巴黎师范学校的议案，希望以中央政府为主体推动共和国教师教育，进一步巩固资产阶级共和制度。

最后是 19 世纪的教师教育。大革命重创了教会的力量，却没有彻底铲除宗教对于教师教育的影响。19 世纪上半叶，从地方兴起的小学师范教育，依然把天主教教育作为师范教育的重要内容。在教育改革方面，1833 年《基佐法案》提出建立小学教师资格证制度，并明确规定师范生要具备品德教育知识和宗教教育知识（教理知识、新约旧约使徒故事）。第三共和国时期，法国教师教育的世俗化取得了长足的发展。《费里法案》确立了教育"免费""义务"和"世俗化"三项原则，成为法国现代国民教育的基本方针。1882 年法国通过《费里法案》补充法，明确了教育的非宗教原则和义务原则，把宗教教育剥离出义务教育，并用公民品德课来取代宗教教育的位置。[②] 1886 年《戈布莱法》要求世俗化所有公立教育机构职工，世俗教师教育的思想最终得以确立。

二、从专门化到一体化

第一次世界大战前，法国教育体制奉行的是双轨制学校教育。贵族学校和平民学校没有任何联系。《费里法案》之后，平民教育形成了从乡镇幼儿园至小学的完整的教学体系。同时，作为初等教育的补充，平民教育还设立了其特殊的中等教育体制——高等初等教育以及商科工科实践学校。接受过补

①　CONDORCET J A N. Cinq mémoires sur l'instruction Publique-Premier mémoire：Nature et objet de l'instruction publique（1791）[M]. Paris：Carnier Flammarion，1994：151-180.

②　WIEVIORKA O，PROCHASSON C. La France du XXè siècle，Documents d'histoire [M]. Paris：Seuil，1994：60-63.

充教育的学生可以获得高级小学文凭、基础文凭和高级文凭。也就是说，第一次世界大战前的师范学校主要服务于平民教育。

第一次世界大战后，法国社会开始质疑长久以来的教育现实，双轨制教育被认为是反民主的存在。同时，为了填补教师空缺，政府出台法律允许招收已经完成基本教育的学生为师范生。此后，在传统的三年制师范教育以外，并行着另外一种教师培养模式，即取得高级小学文凭的学生入学后，仅需要接受一年的教学实践教育即可上岗。也就是说，从此以后，师范学校成为专门的职业培训机构，招收已经具备相应知识储备的学生。

两次世界大战期间，并轨教育的呼声越来越高。1934 年 1 月 11 日，议员莫里斯·罗伯特提出议案，请求合并男子小学师范学校和女子小学师范学校，建立统一师范学校。① 而后来统一学校的出现意味着师范学校针对学生教授开展具体知识的教育可以被取代，师范学校仅须向学生提供专业化的培训即可。而在第五共和国时期，特别是 1975 年的《哈比法》使得法国延续百年的双轨制教育体制基本解体。这一时期，教师教育从过去由省立师范学校和综合大学与相关高等教育机构分别培养不同学段教师的割裂状态逐步走向统一的教师教育体制。1968 年，大学第一次介入初等教育师资的培养工作，使历史悠久的师范学校成为高等教育系统的一部分。1989 年的《教育方向指导法》又进一步提出建立大学层级的教师教育机构——大学教师培训学院，从此正式开启了将中小学教师的培养放在了大学层面的时代。

黎成魁在有关教师教育的论述中提到加强教师教育一体化培养的重要意义。他认为师范教育生源的一致可以保证教师职业的同一标准，从而推动教师作为一个职业的整体发展；中小学教师教育的培养年限统一，在学历水平上能够保持一致，会更好地提升教育教学质量，同时提高教师在政治、经济、学术上的地位。

三、从经验化到专业化

法国教师教育思想演进的过程是一个动态平衡师范生知识培养和教学能

---

① GONTARD M. La question des écoles normales primaires de la Révolution à nos jours ［M］. Toulouse：INRDP-CRDP，1975：119.

力培养，不断推进教师教育专业化的过程。具体来说，教师教育模式逐步专
业化经历了以下几个阶段。

在神学院进行教师培养的时期，1671 年创立的圣夏尔神学院被视为法国
师范教育的雏形，旨在为学生教师提供更深入的宗教教育和教学法的培训。①
其中，教学能力的培养主要通过实践的方式得以实现，学生教师白天进行教
学，晚上对白天的教学进行反思。拉萨尔在其《小学指南》中明确提出了
"学校培养教师的原则"②。此时，天主教神学院确立的宗教教育与教学法培
训知识并重的教师培养原则得以强化。

在师范学校教师培养时期，第一共和国创立的巴黎师范学校是践行启蒙
思想家教师教育思想的产物。在特定的历史背景下，巴黎师范学校的培养方
式以灌输科学知识为主，并未对师范生的教学能力做出相应要求。大革命失
败后，师范教育主要由地方来主导。《1816 年 2 月 29 日教育改革法》首次提
出了教师资格证制度，要求教师须取得教师资格证后才可上岗。《基佐法案》
则明确了取得教师资格证所需要的条件，把小学教师资格证分为普通小学教
师资格证以及高等小学教师资格证，师范教育步入专业化阶段。从师范生的
培养模式来看，《基佐法案》除了对各学科理论教育及宗教教育的重视外，还
对专业教学实践提出了一些要求。《1880 年共和国师范学校改革令》出台后，
师范学校课程得到了极大的丰富，并把实习纳入师范生培养过程之中：在附
属学校教师的指导下，师范生须轮流上台进行授课练习。学生根据其学习阶
段参与授课练习，担任课堂助教或直接参与授课。1880 年和 1882 年，法国相
继成立女子高级师范学校和男子高级师范学校，招收普通师范学校优秀毕业
生。这进一步提升了对师范生知识文化水平的要求，并使师范学校教师培养
的专业化向纵深发展。这一阶段，学者们的教师教育观念一方面关注对师范
生文化情感的培育，另一方面认为应系统地对师范生文化知识进行培养。如
涂尔干等提出应培养教师的教学文化观念和教师间的合作情感，并学习用什
么样的模式来塑造学生的心灵；弗朗西斯克·瓦尔等提出要加强师范生的文

---

① CHARTIER R, COMPÈRE M M, JULIA D. l'Éducation en France du XVIe au XVIII siècle
[M]. Paris：SEDES, 1976：61.

② LA SALLE J B. Conduite des écoles chrétiennes [M]. Lyon：Rusand, 1823：291.

化知识教育等。

在教师教育从大学化走向硕士化时期，法国从重建教师教育机构到丰富教师教育模式，从提出教师职业能力要求到完善教师职业晋升与管理制度，通过历次教育改革逐步建立起教师专业化发展体系。1989年开始建立大学教师培训学院，开启了教育的大学化时代，也使得教师培养更加系统。这一时期的教师教育思想主要围绕教师相关能力的培养展开，包括阿尔黛对教师职业的"会分析"元能力培养的关注，黎成魁对未来教师智力知识、社会和个人技能发展的关注。同时，教师教育的模式也开始注重理论与实践相结合的"同时模式（modèle simultané）"，以及教师培养的节奏、教学支持（如辅导等方式）和终身教育培训等。而在硕士化教师培养阶段，法国先后成立教师与教育高等学校（2013年《重建学校法》确立），取代了大学教师培训学院，又成立国家高等教师与教育研究院（2018年《学校信任法》确立），取代了教师与教育高等学校。这些变化进一步提升了对师范生知识和能力的层次要求。在教师教育改革中实施"3+2"教师教育模式和"预职业化"方案，从而进一步加强本科和硕士教学的联系。政府还不断丰富和完善教师资格制度，且教师资格考试基于更为充分的理论学习和教学经验累积；同时政府越来越重视对教师的陪伴，希望通过为教师营造共享、友好又相互区别的工作环境，以多样化方式关注教职工的个人专业发展需求，真正实现让教师重归社会的中心，为当今越发技术化的社会增添人文涵养与价值。吉拉尔·谢等学者和以布朗盖为代表的教育改革家也对教师培养提出了相应的观点，如加强教师职业培养的团队性，注重培养教师的共同价值观，通过"交替型硕士"加强教师教育的理论学习与实践操作，从而将未来教师培养成"反思的实践者"或"探究的实践者"。这些理念思想逐步推动法国教师教育向更加专业化的方向发展。

四、从男性主导到性别平等化

法国女子教师教育的发展一直滞后于男子教师教育。17世纪圣夏尔神学院仅为教士、执事、次执事甚至未婚的或者丧偶的男子提供更深入的宗教教育和教学法的培训。① 到了 18 世纪，当启蒙思想家谈及国家教师教育的问题时，也仅仅局限于男子教师教育。即使是在 19 世纪，男子教师教育得到确立的"基佐时代"，政府依然完全无视女子教师教育问题，放任"天主教姐妹们"继续培养合格的"姐妹"、恭顺的妻子以及高效的母亲。

第三共和国时期，于勒·费里第一次提出建立女子师范学校，女子教师教育的发展步入正轨。1879 年法国通过了《贝特法案》，要求各省在成立男子师范学校的同时，必须成立相应的女子师范学校，并颁布世俗化初等师范学校教学大纲。从此，法国教师教育在两性平等化上迈出了坚实的一步。1880 年，政府先于男子高级师范学校，建立了丰特奈－玫瑰女子高级师范学校，为女子初等师范学校培养教师；1881 年，政府建立塞弗勒女子高级师范学校，开始培养女子中学教师，并推行为期 3 个月的师范教师资格证相关课程。此后，法国在推进教师教育的两性平等化发展的同时，逐步完成公、私立小学女教师队伍的世俗化。

费里曾对女子师范学校存在的必要性展开过论述，认为女性去师范学校接受教育，除了成为受人尊敬的有文化的教师外，没有别的想法；而管理良好的女子师范学校更像是一个凝聚人心的场所，它不仅帮助女性获得高级小学教师文凭，从而在学校任教，更对共和国未来的发展有重要价值。这种思想也为巩固共和制度提供了有力的支持，进一步促进了法国教师教育的民主化发展。

第三节

法国教师教育思想的未来发展

法国作为全球重要的教育大国，从师范学校的出现到第五共和国对教师教育改革的不断努力，体现了法国重视教师培养的历史传统，以及对高质量教育的不懈追求。结合教育改革的现状，未来法国教师教育思想可能将在以

---

① CHARTIER R, COMPÈRE M M, JULIA D. l'Éducation en France du XVIe au XVIII siècle [M]. Paris：SEDES, 1976：61.

下两方面有进一步发展。

一、教师教育思想将随时代变化更具多样性

在经济全球化和信息技术革命的冲击下，教师发展也不得不回应知识经济发展对教育提出的新要求。

一方面，更加注重对教师数字化时代适应力的培养。随着信息化社会的到来，"让学校进入数字时代"成为法国国民教育的重要目标之一。当前，数字技术在教师的初级培训中已逐渐普及，在每所教师与教育高等学校实施的职前培养方案中，数字教育均被列为一个核心的发展战略主题。掌握数字技术在很大程度上体现在教学方式和教学内容两方面。新的知识传播方式丰富了教师教育培养的内容，但同时给未来教师带来了新挑战。一是掌握了数字技术并不意味着教师的教学能力和教学效果就可以得到保障；二是善用数字技术，服务于学生的发展和成长，而不是对学生构成知识获取上的"迷惑"。这离不开教师的理念创新和积极引导。例如，如何将线下教学和远程学习相结合，通过国家的数字资源中心进行协作，以及将学生的电子档案（E-portfolio）和个性化课程相对接等，都需要教师对教学工具和教学方法进行研究和精心设计。

另一方面，更加注重对教师的专业陪伴与团队合作。2013 年的教师教学国际调查项目显示，在教师专业培训方面，法国教师大多在职业初期接受培训，后期的职业辅导（tutorat），特别是学校针对教师的专业辅导还不够丰富。教师除开展个人或小组研修外，参加各种继续教育培训活动的比例均低于被试国家的平均水平。调查还指出，虽然法国课堂上的师生互动较为突出，但教师间的交流与专业合作仍需进一步加强。可见，教师是保障基础教育质量的重要力量。在发展基础教育的过程中，加强对教师的专业陪伴，并将支撑工作贯穿于教师的职业生涯是法国教师普遍的需求。

未来，教师需要进一步学习如何参与教学团队工作，与其他教师共同探讨各类议题。例如：如何编写教学大纲，适时分配教学内容；如何组织班级教学，保证学生在集体环境下开展有效学习；如何让一个班级的所有学生都能在追求知识、能力和尊重社会生活规则的态度中不断进步；如何掌握信息

与通信技术并将数字化工具运用到教学实践中；等等。总之，教师不仅可以与学校同班级的其他教师合作，也可以与教授同一门课程的教师合作。此外，教师专业标准也将进一步引导教师在恪守职业伦理、培养学生的社会性和公民性、以学生需求为核心、开展自我学习与创新、更新课程和教学法知识等方面提升自己的专业能力。

二、强调教师身份受到社会认可更具必要性

在过去的半个世纪里，法国和其他受到"教育大爆炸"影响的发达国家一样，出现了教师数量大幅增加的情况。但在进入 21 世纪的前几年，受社会发展的影响，时任总统萨科齐曾在 5 年任期内取消了大量基础教育阶段的教师岗位，导致法国教师严重短缺。直到 2012 年以后，随着奥朗德总统和马克龙总统相继上台，法国政府进一步改革，增加了教师岗位并扩大教师资格考试数量，才使教师数量有所增长。但这种增速较为缓慢，因为法国教师的职业吸引力出现持续低迷的情况。

导致这种情况的出现至少有两个原因。一是教师的社会地位频频受到挑战。随着法国社会问题和种族问题的加剧，法国学校里的学生来源越来越复杂。教师面对越来越"难管理"的学生，如何利用其专业水平和应对能力做好教学工作，成为教师职业发展的一大难题。这种负面影响无形中威胁到了教师的身份地位。法国倡导的世俗主义、共和精神与宗教自由该如何共生，教师的生存和发展环境如何维护，依然需要政府的治理智慧和对教育的持续关切。二是教师群体的扩大原本应当有利于教师的集体呼声更大，也更容易受到关注和肯定。但有学者指出，事实并非如此，教师在推进专业化进程中的分量其实仍然很弱。[①] 法国的教师教育研究专家雷吉斯·马莱（Régis Malet）认为，教师的需求和声音是"实施教师专业持续发展行动中不可忽视的问题。如果专业自主是行动的主要目标，那么行动的设计和实施就应该与专业团体的代表紧密合作"。因此他建议，教师教育机构和学校在教师发展中

① MALET R. Les politiques de professionnalisation de l'enseignement： conditionsde développement， de diffusion et variations dans les usages et les effets ［J］. Education Comparée， 2016（16）：117-201.

应共同发挥作用。只有当社会在建立教育机构与学校的道德契约框架内给予其信任，只有当这种活动的目标得到所有成员和社会的认可，教师职业的合法性及其成员的专业发展才有意义。然而，无论是国家与教师之间的道德契约，还是被继承的教师社会身份和生活化的职业活动之间所期待的融合，似乎都失败了，即使我们知道这种脆弱性与政治背景和（大家）选择高度相关。①

综上，法国教师专业发展的理念和实践要想获得可持续发展，还需要政策制定者、政府间组织、管理者和其他教育管理人员（如学校管理者、教师教育的培训者和大学教师等）给予更多的关注。只有几方共同发力，才能重塑法国教师的身份地位，使法兰西的"黑色轻骑兵"获得全社会的真正认可与尊重。

全书通过对法国教师教育思想史的梳理，为读者展现了一幅法兰西教师教育从理念发轫到观念流变的宏伟图景，让读者更加清晰地了解到法国教师教育的历史进展及其与时俱进的发展面貌。正如王晓辉所言："国家的繁荣在于人才，人才的培养在于教育，教育的质量在于教师。"② 在经济全球化和信息技术革命的冲击下，法国需要继续回应知识经济社会发展对教师培养提出的新要求。当前法国各项教育改革已进入"深水区"，政府一方面要正视已存在的各种问题和需要迎接的挑战，另一方面要面向未来，在总结经验和教训的基础上，继续深化教师教育改革，如此才能为法国教育的高质量发展提供最优秀的教师队伍。

---

① 雷吉斯·马莱. 从教师教育到教师专业发展：国际比较视角下的法国现状 [J]. 比较教育学报，2020（6）：3-14.

② 王晓辉. 法国教师地位的变迁 [J]. 比较教育研究，2012（8）：47-50.

参考文献

［1］爱弥尔·涂尔干. 道德教育［M］. 陈光金，沈杰，等译. 上海：上海人民出版社，2006.

［2］刘大明. "民族再生"的期望：法国大革命时期的公民教育［M］. 北京：中国社会科学出版社，2005.

［3］金炳华，等. 哲学大辞典（修订本）：上、下册［Z］. 上海：上海辞书出版社，2001.

［4］吕一民. 法国通史［M］. 上海：上海社会科学院出版社，2019.

［5］王长纯，等. 教师教育思想史研究：上、下册［M］. 长春：东北师范大学出版社，2016.

［6］王晓宁，张梦琦. 法国基础教育［M］. 上海：同济大学出版社，2015.

［7］肖甦. 比较教师教育［M］. 南京：江苏教育出版社，2010.

［8］邢克超. 战后法国教育研究［M］. 南昌：江西教育出版社，1993.

［9］王长纯. 从双轨制到一体化：谈法国师范教育制度的历史演进［J］. 外国教育研究，1994（3）：25-28.

［10］王晓辉. 法国教师地位的变迁［J］. 比较教育研究，2012（8）：47-50.

［11］李博豪. 让·安托万·孔多塞教育思想初探［D］. 上海：华东师范大学，2007.

［12］CANIVEZ A. L'école normale d'instituteurs de Douai de 1834 à 1961［M］. Douai：Georges Saunier，1962.

［13］CHERVEL A. Histoire de l'agréation［M］. Paris：Kimé，1993.

［14］ CHERVEL A. Histoire de l'enseignement du français du XVIIè au XXe siècle ［M］. Paris： RETZ, 2006.

［15］ PROST A. Histoire de l'enseignement en France de 1800 à 1967 ［M］. Paris： Armand Colin, 1968.

［16］ NIQUE C, GUIZOT F. L'École au service du gouvernement des esprits ［M］. Paris： Hachette, 2000.

［17］ NIQUE C. L'impossible gouvernement des esprits： histoire politique des Écoles normales primaires ［M］. Paris： Nathan, 1991.

［18］ COSTANTIN D, BRILLOUIN M, BOISSIER G, et al. Le Centenaire de l'école normale (1795-1895) ［M］. Paris： Hachette, 1994.

［19］ CONDORCET J A N. Cinq mémoires sur l'instruction Publique - Premier mémoire： Nature et objet de l'instruction publique (1791) ［M］. Paris： Carnier Flammarion, 1994.

［20］ CHEVALIER P, GROSPERRIN B. L'enseignement français de la Révolution à nos jours ［M］. Paris： Mouton, 1971.

［21］ JULIA D. Les trois couleurs du tableau noir ［M］. Paris： Belin, 1981.

［22］ CHATRIAN E. Histoire d'un sous - maître ［M］. Paris： Herzel éditeurs, 1873.

［23］ BUISSON F. Dictionnaire de pédagogie et d'instruction primaire ［M］. Paris： Hachette, 1887.

［24］ VIAL F. La culture générale et la préparation professionnelle de l'instituteur ［J］. Revue pédagogique, 1904, 45 (2)： 313-330.

［25］ GUIZOT F. Mémoires pour servir à l'Histoire de mon temps ［M］. Paris： Lévy, 1860.

［26］ LEBRUN F, VENARD M, QUENIART J. Histoire de l'enseignement et de l'éducation (1480-1789) ［M］. Paris： Perrin, 2003.

［27］ MAYEUR F. La formation des institutrices avant la loi Paul Bert： les cours normaux ［J］. Revue d'histoire de l'Église de France, 1995, 206 (1)： 121-130.

［28］ COMPAYRÉ G. Histoire de la pédagogie ［M］. Paris： Paul Delaplane，1905.

［29］ NICOLAS G. Instituteurs entre politique et religion： la première génération de normaliens en Bretagne au XIXème siècle ［M］. Rennes： Éditions Apogée，1993.

［30］ NICOLAS G. La première génération d'instituteurs normaliens en Bretagne： contexte et aspects de son recrutement （1831－1851） ［J］. Annales de Bretagne et des pays de l'Ouest，1989，96 （1）： 41－71.

［31］ LAPRÉVOTE G. Splendeurs et misères de la formation des maîtres： Les écoles normales primaires en France （1789 － 1979） ［M］. Lyon： Presses universitaires，1984.

［32］ BELLIOT H. La réforme de l'enseignement ［M］. Paris： Rieder，1938.

［33］ TERRAL H. Les savoirs du maître： Enseigner de Guizot à Ferry ［M］. Paris： L'Harmattan，1998.

［34］ LETHIERRY H. Feu les écoles normales （et les IUFM ?） ［M］. Paris： L'Harmattan，1994.

［35］ CHEVALIER P，GROSPERRIN B. L'enseignement français de la Révolution à nos jours ［M］. Paris： Mouton，1971： 303－304.

［36］ GIRAULT J. Instituteurs，professeurs： Une culture syndicale dans la société française （fin XIXe － XXe siècle） ［M］. Paris： Publications de la Sorbonne，1996.

［37］ OZOUF J，Mona Ozouf. La République des instituteurs ［M］. Paris： Seuil，2001.

［38］ OZOUF J. Nous les maîtres d'école，Autobiographie d'instituteurs de la Belle Époque ［M］. Paris： Gallimard，1993.

［39］ BOUDON J O. Napoléon et les lycées，Enseignement et société en Europe au début du XIX siècle ［M］. Paris： Éditions Nouveau Monde，2004.

［40］ FERRIER J. Les inspecteurs des écoles primaires de 1835 à 1995 ［M］.

Paris：L'Harmattan，1997.

[41] GARCIA J F. l'École unique en France ［M］. Paris：PUF，1994.

[42] SIRINELLI J F. École normale supérieure ［M］. Paris：PUF，1994.

[43] HUMBERT J L. La fondation de l'école normale de filles à Sainte – Savine （1880） ［J］. Les Cahiers aubois d'histoire de l'éducation，2000 （17）：17.

[44] LE T K. L'éducation comparée ［M］. Paris：Armand Colin，1981.

[45] GRANDIÈRE M. La formation des maîtres en France （1792 – 1914） ［M］. Lyon：INRP，2006.

[46] COMPÈRE M M. Du collège au lycée （1500 – 1850）：Généalogie de l'enseignement secondaire français ［M］. Paris：Archives Gallimard，1985.

[47] GONTARD M. L'enseignement secondaire en France de la fin de l'Ancien Régime à la loi Falloux （1750 – 1850） ［M］. Aix – en – Provence：Edisud，1984.

[48] MORIN E. Enseigner à vivre：manifeste pour changer l'éducation ［M］. Paris：Actes Sud，2014.

[49] RUDELLE O. Jules Ferry：La république des citoyens ［M］. Paris：Imprimerie nationale，1996.

[50] CONDETTE J F. Histoire de la formation des enseignants en France：XIXe-XXe siècles ［M］. Paris：Editions L'Harmattan，2007.

后 记

  法国在全球教师教育演进史上可谓举足轻重：世界上第一所教师培训机构——基督学校修士会学院在法国建立；"师范教育"概念最早在法国提出；教师被列为国家公务员最早在法国出现。长期以来，国内外教育界一提及法国教师教育，必定谈及享誉世界的巴黎高等师范学校。尽管如今该校的办学定位早已超越了为法国培养高级教师的历史使命，但它引领和影响了世界诸多国家师范教育的建设理念。

  法国的教师教育与其两百年来的义务教育历史紧密相连，并形成了一套完整的科学体系。在这一过程中，教师教育思想既萌芽于教育民主化和现代化的脚步中，又孕育出不同历史阶段的教师教育改革和实践。启蒙运动和法国大革命使法国教师教育不仅打破了宗教教育的旧制藩篱，引入男女平等的教师教育思想，而且形成了以共和主义为核心的世俗教师教育，开启了由国家主导教师教育发展的新局面。法国教师教育理念从起初只关注对教师的道德教育和教学方法培养，后经历中小学教师教育的双轨制，逐步走向了促进教师一体化、专业化和硕士化发展的新路径，其教师教育思想史如同一面多棱镜，从中透射出共和国"黑色轻骑兵"的社会文化底色，更凸显出法国教师教育在知识观和能力观方面的坚守和嬗变。

  可以说，探究法国教师教育思想的过程也是对我自 2012 年开始关注法国教育的一次思想洗礼。

  2019 年 6 月，经北京师范大学滕珺教授引荐，我有幸受比较教育学界老前辈王长纯教授之邀负责撰写《法国教师教育思想史研究》一书。接到这一"任务"，我既兴奋又忐忑。兴奋是因为能够跟随邢克超、王长纯和我的导师王晓辉等教授的研究足迹，赓续寻求法国教师教育及其思想的发展脉络；忐恰是因为一个只了解法国教师教育皮毛而无任何史学研究基础的"青椒"，对如何客观全面把握法国教师教育思想的沉浮深感重担在肩。为此，我邀请了自己的大学同学——现任山西大学外国语学院法语教师的任茹茹作为外援，共同奔赴这场思想的饕餮盛宴。茹茹以法语译者的专业素养与我一同查阅和研读了大量关于教师教育思想、教师教育改革思想的法语史料文献，一步步搭建起本书的思路框架。伴随法国教师教育斑驳的发展印记，我们的研究也跌跌撞撞，渐生质感，不断丰满。2021年7月初稿终于完成，可谓如释重负。

作为"国际教师教育思想史研究丛书"之一，本书仅仅是一次关于法国教师教育思想的探索性梳理。囿于时间和精力，我们无法全尽法国教师教育研究者和行动者的理念思想和实践关切，只抓取了具有一定代表性的人物及其经典著作，以及同时期开展的教师教育改革进行描绘。还有很多法国教师教育著说和改革举措所蕴含的思想值得进一步深挖和洞察。因此，本书仍存在不足，敬请各位教育同人和读者朋友批评指正与不吝赐教。

在完善书稿和校对文本的过程中，除了感谢王长纯教授的时刻关怀外，还要特别感谢东北师范大学饶从满教授高屋建瓴的审稿意见，以及东北师范大学出版社编辑老师们的不辞辛苦和细心付出。疫情严重时期，我们克服了邮寄稿件受限等困难，顺利推进书稿撰写和出版计划。在此，向各位老师致敬、鞠躬！

最后，我要特别感谢我的家人。家父张晋彪、家母齐玉琴作为我坚强的学术后盾，又一次参与了文稿校对的工作。爱人关政尽管工作忙碌，但在我工作压力倍增时，总能包容和耐心疏导我的坏脾气，给予我积极的情绪价值。这本书也伴随我从女孩成长为一个母亲，所以我要将它作为礼物送给爱女关心悦小朋友，愿她成长为一个有思想、有故事的快乐精灵。

张梦琦

2023年9月5日于

首都师范大学图书馆